왓 이즈 섹스?

성과 충동의 존재론, 그리고 무의식

WHAT *IS* SEX?
by Alenka Zupančič

Copyright © 2017 by Massachusetts Institute of Technology
All rights reserved.
This Korean edition was published by Alterity Press in 2021 by arrangement with The   MIT Press
through KCC(Korea Copyright Center Inc.), Seoul.

왓 이즈 섹스? 성과 충동의 존재론, 그리고 무의식

지은이 ※ 알렌카 주판치치

옮긴이 ※ 김남이

발행 ※ 고갑희

주간 ※ 임옥희

편집 · 제작 ※ 사미숙

펴낸곳 ※ 여이연

주소 서울 종로구 명륜4가 12-3 대일빌딩 5층

전화(02) 763-2825   팩스(02) 764-2825

등록 1998년 4월 24일(제22-1307호)

홈페이지 http://www.gofeminist.org

전자우편 gynotopia@gofeminist.org

초판 1쇄 인쇄 ※ 2021년 7월 28일

초판 1쇄 발행 ※ 2021년 8월 2일

값 22,000원

ISBN 978-89-91729-42-1   93160

잘못된 책은 바꿔 드립니다.

여이연 이론 36

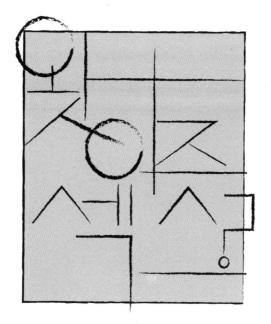

성과 충동의 존재론, 그리고 무의식

알렌카 주판치치 지음

김남이 옮김

도서출판 **여이연**

일러두기

1. 타자, 실재, 자연, 인간, 동물 등의 원어가 대문자로 시작할 경우에는 문맥에 맞게 두 가지로 번역했다. 라캉주의 정신분석적 개념에 더 가까운 경우에는 볼드체[예: **타자**(Other)]로 하고, 정신분석적 의미뿐만 아니라 더 포괄적으로 그 개념의 추상성, 보편성, 일반성이라는 의미로 쓰였을 경우에는 볼드체가 아닌 '일반'이나 '대문자'라는 말을 넣었다[예: 자연일반(Nature)]. 그러나 주판치치의 의도와 언어유희를 음미하자면 이 둘을 아주 분명히 구분할 필요는 없어 보이고, 그럴 수도 없다.

2. 이 책의 중심개념인 '실재'에 관해서는 세 가지 방식의 번역과 표기가 있다. 'real'은 '실제적'으로, 'Real'은 '실재'로, '*Real*'은 '**실재**'로 번역하였다.

3. 그 외, object도 문맥에 맞게 두 가지로 번역했다. 정신분석적 맥락에서는 대상으로 주로 번역했고, 실재론의 문맥에서는 객체로 번역했다. 수년간 까다로운 번역어인 articulate도 번역어를 통일하지 않았다. '분명하게 말로 하다'라는 본래의 의미에 가깝게 번역한 것도 있고, 기존 번역어들인 '분절'이나 '절합'을 문맥에 맞게 수정하여 번역한 것도 있다. 정신분석적, 철학적 맥락에서는 '나누고 합친다'는 의미에 가장 가까울 것 같다. life도 들뢰즈를 염두에 둔 맥락에서는 '생명'으로, 하이데거나 니체를 염두에 둔 표현이라면 '삶'으로 번역했지만, 돌이켜보면 어떻게 번역해도 괜찮다는 생각이다.

서문

"지금 저는 섹스를 하고 있는 게 아니라 여러분에게 말을 하고 있습니다. 하지만 저는 섹스를 할 때와 똑같은 만족을 느낄 수 있지요."* 이것은 승화가 억압 없는 충동의 만족이라는 주장을 예시하기 위해 라캉이 드는 것이다. 우리는 보통 승화를 대리 만족과 관련하여 생각하는 경향이 있다. 즉, "섹스_{fucking}" 대신에 나는 말을 (하고 글을 쓰고 그림을 그리고 기도 등등을) 하는 것이다. "잃어버린" 어떤 것을 대체하려고 또 다른 종류의 만족을 얻는 방법 말이다. 승화는 잃어버린 성적 만족에 대한 대리 만족이다. 그러나 라캉 정신분석이 주장하는 것은 좀 더 역설적이다. 즉, 행위는 다르지만 그 만족은 정확히 동일하다. 달리 말해, 이러한 주장은 말하는 데서 오는 만족을 "성적 기원"을 언급함으로써 설명하려는 것이 아니다. 그것은 말할 때의 만족이 그 **자체** "성적"이라는 것이다. 그리고 이 점이 우리로 하여금 정확히 섹슈얼리티의 바로 그 **본성**과 지위에 대한 물음을 급진적으로 열도록 한다. 널리 알려진바 마르크스는 "인간의 해부학은 유인원 해부학의 열쇠를 쥐고 있(으며 아마 그 반대는 아니)다"라고 말했다. 유사하게 우리 또한 말할 때의 만족이 성적 만족의

---

* 자크 라캉, 『자크 라캉 세미나 11권 ― 정신분석의 네 가지 근본개념』, 맹정현, 이수련 옮김, 새물결, 2008, 250쪽.

열쇠를 쥐고 있(으며 그 반대는 아니)다, 혹은 더 간단히 말해 그것이 섹슈얼리티와 그것에 내재된 모순들을 이해하는 열쇠를 쥐고 있다고 말해야 한다. 그러므로 이 책이 향해야 할 단순한 (그렇지만 가장 어려운) 물음은, "무엇이 성인가?"가 될 것이다. 내가 주장할 섹슈얼리티 문제에 대한 접근 방법은 섹슈얼리티를 정신분석의 고유한 **철학적** 문제로 고려하는 것이다 — 존재론, 논리학, 주체이론으로 시작해서 섹슈얼리티라는 용어와 공명하는 모든 것과 함께 말이다.

무엇보다도 (프로이트-라캉 계통의) 정신분석은 아주 강력한 개념적 발명이었고, 이는 철학 내에서 직접적이고 중요하게 공명하는 것들과 함께해왔다. 철학과 정신분석의 조우는 동시대 철학에서 가장 생산적인 작업 현장construction site임이 드러났다. 이런 조우는 고전 철학자와 고전적인 철학적 개념들(주체, 대상, 진리, 재현, 실재 등)을 새롭고 독특하게 읽도록 해왔다. 또한 동시대 철학에 있어서 완전히 새로운 방식을 열었다. 철학이 그토록 벗어나려 했던 자신의 형이상학적 과거, 그리고 그 과거에 속했던 몇몇 고전적 개념들을 폐기하려 할 때, 라캉이 나타났고 우리에게 값진 교훈을 준 것이다. 말하자면 문제적인 것은 이런 개념들 자체가 아니라는 말이다. (철학하는 방식에 있어서) 문제적인 것은 그 개념들이 함축하고 연루하는 내재적 모순(혹은 적대antagonism)을 부인하거나 삭제하는 것이다. 그러므로 우리가 이 개념들을 단순히 폐기한다면, 모든 중요한 전장에서 승리하는 것이 아니라, 그저 전장을 포기하고 떠나는 것이 된다. 대칭적이지는 않지만 유사한 방식으로, 정신분석도 (또한 임상적 맥락에서) 철학적 개념들을 붙들고 철학적 논쟁에 참여함으로써 많은 걸 얻어냈다. 왜냐하면 이런 방법으로 안전하게 구획된 특수한 전문지식과 실천의 장에 자신을 가둬놓지 않고, 일반적인 학계, 논쟁, 적대들에 계속 연루되어 왔기 때문이다. 그리고 이것이 정확히 라캉이 끊임없이 지적했던 분열, 즉 국제정신분석협회International Psychoanalytic Association와의 분쟁의 핵심에 있었던 분열이다. 즉 공인된 치료 실천이자 적절히 제한되고 할당된 자신만의 영역/영지로서의 정신분석과, 라캉이 (철학, 과학, 문학 등) 모든 곳에서 해왔던 지적(이고 실천적인) 허영으로 간주되는 것 사이의 분열 말이다. 라캉이 실제적 분열을 발견했던 곳은 단순히 다양한 정신분석적 지향들 사이의 분쟁에서가 아니라, 바로 이 지점에서다. 그 유명한 단발 세션short session은 차치하고, "지성화intellectualization"라는 말은 그가 자신의 "가르침"(정신분석적 실천의 외부에서 행해졌던, 그리고 보편적 목적을 지녔던 가르침)에서 하던 것들을 겨냥한 용어이자 주요 **모욕**이었다. 분석가들이 했던 이 모욕에 대해 라캉은 그들을 "무의식의 정형외과의사"이자 "부르주아 꿈의 보증인"이라고 부르며 모욕으로 되갚아 주기를 주저하지 않았다. 이른바 이런 "지성화"는 단순히 라캉의 페르소나 (자신의 지성, 학식, 야망) 때문이 아니라 그가 주요 스캔들을 일으키며 프로이트의 발견의 핵심에 있다고 인정했던 것 때문이다. "무의식은 **사유한다**"는 라캉이 그 발견의 골자를 정식화하고 싶어 했던 방법이다. 기발한 꿈들, 말실수, 농담, 그리고 많은 고차원의 정신적 형태들과 창조들은 모두 무의식의 작동을 보여주고 있다는 것이다... 무의식에 대해 단순히 비합리적인 것은 없다. 라캉은 또한 프로이트의 (무의식과 관련된) 섹슈얼리티 개념이 도발한 가장 큰 추문이 어떻게 이른바 더러움이 아니라 "그 개념이 너무 '지성적'"이라는 사실이었는지 지적하길 좋아했다. 그는 "그것이 사회를 무너뜨릴 음모를 가진 모든 테러리스트들의 중요한 앞잡이처럼 보이는 것은 바로 이와 관련해서"였음을 지적하려고 했던 것이다(Lacan 2006b, 435; 국역본: 자크 라캉, 『에크리』, 홍준기, 이종영, 조형준, 김대진 옮김, 새물결, 2019, 625쪽. 이하 라캉, 2019, 쪽수로 표기하며 번역은 일부 수정함). 바로 이런 의미에서 말하기의 만족 (혹은 모든 종류의 지적 행위에서의 만족)이 "성적"이라고 말하는 것은, 단순히 지적 행위들의 굴욕에 대한 것이 아니다. 그것은 최소한 섹슈얼리티를 놀랍게도 지적인 행위로 승격시키는 것에 대한 것이다...

그러므로 라캉이 정신분석에서 가장 중요한 분열이자 분쟁을 발견한 것이 이 지점임은 의심의 여지가 없다: "내 말을 듣고 있는 사람들에게 하고 싶은 말이 있다. 그들이 어떻게 나쁜 분석가를 구별할 수 있을까. 바로 이 분석가들이 진정한 차원에 있는 프로이트의 경험을 더 발전시킬 테크닉과 이론에 대한 모든 탐구를 폄하하기 위해 사용하는 단어를 통해서이다. 그 단어는 바로 '지성화intellectualization'이다"(Lacan 2006b, 435; 국역본: 라캉, 2019, 625쪽).

그러나 정신분석과 철학의 조우가 둘 모두에게 가장 생산적이고 비옥한 현장임이 드러났지만, 이 현장을 회피하는 것이 최근 두 영역 모두에서 더욱 더 슬로건(혹은 유행)이 되어버린 것 같다. 철학자들은 순수 철학, 특히 존재론을 재발견했다. 그들은 새로운 존재론들을 생산하는 것과 씨름하면서, 기껏해야 특정한 치료적 실천에 해당하는 국지적 이론으로 보이는 것들에는 조금도 관심을 보이지 않는다. 한편 (라캉의) 정신분석가들은 자신들의 개념들의 "실험적" (임상적) 핵심을 재발견하느라 여념이 없다. 그들은 때때로 자신들의 개념을 자기들만이 만질 수 있는 궁극의 **실재** 같은 성배처럼 제시하려 애쓴다.

이런 측면에서 이 책은 "우리가 살고 있는 시대"의 결을 – 방법론적으로 뿐만 아니라 이데올로기적으로도– 거스른다. 더 세련된 "개념적 산물들", "서비스들", "독특한 경험들"을 위해 작업 현장을 버리고 떠나는 것을 거부하기 때문이다. 이 책은 다음의 두 가지 확신에서 뻗어 나왔다: 첫째, 정신분석에서 성은 무엇보다도 **개념**이며, 이 개념으로 현실의 끈질긴 모순을 정식화한다. 둘째, 이 모순은 (이미 잘 정립된 것들이나 존재들 사이에 있는 모순과 같은) 부차적 차원에 제한되거나 환원될 수 없고, 이 존재자들의 바로 그 구조화 속에, 바로 그 존재 속에 – **모순으로서**– 이미 연루되어 있다. 더 정확히 말해, 성은 존재론적 문제이다. 궁극적 현실로서가 아니라 현실의 내재적 비틀림이자 걸려 넘어지는 장애물로서 말이다.

그러므로 "라캉과 철학"에 대한 물음은 바로 여기, 즉 문제들이 가장 고조된 이 지점에서 시작하고 다뤄져야 한다. 보통 성은 심지어 라캉과 그의 개념들을 가장 친절하게 철학적으로 전유한 것들에서마저도 물음으로 남겨져 있다. 그리고 라캉은 maître(주인)과 m'être (존재로부터) 사이의 동음이의형을 유희하면서, 존재론을 주인 담론과 관련한 어떤 것으로 간주했다. 존재론은 "뒤에 바짝 붙어 있음", "언제든 나타날 준비가 되어 있음"을 함축하는 것이다(Lacan, 1999, 31).

그러나 더 정확하게는, 바로 이런 **이유**로 "성과 존재론"에 관해 물어야 하는 것은 긴급한 일이다. 주장컨대, 철학과 정신분석의 조우의 운명이 결정되고 드러나는 곳이 바로 여기이다. 루이 알튀세가 그의 강력한 글 「마르크스와 프로이트에 대하여」에서 밝힌 바, 마르크스주의와 정신분석의 공통점들 중 하나는 이 둘이 이론화하고 있는 **갈등**conflict **내에** 스스로 자리잡고 있다는 점이다. 즉 이 두 이론은 그 자체 자신들이 갈등이자 적대라고 생각한 바로 그 현실의 부분인 것이다. 그런 경우 과학적 객관성의 기준은 이른바 중립성이 아니며, 이 중립성은 기존의 적대 혹은 실제 착취의 지점을 은폐하(고 그럼으로써 영속화 하)는 것일 뿐이다. 모든 사회 갈등에서 "중립의" 위치는 항상 필연적으로 지배 계급의 위치이다. 즉, 그 위치는 지배적인 이데올로기의 지위를 점유했기 때문에 "중립적"으로 보이는 것이다. 이것은 우리에게 항상 자명한 것으로 다가온다. 그러므로 그런 경우 객관성의 기준은 중립성이 아니라 그 상황 내의 독특하고 특수한 관점을 점유하기 위한 이론의 능력이기도 하다. 이런 의미에서 객관성은 "당파적"이고 "편파적"이라는 바로 그 능력과 연관된다. 알튀세가 말한 것처럼, (마르크스주의와 정신분석 모두에게 해당되는) 갈등적인 현실을 다룰 때 우리는 모든 것을 모든 관점에서 볼 수는 없는 것이다on ne peut pas tout voir de partout. 어떤 위치들은 이런 갈등을 위장하고, 어떤 위치들은 그것을 드러낸다. 그러므로 우리는 이 갈등적 현실의 본질을 오로지 특정 위치를 점유해서만 발견할 수 있는 것이다. 다른 것도 아닌 바로 이 갈등 내에서 말이다(Althusser, 1993, 229).

　이 책이 보여주고 논의하려는 것은 성 혹은 **성적인 것이** 정신분석에서는 정확히 그러한 "위치"이자 관점이라는 점이다. 이는 성의 ("더럽거나' 논쟁적인) 내용 때문이 아니라, 성이 우리로 하여금 알아보고 생각하고 씨름하도록 만드는 모순의 독특한 형식이라는 점 때문이다.

이 책의 분량만으로는 분명하지 않을 수도 있지만, 이 책은 수년에 걸친 개념 작업의 결과이다. 작업은 선형적이지 않았고, 가장 까다로운 문제들을 다양한 관점에서 이리저리 조망하는 것으로, 그리하여 마지막에는 많은 것들을, 말하자면 많은 단어들을 덜어내는 것으로 이루어졌다. 어쩔 수 없이, 이 책의 몇몇 부분들은 지난 수년간 진행 중인 연구로서 이미 발간되기도 했다. 그러나 이에 관해 오해를 피하기 위해 강조하고 싶은 것은, 이것이 단편모음집도 아닐뿐더러 (이 점은 분명하다), 이미 출간된 부분들은, 간단히 말해 이 책에서 같은 것으로 간주될 수 없는 내용이라는 점이다. 여기서의 논의는 중요한 개념적 지점과 단계에서 다듬어지고 수정되었을 뿐만 아니라, 이것이 도서 분량의 논의로 발전된 것은 바로 이 책에서이기 때문이다.

최근 로렌초 키에자(The Not-Two)와 아론 슈스터(The Trouble with Pleasure)의 책들이 동일한 시리즈로 출간되었는데, 이 책들은 몇몇 측면에서 나의 작업과 교차하고 있다. 이 뛰어난 책들이 내 논의에서 중요한 역할을 하지 않았다면, 그 이유는 단순하다. 수년간 우리는 이런 주제들에 대해 우리의 "평행 우주들" 안에서, 우호적 결탁으로 작업 중이었지만, 그 주제들로 가는 각자의 "집착"과 경로가 달랐기 때문이다. 이것이 우리의 "평행 우주들"이 서로 독립을 유지할 수 있는 가장 좋은 방법인 것 같았다. 그것이 저 중요한 작업들을 인정하지 않는 우를 범하지 않을 결정이라고 생각했던 것이다.

1장

여기서 점점 이상해진다

성이라고 말했나요?

존 휴스턴의 영화 <프로이트: 시크릿 패션>(1962)에는 아주 강렬한 장면이 있다. 여기서 프로이트는 교양있는 남성들로 이루어진 광범한 청중들에게 자신의 유아 섹슈얼리티 이론을 선보이고 있었다. 짧았던 발표는 소리 높여 반대하는 사태에 직면해야 했고, 발표의 매 문장마다 청중들은 고함으로 방해했다. 어떤 남자들은 프로이트 면전에 침을 뱉으며 발표장을 박차고 나갔다. 발표회 의장은 급기야 청중들을 진정시키기 위해 소리쳤다. "신사 여러분, 우리가 지금 정치 회합에 있는 게 아니잖소!"

매우 흥미진진한 이 장면은 우리에게 정확한 방향을 제시해주고 있기도 하다. 정치와 섹슈얼리티(에 대한 프로이트의 이론) 사이의 기이하고 놀라운 일치라는 점에서 말이다. 차후 다른 장에서 이 일치점을 다시 논의할 테지만, 여기서는 프로이트의 섹슈얼리티 (특히 유아의 섹슈얼리티) 개념이 촉발한 이 격노의 반응을 먼저 살펴보자. 오늘날의 관점에서 보면, 여기에서 일어나고 있는 것이 무엇인지 파악조차 하지 못하고, 이런 격렬한 반응을 그저 프로이트가 속한 빅토리아 시대의 도덕 탓으로 돌리기는 매우 쉽다. 그때 이후, 우리는 섹슈얼리티에 대해 아주 관대하게 그리고 공개적으로 말하는 법을 배웠다(고 생각하는 경향이 있다). "섹슈얼리티가 수치스러운 것이 아나"라는 것쯤을 우리는 알고 있으며, 심지어 우리의 (정신과 신체의) 건강에 좋은 것이라고 생각하기도 한다. 또한 인간의 발달과정에서 "정신성적psychosexual"인 것이 결정적인 역할을 한다는 프로이트의 발견은 정신분석 계열의 치료 실천에 다소 희미한 형태로나마 폭넓게 통합되었다고 우리는 생각한다. 그러므로 이 장면이 그런 경우와 완전히 다르다는 것을 알게 되는 것은 아주 놀라운 일일 것이다. 2009년 오프라 샬레브Ofra Shalev와 하노흐 예루샬미Hanoch Yerushalmi 는 아주 놀라운 연구 하나를 발표했는데, 그것은 정신분석의 정신치료에 종사하는 오늘날의 치료사들 사이에서 이루어지는 섹슈얼리티의 지위에 관한 것이었다.[1] 이 연구 결과에 촉발되어 카베 저메니안Kaveh Zamanian은 연구 결과를 정리한 글 하나를 발표하게 되었다:

첫 번째 주제와 관련해볼 때, 샬레브와 에루샬미 연구의 치료사들은 섹슈얼리티가 친밀성이나 자기-정체성과 같은 아주 심오하고 까다로운 문제들에 대한 방어라고 생각하는 경향이 있다… 사실상 여기서 성적인 문제는 환자들이 자신의 주변에 잘 적응하고 전체적으로 잘 기능할 수 있도록 돕는 목적에 방해가 되는 것으로 간주되었다. 세 번째 요인은 친밀성과 섹슈얼리티 사이의 선을 지우는 것이자 이 둘을 완전히 혼동하는 것이다… 그 치료사들은 발달의 정신성적 측면보다는 성적 만남들에 더 집중했다. 놀랍게도 두 치료사가 "성적 문제들은 성과학자가 해야 하는 일이지 심리치료사가 해야 하는 일은 아니죠."라고 말하기도 했다. 주목해야 할 것은 이 연구의 대부분의 치료사들이 섹슈얼리티를 친밀한 관계와 분리하지 않았으며, 심지어 사랑과 섹슈얼리티도 혼동한다는 점이다. 가령 어떤 치료사는 자신의 환자들이 "성적 문제에 대해 거의 말하지 않으며" 자신들의 로맨틱한 관계에 관한 대화에는 "일절 성적 함축이 없다"고 결론을 내리기도 했다. 네 번째이자 마지막 요인이며, 나에게는 가장 문제적으로 보이는 것인데, 그것은 치료사들이 불편함 때문에 성적 문제들을 회피하려는 경향이 있었다는 것이다. 그 연구에서 어떤 치료사들은 성적 문제에 관한 논의를 "치료사들로 향하는 적대감의 형식"으로 경험하기도 했으며, 심지어 그들은 "자신들의 환자들로부터 당했다"고 느끼기도 했다. 또한 충격적이게도, 한 치료사는 자신의 환자들 중의 한 명을 다음과 같이 기술했다: "마치 그는 이것이 치료이니 자기가 모든 것에 대해 말할 수 있다고 생각하는 것 같았어요." (Zamanian, 2011, 38)

정신분석치료에 있어서 프로이트가 공식화한 **유일한 규칙이자 명령**, 즉 우리의 마음에 떠오르는 모든 것은 그것이 우리에게 중요하지 않건 부적절하건 간에 모두 말해야 한다는 것을 고려하면, 이 마지막 문장은 사실상 훌륭한 정신분석적 농담으로 들린다...

이것이 "정신분석적 심리치료"에서 일어나는 상황이라면, 섹슈얼리티에 대한 일반적인 **인상**Stimmung, 특히 유아 섹슈얼리티에 대한 **인상**이 아주 다르지 않다는 것은 놀랍지 않다. 이것은 미디어가 노골적으로 섹슈얼리티를 노출하고 풍부하게 사용하는 것과 결코 모순되지 않는다. 거기에는 어떤 모순도 없다. 왜냐하면 여기에 연관된 것은 섹슈얼리티 개념의 체계적인 환원이기 때문이다. 말하자면 섹슈얼리티를, "성교"를 구성하는 "성적 실천들", 그리고 어쩔 수 없이 하는 성적 암시나 성적 **의미들**이라는 광활한 대양에 둘러싸인 (다양한) "성적 실천들"로 환원시키는 것 말이다. 이는 분명히 샬레브와 예루살미의 연구에 참여한 치료사들에게 섹슈얼리티가 어떻게 이해되고 있는지 보여준다. 말하자면 이때 섹슈얼리티는 우리가 하든 안하든, 결국에는 치료사를 희롱하게 될 수도 있는, 좀 외설적인 것들이다. 이런 방식으로 섹슈얼리티를 이해할 때 우리는 "섹슈얼리티가 더욱 심오하고 까다로운 문제들에 대한 방어로 기능하고 있다"는 주장에 동의할 수 있게 된다. 물론 아이러니한 지점은 프로이트에게 섹슈얼리티가 바로 다양한 성적 실천들, 암시들, 의미들 배후의 "심오하고 아주 까다로운 문제들**이었음**"이라는 점이다. 섹슈얼리티는 정체성들을 구성한다기보다는 오히려 내재적으로 까다롭고 분열적이다. 프로이트에게 성적 행위는 섹슈얼리티 자체의 내재적 곤경과 어려움으로 재이중화되어 있는 것처럼 보였다. 또한 그 자체 중요한 존재론적인 물음을 요청하고 있는 것으로 보였다. 섹슈얼리티에 대한 프로이트의 논의를 이전에도 방해했고, 여전히 방해하고 있는 것은, 단순히 섹슈얼리티 그 자체가 아니다. 이런 종류의 저항, 즉 정신분석이 "더러운 것들에 대해" "집착" 하는 것에 대한 분노는 결코 가장 강력한 것이 아니며, 이런 분노는 곧 도덕에 대한 진보적 리버럴리즘에 의해 주변화되었다. 훨씬 강력한 방해공작은 항상 문제적이며 (존재론적으로) 불확실한 섹슈얼리티 자체의 성격에 관한 테제였다. 빅토리아 시대에 부르짖던 "섹스는 더럽다"에 대해 프로이트는 "아니오, 그것은 더러운 게 아니라 그저 자연스러운 것이오"라고 답한 적이 없다. 오히려 그는 "당신이 말하는 그 '섹스'라는 **존재**가 도대체 뭐란 말이오?"라고 되물었다.

물론 정신분석은 인간 존재의 복잡성 속에서 출발했으며, 그런 인간 존재들을 집중적으로 탐구했다. 그러나 일종의 "심리화되어" 인간적 관심을 *끄는* 철학에서 정신분석이 갈라지는 것은, 분명 급진적 탈지향의 요인으로서의 성적인 것에 대한 정신분석의 발견과 고집에 있다고 할 수 있다. 성적인 것은 "인간 존재"라 불리는 존재자에 대한 우리의 모든 생각들을 끊임없이 의문시 하게 만든다. 이것은 프로이트 이론에서 성적인 것이 (구성적으로 탈구된 부분충동들이라는 의미에서) "인간"이라 불리는 동물의 궁극적 지평이자, 일종의 환원불가능한 인간성의 정박 지점이라고 간주하는 것 또한 아주 큰 실수인 이유이다. 그와 반대로 성적 인 것은 **비인간**inhuman**의 작동자**, 탈인간화dehumanization의 작동자이다.

그리고 부수적으로 이것은 정확히 (라캉이 발전시킨) 가능한 주체이 론 —이 이론에서 주체는 한 개별자나 한 "사람"에 대한 단순히 또 다른 이름이 아닌 어떤 것이다— 의 그 지반을 단단히 고르는 것이기도 하다. 나아가 정신분석에 있어서 보편성에 대한 관점을 열어놓는 것은 바로 비인간의 작동자로서의 성적인 것이다. 그것은 (성차를 포함하여) 성적 인 것에 대한 정신분석의 고집**때문에** 정신분석에서 빠져있다고 비난받 는 것이기도 하다. 그러므로 프로이트가 성적이라고 부른 것은 그 용어 의 모든 인정된 의미에서 우리를 인간으로 만들어주는 것이 아니다. 그 것은 오히려 우리로 하여금 주체로 만들어주는 것이며, 더 정확히 말하 자면, 그것은 주체의 출현과 동연적인coextensive 것이다. 이런 섹슈얼리티 의 "비인간"적 측면은 라캉이 "라멜라"²라는 그 유명한 발명을 포함해 다양한 방식으로 강조했던 것이기도 하다.

그러므로 섹슈얼리티에 대한 오늘날의 심리치료적 장면에서 일어나 고 있는 것은 다음과 같이 설명할 수도 있겠다: 첫 번째 단계에서, 프로 이트적인 섹슈얼리티 개념에서 어떤 것이 완전히 갈라져 나온다. 이것은 섹슈얼리티 개념을 특정 종류의 실천과 관련한 경험적 특징들에 대한 기술로 축소시킨다. 이제 두 번째 단계에서, 이것은 섹슈얼리티가 정확 히 자신이 첫 번째 단계에서 축소시켰던 바로 그것임을 (경멸적으로) 발견한다. 말하자면 섹슈얼리티는 이제 과장된 부수현상들이 된 것이다. 가령 정신분석이 우리의 모든 (신경증적) 문제들이 나쁜 혹은 불충분한 섹스에서 온다고 주장하고 있다고 가정한다면, 거기에는 더 이상 어떤 여지도 없게 된다. 그런데 무엇을 위한 여지 말인가? 바로 정신분석 말이다. 이것은 프로이트가 자신의 글인 「거친 정신분석*Wild Psychoanalysis*」에서 했던 놀라운 지적이기도 하다. 그리고 그것이 겉보기에는 대립하는 두 치료적 관점(하나는 성이 모든 것에 관한 답이라고 주장하는 것과, 성을 과장된 것으로 일축해버리는 관점)이 공유하고 있는 것이다. 이 두 가지 경우 모두에 정신분석을 위한 자리는 없다. 왜냐하면 정신분석은 —모든 외부 장애물을 제거한— 완전한 성적 만족의 불가능성을 무의식적 섹슈얼리티 그 자체의 구성적이고 통합적인 **부분**으로 간주하기 때문이다.

정신분석에게 (거의) 모든 것이 성적 의미를 지니며, 이 의미를 이해하는 것이 심리적 회복의 열쇠라고 생각하는 것도 마찬가지다. 이런 생각이 어떻게 중요한 것을 간과하는지 보기 위해, 우리는 프로이트가 구성적으로 문제를 발생시키는 것으로서의 성적인 것에 대한 자신의 이론에 이르게 된 경위를 염두에 둬야 할 것이다. 그는 단순히 증상과 다양한 무의식의 형성물들 "배후의" 성적 의미를 발견하고 해독하는 것으로 그러한 이론에 이르게 된 것이 아니다. 오히려 그 반대로, 그는 성적 의미의 최종적 발견에 대한 "치료적 실패"에 부딪히면서 이르게 되었다. 성적 의미들은 드러났고, 그에 이르는 연결고리들은 만들어지고 재구성되었다. 그러나 문제/증상은 **계속되었던 것이다.**

이것은 다른 가설을 위한 공간을 만든다. 말하자면 마치 무의식이 풍부하게 생산한 성적 의미가 섹슈얼리티 내에서 작동하고 있는 더욱 근본적인 부정성의 현실을 감춰야 하듯이, 섹슈얼리티가 그 자체 만족의 수단이라는 사실로부터 효능을 이끌어내는 스크린을 통해 우리로 하여금 그로부터 분리시키는 것이다. 여기서의 만족이란 의미를 통한 만족, 성적 의미의 생산에서 오는 만족, 그리고 (이것의 앞면으로서) 그 성적인 것에 대해 의미를 생산하는 데서 오는 만족이 될 것이다. 이로써 정신분석의 우선적 과제 중 하나가 천천히 그러나 철저하게 이런 [성적 의미와 그 의미의 생산을 통한] 만족의 경로를 비활성화하는 것이라는, 그리고 그것을 쓸모없게 만드는 것이라는 점은 역설적으로 들릴 것이다. 성을 인간적으로 생산된 모든 의미의 궁극적 지평이 아니라, 절대적이고 본래적인 무의미로 생산하는 것. 다시 말해, 그것의 **실재**의 차원에서 성을 회복시키는 것.

그러나 오늘날 심리치료의 실천에서 문제적인 것이 섹슈얼리티에 대한 프로이트 이론과 관련한 어떤 것에 대한 "방어"라는 저메니안의 주장을 받아들이면, 이 어떤 것이 정확히 무엇인가? 한 가지 분명한 것은, 우리가 섹슈얼리티에 대한 방어를 자명한 것으로 생각하려는 유혹에 저항해야 한다는 것이다. 그런 방어를 설명할 수 있는 것은 "성"이 아니다. 섹슈얼리티의 본성에 대해 내재적으로 문제적인 어떤 것을 밝혀줄 수 있는 것은 바로 그 방어이다. 이 어떤 것은 반복적으로 마치 어쩔 수 없는 것처럼 우리를 심오한 형이상학적 문제로 데려가는 그 무엇인 것이다.

어른들은 어디서 왔는가?

어떤 설명은 – 이것을 "진보적 정신분석적 설명"이라고 부르자 – 섹슈얼리티에 있는 불만을 유아 섹슈얼리티와 성인 섹슈얼리티 사이의 차이가 아니라 환원불가능한 근접성이나 연속성으로 거슬러 올라간다.

프로이트가 발견한 유아 섹슈얼리티의 역설적 지위는 다음의 두 가지로 잘 요약될 수 있다. 첫째, 유아 섹슈얼리티는 존재한다. 아이들은 성적 존재이다. 둘째, 그것은 존재하지만 자신의 존재를 위한 생물학적이자 상징적인 프레임의 결여 속에서 존재한다. 그것은 자연적, 문화적인 요인들의 결여 속에 존재한다. 생물학적으로 말하자면 생식기관들이 제대로 기능할 수 있는 것도 아니고, 상징적으로 말하자면 아이들에게는 자신들에게 (성적으로) 무슨 일이 일어나고 있는지 적절히 이해하고 적절히 의미화할 도구가 없다. 이런 종류의 비규정적인, 부유하는 지대이자 어떤 상징적 연쇄에도 부착되지 않는 지대가 – 성인들의 상상에서뿐만 아니라 아이들에게서도 – 특수하게 민감한 작동을 할 수 있다고 이해될 수도 있겠다. 그러나 거기엔 더 중요한 이유가 있다. 만일 유아 섹슈얼리티가 그런 위험하고 민감한 "지대"를 구성한다면, 그것은 성인의 섹슈얼리티와의 차이나 대조 때문이 아니라, 오히려 그 반대이다. 즉 그것들의 근접성 때문이다. 만일 유아 섹슈얼리티가 생물학적인 것뿐만 아니라 상징적인 것("문화")에 의해 덮어지는 것이 아니라면, 다음의 그리고 아마도 더 중요한 프로이트 이론의 추문은, 우리가 어른이 되어도 여하간에 이런 것들이 **그다지 바뀌지 않는다**고 주장하는 데에 있다. 성기의

"성숙"이란 것은 섹슈얼리티를 분명하게 이해할 수 있는 단단한 기반을 생산하는 것에 실패할 뿐만 아니라 이런 기관들을 섹슈얼리티의 독점적 장소로 기능하게 하는 것에도 극적으로 실패한다.

장 라플랑슈는 (그가 le sexual이라고 불렀던) 충동적 섹슈얼리티drive sexuality와 (le sexuel이라 불렀던) 본능적 섹슈얼리티instinctual sexuality 사이의 차이를 끌어들임으로써 성적인 것의 이런 갈등과 이중성을 아마도 가장 잘 드러냈던 것이다. 간단히 말하자면, 충동적 섹슈얼리티는 본질적으로 서로 다른 부분충동들과 그것들의 만족과 관련한다. 즉 그것은 타고나거나 대상에 기반한 것도 아니고, 생식적인 것도 아닌 것이다. 그것은 자가성애적이고, 다형적이며, 도착적이고, 젠더에 제약되지도 않으며, 변화무쌍한 섹슈얼리티를 일컫는다. 그와 달리 본능적 섹슈얼리티는 호르몬에 기반해 있고 다소간 미리 프로그램되어 있다. 이것은 아동기 이후, 즉 충동 혹은 유아 섹슈얼리티 **이후**에 일어나는 섹슈얼리티의 전형인 것이다.

> 섹슈얼리티에 있어서, 인간은 가장 큰 역설에 놓이게 된다. 말하자면 충동을 통해 얻어지는 것은 선천적이고 본능적인 것보다 선행하며, 본능적 섹슈얼리티가 출현할 즈음에, 이 적응력 뛰어난 본능적 섹슈얼리티는 이미 항상 무의식에 존재하고 있는 유아적 충동들이 점유했던 자리를 발견하게 된다. (Laplanche, 2002, 49)

이러한 추론과 동일선상에서, 그리고 프로이트의 「섹슈얼리티에 관한 세 편의 에세이」에 기반하여, 이 문제들이 다음과 같은 서사로 정리될

수도 있겠다: 이른바 "성기적인 성 조직화"는 원초적인 것과는 거리가 멀다. 이 성기적인 성적 조직화는 본래 이질적이고, 분산적인, 항상-이미 **복합적인**compound 성적 충동 (이것은 보기, 만지기, 빨기 등과 같은 서로 다른 부분충동들로 이루어져 있다)의 통일unification과 관련한다. 이 통일에는 두 주요 특성이 있다. 첫째, 그것은 항상 여하간에 강제적이며 인공적인 통일이다(그것은 단순히 재생산적 성숙이라는 자연의 목적론적 결과로 볼 수 없다). 둘째, 이 통일은 결코 완전히 성취되거나 획득될 수 없다. 다시 말해 이것은 결코 성적 충동을 기관적 통일성으로 변형시킬 수 없다. 그것을 구성하는 모든 요소들은 궁극적으로 하나이자 동일한 목적을 위해 복무할 수 없는 것이다. 그러므로 "정상적"이고 "건강한" 인간의 섹슈얼리티란, 원천적으로 탈자연화된 (자기보존이라는 "자연적" 목적과/이나 다른 대리만족에 의해 영향받지 않는 순수한 욕구의 논리에서 벗어나 있다는 의미에서 탈자연화 된) 충동들의 역설적이며 인공적인 자연화인 셈이 된다. 심지어 이렇게 말할 수도 있겠다. 인간의 섹슈얼리티는 "성적"이다(그리고 단순히 "재생산"적인 것만은 아니다). 더 정확히 말하자면, 여기서 중요한 이 통일, 즉 모든 충동들을 하나의 목적으로 묶어버린 이 통일이 결코 제대로 작동하지는 않지만, 이 통일이 서로 다른 부분충동들에게 순환적이고 자기 영속적인 행위를 계속 허용하는 한에서 그러하다.

그러나 이런 서사에도 다음의 두 부분에 약간의 오류가 있는 것 같다: 첫째, 이 서사가 소위 기원적이고 자유로우며 카오스적인 충동들의 다수성으로부터 (언제나) 강요된 성적 통일에 이르게 되기까지 어떻게 진행하는가에 관한 부분. 둘째, (라플랑슈와 그의 개념인 "le sexual[충동적 섹슈얼리티]"의 많은 부분을 그대로 따르며) 이 서사가 섹슈얼리티라는 고유하게 (혹은 "인간적으로") 성적인 것을 어떻게 (본능적이고 재생산적인 섹슈얼리티에 대립된 것으로서의) 충동들과 그것들의 만족의 편에 위치시키는지에 관한 부분. 말하자면 이 서사가 단순히 틀렸다는 것이 아니다. 오히려 사태는 좀 더 복잡하다는 것이며, 어떤 중요한 것이 이런 설명에 빠져있다는 것이다. 여기서 빠진 것은 정확하게는 충동들에 관여하는 향유(생명유지에 필요한 욕구들을 만족하는 과정에서 생산되는 경향이 있는 잉여 쾌락 혹은 "다른 만족")와 섹슈얼리티가 **만나게 되는 지점**과 관련한다. 유아 섹슈얼리티 개념에 대해 가장 강력한 저항이 작동하는 곳도 정확히 이 지점에서이다. 예를 들어 아이가 손가락을 빠는 것(혹은 다른 쾌락 추구 행위)을 **성적으로** 만드는 것은 무엇이란 말인가? 성인의 섹슈얼리티에서 단순히 손가락 빠는 것 같은 쾌락추구 행위를 그저 사후적으로 제거할 수 있는 것일까? 분명 충동들이 가져오는 이러한 잉여 만족들이 성인의 섹슈얼리티에서 중요한 역할을 하고 있는 것인데도? 이것은 내가 앞에서 "진보적인 정신분석적 설명"이라고 언급한 바 있는 것에 대한 대답으로 보인다. 즉, 성인의 섹슈얼리티를 보면 그것을 구성하는 많은 요소들(만족을 발견하는 많은 방법들)이 아이도 마찬가지로 "연습했던/실천했던" 것들이라는 것이다. 이는 어떤 종류의 연속성의 존재를 지시하고 있음이 분명하다.

섹슈얼리티와 그것의 발달에 관한 이런 선형적 설명의 주요 문제점은, 이러한 설명이 정신분석의 중심 개념, 즉 무의식을 완전히 생략하고 있다는 데에 있다. 이런 방식의 설명에서 억압은 오직 성적인 것(성적 내용이나 행위)에 **대해서** 수행되는 억압으로서만 들어올 수 있고, 내재적으로 그리고 구성적으로 성적인 것과 밀접한 관련이 있는 것으로서는 들어올 수 없다. 그러므로 라플랑슈가 이 이론을 수정한 것의 가치는 다음과 같이 간단히 요약될 수 있겠다 : (유아의) 향유는 **성적이다**. 왜냐하면 향유는 "불가사의한 기표들"이자 무의식적이고 성적으로 채워진 어른들의 메시지들로 인해 끊임없이 침해당하고 있는 아이들의 우주를 거치며, 바로 그 시초부터 오염되어 있기 때문이다.3 달리 말해, 쾌락을 "성적"으로 만드는 것은 쾌락 혹은 만족 그 자체가 아니라 **무의식**이다. 더욱 중요한 것은, 이런 "메시지들"이 아이에게만 불가사의한 것이 아니라, 그 메시지들을 발산하는 어른들에게도 마찬가지로 불가사의하다는 점이다. 이는 아마도 이집트인들의 비밀들이 이집트인들에게도 비밀이었다는 저 유명한 헤겔의 언급에 대한 가장 근본적인 사례가 되겠다. 그러므로 아이가 경험하는 쾌를 성적인 것으로 만드는 것은 무엇보다도 어른들의 **무의식과의 조우**이다. 이 조우는 추가적인 ("어른들의") 잉여 지식(아이들에게는 파악불가능하고 그러므로 "불가사의한")과의 조우가 아니다. 그보다는 **타자** 속에 있지만 오직 잃어버린 것으로서만 아이들에게 최초로 들어오는 어떤 것, 즉 **마이너스**와의 조우이다. 쾌락을 위한 쾌락을 추구하는 유아의 행위들은 "성적"이다. 왜냐하면 그 행위들은 **타자**의 무의식에 관여하고 지지하는 **기표들**과 디폴트로 얽혀있기 때문이다. 되풀이 하자면, 충동들과 관련한 향유를 **성적**으로 만드는 것은 바로 그 향유의 무의식(그것의 존재론적 부정성에 있는)과의 관계인 것이지, 그 용어의 좁은 의미에서 (즉 성기관이나 성교와 관련한 의미로의) 섹슈얼리티와의 얽힘이나 오염이 아니다.

그러므로 무의식은 **타자**의 무의식으로서 우리의 지평으로 들어온다. 그것은 **우리가** 억압하는 최초의 것으로 시작하는 것이 아니라, (우리에게) 그것은 담론 그 자체에 속해 있는 **의미화의 형식**으로서의 억압으로 시작한다. (차후에 우리는 이것을 "마이너스 하나"라는 개념, 즉 라캉 후기 저작에서 중요한 역할을 담당하고 있는 이 개념과 관련시킬 것이다.) 무의식은 외부로부터 우리에게 온다. 이것은 또한 프로이트의 (가)설인 모든 억압 자체의 근원이자 조건으로서의 **원억압**Urverdrängung에 대한 강한 (라캉적) 읽기를 구성한다. 프로이트는 무의식과 억압을 개념화하면서 그 가설을 도입한다. 이 가설에 의하면 보통 억압이라고 불리는 것은 사실상 이미 "후-억압Nachdrängen"인 것이다. 사실상의 억압, 혹은 엄밀한 의미에서의 억압이란 이미 억압에 기반하고 있는 것이다. 왜냐하면 억압은 구성적으로 재이중화되어있기 때문이다(Freud, 2001a, 148, 180). 나아가 프로이트가 강조하는 바, 억압에 관한 논의를 오로지 "의식의 방향에서 억압되어야 할 것으로 작동하는 밀어내기repulsion에만 초점을 맞추는 것은 잘못된 것이다. 훨씬 중요한 것은 최초로 억압되는 것에 의해 실행되는 끌어당기기attraction이다. 이 끌어당기기가 모든 것들과의 연결을 설정할 수 있는 것이다"(ibid., 148). 『세미나 11』에서 이미 라캉은 이러한 프로이트의 가설을 의미화의 구조 및 "최초 기표의 필연적 타락 fall*"과 직접적으로 연결을 시키며 급진화하려고 한다(Lacan, 1987, 251).

---

* 여기서 '타락'은 기독교적 의미에서 에덴동산에서의 추방을 연상시키려는 의도이다. 즉, 세

이 "타락"은 주체의 구성과 동시발생한다. "주체는 원억압을 주위로 구성된다." 달리 말해, 원억압은 주체에 의해 "수행된" 억압이 아니라, 주체의 출현과 동시적으로 발생한다. 그리고 이미 여기에서 라캉은, 이러한 심급을 칸트 개념인 "부정량negative quantities"*과 연결짓고 "-1은 0이 아님"을 주장하며, 자신의 후반 세미나에서 아주 두드러지게 나타날 어떤 테마를 짧게나마 도입하고 있다.

또한 우리가 이 책의 주요 강조점들 중 하나를 이해하는 것은 이런 관점에서이다. 바로 섹슈얼리티와 관련하는 어떤 것은 **구성적으로** 무의식적이라는 점에서 말이다. 말하자면, 그 어떤 것은 심지어 그것이 처음 출현했을 때조차 무의식적이었으며, 그것이 단순히 그 다음에 올 억압 때문이 아니라는 말이다. 오직 억압되는 것으로만 나타나는 섹슈얼리티

속으로의 떨어짐, 현실의 최초 구성요소로서의 주체에게 설치되는 어떤 것(S1), 순수한 무지의 상태에서 선악과를 먹은 사건, 지식과 의미를 가능하게 하는 지식 이전의 최초의 기표의 기입의 사건으로서 타락을 의미한다고 볼 수 있다.

* 칸트는 비판기 이전의 저작인 『부정량 개념을 철학에 도입하려는 시도』에서 라이프니츠-볼프 학파의 부정량 개념을 비판하고 재정립한다. 라이프니츠-볼프학파는 부정량을 "양의 부정"으로 본 것과 달리, 칸트는 부정량이 그 자체로 무엇의 결여, 없음, 무가 아니라, 적극적인 힘의 근거로 작용할 수 있다고 주장한다. 칸트가 보기에 라이프니츠-볼프의 부정량 개념의 문제는 논리적 대립과 실재적 대립을 구분하지 못한 데에 있다. 칸트는 논리적 대립에서는 모순으로 보이는 것이 실재적 대립에서는 모순이 아닌 이유(혹은 논리에서와 달리 실재적 대립에서 모순이라는 불가능성이 존재하게 되는 이유)를 설명하기 위해서는 부정량 개념을 분명히 해야 했던 것이다. 가령 논리적으로는 정지한 물체를 운동의 결여로 설명할 수 있지만, 칸트에게 실재적 측면에서 정지는 1만큼의 운동량과 그 운동량을 지양하는 -1만큼의 운동량의 대립으로 설명될 수도 있다. 이때 -1은 결여를 뜻하는 무, 제로, 0, 단적인 부정이 아니며("-1은 0이 아니다"), 적극적인/긍정적인 것으로서의 운동량이다. 라캉이 칸트의 부정량 개념을 끌어들인 이유는, 그의 무의식 개념이 의식의 '결여' 내지 '단적인 부정,' 최초의 바탕으로서의 무가 아니라 담론/의식과의 (비)관계를 통해서만 적극적인 결과를 내놓는 어떤 것("가상의 감산")으로 설명하고자 하기 위함이라고 볼 수 있다. 뿐만 아니라 우리가 사유를 통해서 실재를 다룰 수밖에 없는 운명에 처해 있는 한, 현상(증상)의 원인(실재)은 이성의 법칙(논리)으로는 규명이 불가능하고 항상 모순으로만 드러나게 됨을 보여주기 위함이다(자크 라캉, 『자크 라캉 세미나 11권 — 정신분석의 네 가지 근본개념』, 맹정현, 이수련 옮김, 새물결, 2008, 38-42쪽).

에 관한 어떤 것이 존재한다. 그것은 (처음에는 아니지만 그 다음에 억압될 어떤 것으로서가 아니라) 억압의 형식으로만 현실에 등록되는 어떤 것이다. 또한 섹슈얼리티를 그 말의 가장 강한 의미에서 "성적"으로 만드는 것이 바로 이 어떤 것(이지 어떤 실정적인 특징은 아닌 것)이다. 즉, 무의식과 섹슈얼리티의 관계는 어떤 내용물과 내용물을 담는 용기 사이의 관계가 아니다. **섹슈얼리티는 그 자신의 존재론적 불확실성 속에 있는, 무의식의 바로 그 거기-있음과 관계하는 것이다.**

우리가 이를 좀 더 자세히 논하기 전에, 섹슈얼리티와 관련한 다른 문제적 관념을 잠시 살펴볼 것이다. 충동들의 "전복적이고" 카오틱한 다수성과 "규범적 섹슈얼리티"사이의 너무 단순한 이분법이라는 문제 말이다. 수다한 폭력들이 항상 이른바 규범의 이름으로 저질러졌다는 것은 의문의 여지가 없다. 그러나 이 규범을 그런 폭력과 묶어주는 것이 무엇인지에 대한 것은 여전히 의문으로 남아 있다. 단순히 충동들의 "길들여지지 않은" 다수성에 대한 두려움 때문인가? 아니면 다른 것 때문인가?

기독교와 다형도착

통념상 문화적(사회적, 도덕적, 종교적)인 규범성은 이른바 자연적인 섹슈얼리티(이성애적 성교)를 장려한다. 그리고 도착적이고 비사회적인 충동적 섹슈얼리티, 외부의 어떤 목적과도 관련 없고, 따라서 개별적이고 사회적인 통제수단에서 벗어나 있는 충동적 섹슈얼리티를 금하거나 억압하는 경향이 있다... 그러나 정말로 그러할까? 바로 그 피상적 수준을 넘어서면 이런 생각이 아주 틀렸을 가능성은 없는가? 기독교는 보통 충동적 섹슈얼리티를 금하고 "목적이 있는" 재생산적 커플링을 장려하는 종류의 태도에 대한 훌륭한 사례로 간주된다. 그러나 라캉이 다음 구절에서 말하는 것과 같이, 관점을 약간만 바꿔도 아주 다른 그림이 보인다:

> 그리스도가 죽음에서 부활하셨을 때도, 그분의 몸은 귀하게 여겨졌다. 그리고 그의 몸으로서 그가 현전하는 성찬식은 합체(incorporation) ─구강충동─가 된다. 이 합체로, 그리스도의 아내라 불리는 교회는 그 둘의 결합(copulation)에서 아무것도 기대하지 않으면서도 스스로를 아주 잘 만족시킨다.
> 기독교적 영향에서 비롯하는 모든 것에서, 특히 부분적으로 … 모든 것은 **주이상스**를 환기시키는 몸의 전시이다. 그리고 우리는 이탈리아 교회들의 주지육림 ─그러나 어떤 결합(copulation)도 없는─ 을 하고 돌아온 누군가의 증언에 신빙성을 부여할 수 있다. 결합이 현전하지 않았다 해도 우연이 아니다. 그것은 인간의 현실에서만큼이나 거기서도 부적절하며, 그럼에도 불구하고 그것은 환상들로 현실의 자양분을 공급하고, 환상들에 의해 그런 현실이 구성된다." (Lacan, 1999, 113)

귀에 착 감기는 이 놀라운 구절의 요점은 무엇인가? 한편으로는 부분충동들에 있어 필연적으로 비사회적인 것은 없다는 점이다. 즉 부분충동들은 자기중심적autofocused이기도 하지만, 그럼에도 불구하고 **성찬식에서 아주 중요한 역할**, 즉 사회의 아교 역할을 할 수 있는 것이다. 다른 한편, "결합copulation"에 극히 분열적인 어떤 것이 중요하게 존재하는 듯 보인다는 점이다. 기독교에게는 그들이 주장하는 (사회적) 유대를 위해 그런 결합이 필요한 것은 아니다. 그런 결합은 굳이 필요치 않은 요소, 즉 (이상적으로) 필요한 것 위에 덧붙여진 어떤 것, 그래서 불안을 일으키는 것으로 기능하는 것이다. 그런 이유로 심지어 "가장 순수한" 종류의 출산을 위한 성적 결합도 죄와 연결되어 있는 것이다. 혹은, 성 아우구스티누스가 했던 유명한 언급에서처럼,[4] 섹슈얼리티는 원죄가 아니라(원죄는 지식의 나무 열매를 먹은 최초의 커플의 불복종이다), 원죄에 대한 **형벌**이며, 영속의 장소이다 – 그것은 기원적 창조 후에 추가된 것이다. 다른 말로 하면, 성 아우구스티누스의 설명에서 섹슈얼리티 그 자체는 형벌이나 저주로 간주되기 충분할 정도로 문제적인 것이다.

실제로 종교적 억견doxa에서 힘입어, "자연적(이고 출산을 위한) 성교"가 종교적 상상에서는 완전히 금지되지만, 이 동일한 상상이, 가령 (보통 도착의 정점에 있다고 분류되는 행위인) 다른 이의 배설물을 섭식하는 교회 성인들의 이미지들에서는 사라지지 않는다.[5] 잘 알려진 기독교 순교의 이야기(나 그림들)를 보면, 이런 이야기들은 놀랍게도 프로이트의 엄밀한 의미에서의 부분충동들로 가득하다. 이 이야기나 그림들은 다양한 부분충동들과 관련된 대상들에 대한 이미지들의 실제 보고인 셈이다. 성 아가사의 잘린 가슴이나 성 루치아의 뽑힌 눈 등이 서로 다른 예술가들에 의해 수백 년간 그려진 가장 잘 알려진 이미지들이겠다.[6] 여기서는 이 두 가지만 살펴보도록 하겠다.

성녀 아가사. Saint Agatha by Lorenzo Lippi (1638/1644); Wikimedia Commons.

성녀 루치아. Saint Lucy by Domenico Beccafumi (1521); Wikimedia Commons.

이런 관점에서 보면, 기독교는 실로 "신체의 주이상스"를 중심으로 나타나는 것일 수 있다.7 부분충동들과 그것들이 조달하는 열정이나 만족은 기독교의 많은 차원에서 풍부하게 나타난다. 또한 그러한 것들은 기독교의 **공인된** 상상의 중요한 부분을 구성하고 있다. 정확히 이런 의미에서, 리비도적 측면에서 기독교는 (프로이트가 다형도착이라고 정의했던) "유아 섹슈얼리티"의 목록, 즉 부분충동들로부터 유래하며 성적 커플링은 배제된, 만족과 유대에 속하는 것들에 상당히 의존하고 있다고 심지어 말할 수 있을 정도이다. 순수한 향유, "향유를 위한 향유"는 정확히 여기서 금지된 것이 아니다. 여기서 금지되거나 억압된 것은 바로 **이 향유의 섹슈얼리티와의 연결**이다.

다시 말해, 기독교가 충동들의 이러한 다형도착적 만족들을, 그 자체로는 금지하지 않으면서도 **성적인 것으로** 인정하지 않는 것은 분명 아주 중요하다. 그러나 정확히 왜 그럴까? 자주 일탈적이라고 생각되는 모든 향유와 단순히 싸우는 것이 아니라, 가능한 한 말끔하게 **섹슈얼리티에서 향유를 분리하는 것**이 어째서 이와 같이 필수적일까? 말하자면, 왜 향유를 성적인 것과 관련해서 생각하는 것을 거부하는 것일까? 마치 강력한 사회적 압력이 "자연적 섹슈얼리티"(성적 결합)라는 옷을 입고 규범으로 기능하듯, 이른바 가정상 분열적 부분충동들을 멀리 떼어내기보다 자연적 섹슈얼리티 그 자체의 심연의 부정성을 숨기려 한다.

달리 말하자면, 이러한 물음은 우리를 섹슈얼리티의 문화적 측면보다는 "자연적" 측면으로 이끈다. 이는 마치 이런 "자연적" 측면이 사실 가장 문제적이고 가장 불확실한 것인 마냥 보인다. 이 지점에서 자연 자체에 대단히 잘못된 것이 있는 것처럼 보인다. 문제는 단순히 자연이 "항상 이미 문화적"이라는 것이 아니라, 처음부터 자연이 자연일반Nature (우리의 **타자**Other)가 되기 위해 어떤 것을 결핍하고 있음을 말한다. 문화는 (동물에게 있다고 가정되는) 자연적 섹슈얼리티를 매개하고, 분열시키고, 탈자연화하는 어떤 것이 아니다. 문화는 (**성적** 자연으로서의) 자연 내에 있는 어떤 것이 결여한 바로 그 장소에서 발생된다.

이를 설명하는 한 가지 방법으로, 성적 본능은 없다고, 즉 그런 본능을 확실히 이끌어 줄 수 있을 섹슈얼리티에 내재한 지식("법칙")은 없다고 말하는 것일지도 모르겠다. 그러나 이런 주장은 그 자체 두 가지 방식으로 이해될 수 있다. 통상적 관점에 따르자면, 이러한 (자동항법장치와 같은) 성적 본능의 결핍은 특수하게 인간적인 어떤 것으로, 말하자면 인간적 구성(과 그에 따라나오는 문화)에 의해 유도되는 어떤 것으로 여겨지는 것이다. 이런 추론의 선상에서 우리는 보통 자연일반(동물들)에 성적 본능이 있는 반면, 인간 존재들에게는 없다(고 그러므로 인간들은 자연일반과 관련하여 예외 지점이라)고 말한다. 그러므로 인간성은 가장 근본적 수준에서 자연일반으로부터, 특히 동물일반으로부터 일탈된 것처럼 간주된다. 인간성 때문에, 인간성을 자연일반에서 멀어지게 하는 특수한 어떤 것이 발생하고, 그것이 인간의 영역에서 자연일반의 법칙들이 기능하는 방식을 복잡하게 만든다. 우리는 이러한 인간/동물의 차이를 4장에서 더욱 논의할 테지만, 여기서 간단하게 이에 대해 또 다른 관점이 가능할지 살펴보자. 말하자면 인간성을 자연일반의 예외로 생각할 것이 아니라, (성적 법칙에 대한) "지식"의 결여가 독특한 인식론적 형식을 획득하는 자연일반의 그 지점으로 인간성을 생각하는 관점 말이다. 이런 관점에서 인간성은 자연일반의 예외가 아니라, 자연일반의 일탈이며, 자연일반이 **갖고 있는** 내재적 부정성의 특수한 분절articulation 의 지점이다. 자연일반에는 지식(라캉이 "실재에 있는 지식"이라고 부른)이 존재하지만, 이 지식은 성화의 지점에서 결여되어 있고, 그것은 성화된 동물들을 포함한다.

그렇다면 인간이라는 동물과 다른 (성적) 동물 사이의 차이는 무엇일까? 다시 말해 자연과 다른 인간적 예외에 근거하지 않고, **성화된 자연** sexuated nature 그 자체의 어떤 교착에 대한 다른 종류의 분절에 근거한 차이는 무엇이란 말인가? 우리는 다음과 같은 방향으로 답을 찾아나갈 것이다: 즉 인간의 섹슈얼리티는 성적 관계에 있는 불가능성(존재론적 부정성)이 그 자체로, 그것의 부분으로서 현실에 "등록되어 있는 것들" 로 나타나는 지점이다. 인간의 섹슈얼리티는 프로이트가 무의식의 독특한 형식으로서 발견한 바 있는, 그런 형식으로 등록되어 있는 것이다.

우리가 성화의 지점에서 자연에 있는 지식(본능)의 근본적 결핍에서 부터 시작하려 한다면 (자연은 성적 의미에서 어떻게 존재하는지 모르며, 우리는 이것을 성이 있는 다른 동물들과 공유한다), 그 차이는 알지 못함의 두 **방식** 사이의 차이일 것이다: 단순한 알지 못함의 방식, 그리고 독특한 종류의 지식인 무의식에 현실적으로 연루된 방식 말이다. 동물들 은 (자신이 모르는 지도) 모른다. 순전히 농담이 아니라, 우리는 섹슈얼리티가 동물에게 문제가 되지 않는다고 말할 수 있다. 왜냐하면 동물들은 그것이 사실상 문제적인지도 모르기 때문이다.[8] 인간이라는 동물을 식별하는 것은 이 인간 동물은 (자신이 모른다는 것을) 알고 있다는 것이다. 그러나 여기서 문제는 인간들이 의식적으로 자연 내의 성적 지식의 이런 결핍을 알고 있다는 것이 아니다. 오히려 정확히 말하자면 **인간들은 "그것에 대해 무의식적"**이라고 말해야 할 것이다(이것은 우리가 그것에 대해 의식적이지 않다고 말하는 것과 동일한 것이 아니다). 무의식은 (바로 그 형식에 있어) 주어진 현실의 존재론적 부정성이 이 현실 자체에 등록하는 "실정적positive" 방법이며, 그 등록은 또한 앎과 모름 사이의, 즉 어떤 것을 의식하고 있음과 의식하지 못함 사이의 단순한 대립에 의거하지 않는 방법으로 이루어진다. 왜냐하면 중요한 것은 정확히 "어떤 것" (어떤 **사물**, 우리가 의식할 수도 의식하지 못할 수도 있는 어떤 사실)이 아니라, 오로지 그 자신의 부정을 통해서만 그 자체 지각 가능한, 그런 부정성이기 때문이다. "어떤 것에 대해 무의식"적이 되는 것은 단순히 우리가 그것을 알지 못함을 의미하지 않는다. 오히려 그것이 함축하는 것은 역설적인 재이중화이며, 그 자체 두 부분으로 되어 있거나twofold 분열되어 있다. 즉 그것은 우리가 (...알지 못함을) **알고 있음을 알지 못함**과 관련하는 것이다. 이것은 무의식에 관한 가장 훌륭한 설명 중 하나이다(Žižek, 2008, 457). 라캉이 말했듯이, 무의식적 지식은 스스로를 모르는 지식이다.

그러므로 무의식이라는 독특하고 혁명적인 프로이트의 개념은 단순히 아는 것의 반대로서 모르는 것에 관한 것이 아니다. 그것은 하나의 앎의 형식인, 알지-못함의 독특한 형식에 관한 것이다. 오직 무의식의 바로 그 형식, 그것의 작동, 그것의 형성물들 안에서만 그리고 그런 것들

로서만 존재하는 특정 종류의 지식이 있는 것이다. 나는 어떤 종류의 전반성적인 직관에 대해 말하고 있는 것이 아니다. 그런 직관이 존재할 수도 있겠지만, 그것은 무의식과 무의식의 구조와는 전혀 관계가 없다. 무의식은, 섹슈얼리티에 있는 존재론적 부정성이라는 존재의 바로 그 형식이다("성관계는 없다"). 섹슈얼리티와 (나는 알고 있음을 모른다는) 지식의 독특한 방식/분열의 연결 때문에, 이 형식은 현실적으로는 **인식 론적이다**.

이제 이 점을 우리의 이전의 검토들과 연결시켜보자. 기독교적 전통에서 (순수하게 재생산적인 커플링이라는) 규범의 기능에 대해 이것이 말해주는 바가 무엇인가? 무엇이 정확하게 이 규범에 의해 금지되고 감춰지는 것인가? 이는 분명 성화와 섹슈얼리티 자체의 **존재론적 부정성**에 관련되어 있는 것 같다. 우리가 (순수하게 재생산적인 커플링이라는) 규범을 부과하면서 감추고 억압하고자 하는 것은 단순히 다른 어떤 것(가령 도착적 탐닉이나 순수하게 자기영속적인 향유)이 아니다. 그보다 그것은 **거기에 존재하지 않는 어떤 것** (사라진 어떤 것)이다. 달리 말해, 금지된 것은 성적인 것에 대한 대문자 기표(혹은 그에 대한 대문자 이미지)가 아니라, 그런 대문자 기표가 존재하지 않는다는 (무의식적인) 지식이다. 섹슈얼리티는 모든 방식으로 규제되지만, 섹슈얼리티의 방탕함 때문에 규제되는 것이 아니라, 그것이 이런 존재론적 부정성을 함축하(고 "전달하")는 한에서 규제되는 것이다.

섹슈얼리티와 지식을 원죄 장면과 떼려야 뗄 수 없는 것으로 보여주는 성경 이야기의 정수는, 그러므로 정확한 방향을 가리키고 있다. 아담과 이브가 지식의 나무의 열매를 먹었을 때 그들이 알게 된 것은 정확히 무엇인가? 성경에서 이것은 그리 명확하지 않다. 그러나 분명한 것은 "선과 악"(rov wa-ra)* – "선악에 대한 지식의 나무"라는 정식화에서의 – 이라는 표현이 선과 악을 알고 그 둘을 구별함을 일컫는 것은 아니라는 점이다 (이는 이미 매우 편협한 독해일 것이다). 그 표현은 사실상 "모든 것"을 의미하는 관용표현이다 (우리가 "이것과 저것"이라고 말할 때처럼 말이다). 그러므로 성경이 우리에게 말해주는 전부는 아담과 이브가 선악과를 먹었을 때 지식이 그들에게 전달되었다는 것이다. 그리고 만일 우리가 이에 대한 라캉적 읽기를 감행한다면, 다음과 같이 덧붙일 수 있겠다: 전달된 것은 특정한 이것과 저것에 대한 지식이 아닌, 지식 그 자체의 (의미화 하는) 구조라고. 그리고 "지식 그 자체의 (의미화 하는) 구조"에 수반하는 것은 무의식의 간극이라고. 무의식의 간극은 분명 정보나 자료에서 오는 지식과는 구별되는 것이다. 달리 말해, 전달되는 것은 지식을 구성하는 것으로서의 원억압의 간극인 것이다. 그런 이유로 아담과 이브가 **지식**의 나무의 열매를 먹자마자, 그 즉각적인 결과는 그들이 자신의 벗은 몸을 보고 수치스럽게 여겼다는 **정동**affect인 것이다. 이 수치는 고유하게 존재론적이다: 이것은 지식의 구조 내에 설치된 의미화하는 결여 때문에, 결여된 기표(-1)의 장소에서 나타난다. 즉 그것은 거기에 어떤 기표도 나타나지 않기 때문에 나타나는 것이다...

---

* 원문에는 rov wa-ra로 쓰였으나 오타로 보인다. 히브리어로 tov wa-ra는 이것이나 저것, 모든 것을 의미하나, 성경의 영역과정에서 good and evil로 번역되었고, 한국어 번역도 마찬가지로 선악과, 선악을 알게 하는 나무 등으로 번역된다. 히브리어 원전을 따져보자면 선악과를 먹었다는 것은 지식 일반을 획득했다는 의미이다. 주판치치는 이를 이런 저런 실체적 지식으로 보지 않고 지식의 구조 자체로 본다.

지식과 성 사이의 이러한 중요한 연결은 성경에서 원죄의 장면에 국한되지 않고 더 발전되며 반복적으로 고집스럽게 나타나고 있다. 그래서 "성경적 의미의 지식"이라는 표현도 있는 것이다. 성경이 ("타자를 앎"으로서의) 성교를 언급하는 이 특수한 방법은 분명, 우리가 아는 성교에 대한 대부분의 일반적인 완곡어구, 가령 "들어가다", "누구와 동침하다", "안으로 들어가다"와 동류가 아니다. 이것들은 단순히 기술적인 완곡어구들일 뿐이다. 다른 한편, 지식이 성교를 가리키는 방식으로, 오직 특이한 (부정적인) 인식론적 잔상으로서 등록된, 존재론적 공백으로 타락하는 성적 관계에 대한 의미화 흔적을 우리가 식별할 수는 없는가? 다시 말해 "성경적 의미에서 타자를 앎"은 지식이 결여되어 있는 **타자의** 그 지점과 엮여야 한다. 그리고 종교적 관점에서, (성적 관계에 대한 기표를 결여한) **타자** 안의 지식의 결여는 사소한 문제가 아니다. 수치 말이다. 벗은 몸을 보는 것은 이 몸들 그 자체 때문에 "수치스러운" 것이 아니라, 이 벗은 몸들이 전달하는 데에 실패한 것, 말하자면 성적 관계 때문에 그러한 것이다.

섹슈얼리티를 상상계적 수준에서 보면 유사한 구조가 발견된다. 즉 우리가 섹슈얼리티의 재현들에서 **볼** 수 있는 모든 것은 다른 몸들의 부분들을 향유하는 몸들이다. 라캉의 말을 들어보자:

칸트주의자가 감탄하며 강조하는 바, 사드 혹은 우리가 **타자**의 몸의 한 부분을 향유할 수 있는 것은, 우리가 결코 하나의 몸을 본 적이 없기 때문이다. **타자**의 몸으로 자신을 완전히 두르고, 둘러싸는 그런 몸 말이다. 그런 이유로 우리는 그렇게, 팔이나 다른 것들을 뻗어, 몸을 꼬집는 것으로 우리를 한계지어야

하는 것이다. 아야! (Lacan, 1999, 23)

규범(섹슈얼리티에 대한 규범적인 지시들)은 정확히 그 재현에 있는 이런 결여의 지점에서 발생한다. 더 정확히 말해, 규범은 "누구도 결코 본 적 없는" **이미지를 대리하는 것**으로 간주될 수 있는 것이다. 타자의 몸을 완전히 감싸고 있는 몸의 이미지로 말이다. 바로 그 불가능성 속에 있는 이런 이미지는 그것의 다른 면이다. 그것은 규범의 환상적 지지물이다. 그것은 규범을, 그리고 그 안의 우리의 공모를 지속시켜준다. 규범의 바로 그런 부과가 환상을 지속시키고, 환상이 마찬가지로 규범을 지속시킨다: 바로 성적 관계라는 환상 말이다.

그러나 이 국면에서 지적해야 할 더욱 중요한 것은, 비-관계가 단순히 관계의 부재가 아니라, 그 자체 실제적이고 심지어는 **실재**라는 점이다. 이것은 무엇을 뜻하는가? 우리는 성적 관계의 존재를 어떤 환상으로 생각하는 실수, 즉 정신분석이 우리에게 환상을 제거하고, 대신에 존재하는 **모든** 것이자 궁극적인 날 것의 현실, 부분충동들과 부유하는 쾌들(여기 저기 "쥐어잡는")의 현실을 받아들이라고 권고할거라 생각하는 실수를 하면 안 된다. 성적 관계는 단순히 거기 없는 어떤 것에 대한 환상이 아니라, 우리가 모종의 이유로 거기에 있기를 원하는 어떤 것에 대한 환상이다(그것이 있었으면 하는 이유는 이와 같은 논의에서는 불분명하다). 우리가 여기저기를 "쥐어잡거나", 다른 이의 몸의 (혹은 그런 점에서 우리 자신의 몸의) 부분들을 향유하여 얻는 실제 만족을 우리가 얻을 수 있다면, 성적 관계의 비존재와 같은 어떤 것은 왜 "견딜 수가 없는가?? 성적 관계의 결여는, 결여나 부정성으로서 자신의 논리와 구조를 어떤 중요한 방식으로 결정하면서, **거기에 있는 것** 안에 설치된다는 의미에서 실재한다.9 이것은 (충동들의 바로 그 부분적인 성격에 있는) 충동들의 완전한 긍정성으로 보이는 것과 (관계적인 것으로서) 섹슈얼리티에서 작동하는 부정성 사이의 잘못된 대립으로 돌아가게 한다. 정신분석이 우리에게 알려주는 것은 이 비-관계 때문에 우리가 오직 부분적이고 부유하는 쾌락들과 만족들(여기저기를 "쥐어잡는")에 접근할 수 있다는 것이 아니다. 정신분석의 주장은 더욱 강력한 것이다. 즉 이런 부분적 쾌락들과 만족들은 **비-관계가 함축하는 부정성에 의해 이미 (안으로) 형성되어/전달되어 있다**(in-)formed는 것이다. 이런 쾌락들과 만족들은 비-관계에 독립해서 존재하지 않으므로, 우리는 더 좋은 것의 결여 때문에 그런 쾌락과 만족들에 의지할 수 있는 것이다. 이 만족들은 본질적이고 본래적으로 "더 좋은 것의 결여"에 의해 구성되어 있다: 만족들은 이 더 좋은 것의 결여 (성적 실체나 기표의 결여)가 **현실에 존재**할 수 있게 되는 방법인 것이다. 그것은 — 단순히 말해— 우리가 한편으로는 충동들이나 충동들의 만족들의 순수한 긍정성을 지닐 수 있다는 말이 아니요, 다른 한편으로 그런 만족들이 어떤 관계를 만들고 재현하기 위해 우리가 다른 어떤 것이나 더 많은 것을 필요로 한다는, 이런 (파국적인) 생각을 우리가 갖고 있다는 말도 아니다. 그리고 이것은 일어나지 않기 때문에, 우리는 그 관계의 환상에 낙담하거나 그것을 일으키는 것이다. 관계에 대한 환상(과 명령)은 충동들의 바로 그 구조화하는 것(안)으로부터 온다. 이제 이것이 무엇을 의미할지 더 살펴보도록 하자.

2장

저 밖에는 훨씬 더 이상한 것이...

관계의 곤경

존 휴스턴의 영화 <프로이트: 시크릿 패션>으로 돌아가자. 유아 섹슈얼리티에 대한 프로이트의 발표가 도발한 격렬한 분노들을 진정시키기 위해 의장이 했던 말("신사여러분, 우리는 지금 정치회합에 있는 것이 아니잖소!")은 실로 우리에게 매우 흥미로운 방향으로 정치와 (프로이트의) 섹슈얼리티 이론 사이의 놀라운 일치를 보여준다. 그러니까 그것은 마치 매번 섹슈얼리티에 대한 질문이 재개될 때마다, 정치적 질서로 결행되어야 하는 어떤 것인 것이다. 이것은 정신분석의 운동 자체의 정치에, 그리고 그 운동 내부에서 그것이 생산했던 파열에 있어 진실이다. 그러나 어떤 근본적인 사회 적대(들)을 둘러싸고 무엇이 말해질 수 있는지를 가리키는 것이 정치라는 더욱 구체적인 의미에서 또한 그것은 진실일 수 있겠다.[1]

오늘날 정신분석과 정치에 대해 말할 때, 보통 둘 중 하나의 태도를 취하게 된다. 하나는 섹슈얼리티를 제거하는 것, 그것을 제쳐두고 생각하는 것, 그리고는 (빗금 친) **타자**, 잉여-향유, 네 가지 담론에 대한 라캉 이론, 이데올로기 비판에 대한 라캉의 기여 등과 같은 다른 개념들을 좇는 것이다. 이 모든 것들도 물론 중요하다. 그러나 이것들은 성적인 것에 관한 문제에서 면제될 수 없다. 그렇지 않으면 그런 개념들의 핵심에서 작동하는 중요한 어떤 것, 즉 부정성에 대한 개념적 분절을 잃게 될 것인데, 왜냐하면 이 부정성이 이런 것들을 지탱해줄 뿐만 아니라 서로 관계하도록 해주기 때문이다. 취할 수 있는 두 번째 태도는, 우리시대의 지배적인 (서구) 이데올로기에 조응하여, (무엇을 하든 상관없고, 남용만 아니라면 어떤 것도 용인되어야 하는) 도덕적 리버럴리즘을 정치적 보수주의(모든 열성적 정치개입이 그 자체 "병리적"이며, "정상적"이고 "비신경증적"인 인간 존재들에는 걸맞지 않은 작금의 보수주의)와 결합시키는 것이다. 이 두 태도는 (동일하지는 않더라도) 대칭적인 잘못을 공유한다. [첫 번째 태도와 같은] 철학적인, 그리고 정치적으로 더욱 급진적인 라캉 읽기는 섹슈얼리티를 오직 부차적이고 입증 불가능하거나 "지엽적"인 중요성만을 지닌 **어떤 것으로** 묵살해버린다. 그리고 [두 번째 태도와 같은] 리버럴한 정신분석적 독해는 정치를 필연적으로 병리적인 **어떤 것으로** 묵살해버린다(정치 안에서 작동하는 불가능성을 보지 못한 채 말이다). 첫 번째 독해의 잘못은 그것이 섹슈얼리티의 중요성을 오해하고 있다는 것이 아니라, 그것이 섹슈얼리티를 **어떤 것으로** (단순히 덜 중요하거나 혹은 훨씬 중요한 것이고, 또 그렇게 여길 수 있는 어떤 것으로) 고려한다는 것이다. 같은 방법으로, 두 번째 독해의 잘못은, 그럼에도 불구하고 본질적으로 다른 정치가 가능함을 보는 것에 실패하고 있다는 점이 아니다. 이 독해의 잘못은 다시 말하지만 정치를, 어떤 특징들을 완전히 갖춘 존재자로서의 **어떤 것으로** 생각한다는 점이다. 다시 말해, 이런 읽기는 정치가 그 자체 불가능한 (관계의) 정치라는 것을 이해하는 것에 실패하고 있다. 섹슈얼리티를 정치에 관계시키는 것은 이 둘이 단순한 존재론적 범주들이라서가 아니다. 그것은 존재의 질서가 아닌 어떤 것, 그러니까 라캉이 **실재**라고 부른 어떤 것을 본질적으로 함축하고, 그것에 의존하고, 그것을 이용하는 것이다. **실재**는 정확히 존재가 아니라 존재의 내재적 교착이다.

성적인 것에 관한 라캉의 개념은 (섹슈얼리티라고 불리는) 어떤 현실에 대해 지금까지 가장 훌륭한 설명을 제공하는 것이 아니다. 그것이 제공하는 것은 다양한 종류의 연계들連繫, ties(사회적 연계들이나 "담론들"을 포함하여)의 조건을 좌우하는 근본적인 비-관계에 대해 사유하는 독특한 모델을 발전시키는 것이다. 왜냐하면 이것이야말로 섹슈얼리티에 대한 라캉의 개념에 주요하기 때문이다. 그것이 개념화하는 것은, 존재의 근본적 교착이 (존재로서) 그 교착의 구조화 내에서 작동하는 방식이다. 그러나 중요한 것은 다음을 강조하는 것이다 : 즉 라캉의 성적인 것에 관한 개념이 단순히 모든 종류의 성적 **내용**(혹은 성적 실천)에 관한 것임이 아님을 주장함으로써, 성적인 것을 "순수화purification"하는 것을 우리가 목표로 하는 것이 결코 아니다. 이런 목표는 성적인 것의 순수한 형식이나 순수한 (철학적) 관념을 생산하려하고, 그럼으로써 성적인 것을 철학적으로 받아들일 만한 것으로 만드는 것일 뿐이다. 그게 아니라 중요한 것은, 성적인 것이 모든 성적 내용과 실천을 넘어서는 순수한 형식이 아니라, 대신 **이러한 형식의 부재**, 즉 성적인 것의 공간을 구부리고curve 규정하는 형식의 부재를 가리킨다는 점이다. 다시 말해, 이것은 "결여" 혹은 부정성이며 그것을 둘러싸고 구조화된 장에 중요한 결과물들을 가진다. 우리는 이것을 어떻게 이해해야 할까?

성이라는 역설적 지위는 말하자면 유니콘의 지위와 반대다 : 성은, [유니콘처럼] 그것이 경험적으로 발견된다면 우리는 그것이 어떤 모습일지 정확히 알고 있음에도 불구하고, 경험적으로 어디에서든 발견될 수 없는 어떤 존재자에 대한 것이 아니다. 오히려 그 반대다. 경험적으로 성이 존재함에 의심의 여지가 없(고 우리가 그것을 꽤 잘 식별하고 "확인할" 수 있)다. 그러나 여기서 빠져있는 것처럼 보이는 것은 – 플라톤식으로 말하자면 – 성의 이데아, 성의 본질이다. 우리가 "이것이 성이다"라고 말할 때, 우리는 정확히 무엇을 알아본 것일까? 플라톤은 심지어 가장 저급한 것들, 진흙이나 먼지와 같은 것들도 자신들에 상응하는 관념들(이상적 본질들)을 갖고 있다고까지 말했다. 그런데 성은 어떠한가? 성의 이데아가, 성의 순수한 형상이 존재하는가? 답은 부정적일 것으로 보인다. 그리고 이것은 성이 존재의 사슬에서 진흙이나 먼지보다 심지어 "더 낮은" 데 있기 때문이 아니다. 다른 이유가 있다. 성을 낮은 차원의, 그리고 "더러운" 것이라고 주장하는 것은 이미 더 근본적인 스캔들 – 우리는 심지어 그것이 무엇인지도 모른다는 것 – 에 대한 반응이고 "해소"이다. 이 점은 이미 앞에 나왔다: 즉 섹슈얼리티에 당황하고 그것을 덮으려는 것, 뿐만 아니라 그것을 통제하고 규제하려는 것은 자명한 것으로 간주되어선 안 된다. 말하자면 그것은 섹슈얼리티에 대한 "전통적인" 문화적 금지로 설명될 수는 없다는 것이다. 오히려 다른 방법이어야 하는데, 이러한 금지는 성적인 것으로서의 성적인 것에 연루된 존재론적 누락lapse에 의해 설명되어야 한다. 섹슈얼리티에 당황하는 원인은, 단순히 거기에 있는 어떤 것, 즉 섹슈얼리티가 보여주는 어떤 것이 아니라, 반대로 거기에 없는 어떤 것 – 만일 그 어떤 것이 존재했다면 성이 실제로 무엇인지 결정하고 무엇이 성에 대해 "성적"인지를 알려줄 어떤 것 – 이다. 성은 어디에나 있지만, 우리는 그것이 정확히 무엇인지 알지 못하는 것 같다. 우리는 어쩌면 이렇게까지는 말할 수도 있겠다: 우리가 −인간의 영역에서− 어떤 것을 마주치게 되지만 그것이 무엇인지 전혀 이해하지 못할 때, 우리는 그것이 "성과 관련있다"고 꽤 힘주어 말할 수 있을 것이다. 이 정식은 반어적인 것이 아니다. Il n'y a de sexe que de ce qui cloche: 오직 잘 작동하지 않는 어떤 것에만 성은 존재한다.

문화가 단순히 성적인 것의 가면이나 베일이 아니라는 보다 정확한 의미에서, 문화는 "있지도 않은" 성적인 것 내의 어떤 것을 위한 가면, 혹은 차라리 대리인 것이다. 그것은 또한, 문화나 문명이 −고전적인 프로이트의 입장이 그러하듯− 성적으로 추동되고driven, "동기화 된"다는 (간접적) 의미에서도 그러하다. 그것은 성적인 것 내에 존재하는 것에 의해 추동되는 것이 아니라, 오히려 있지 않은 것에 의해 그리되는 것이다.

성적인 것 안에 있지 않은 그것은 관계이다: 즉 **성적인 관계는 없다**. 저 유명한 라캉의 주장은 종종 너무 성급하게 이해된다. 보통의 사람들, 시인들, 문학, 영화 등이 항상 다양한 방식들로 이해하고 반복해온 어떤 것에 대한, 박식해 보이고 명민하게 들리는 정식으로 이해되어 온 것이다: 예를 들면, "(영원하고) 진실한 사랑은 불가능하다", "사랑은 언제나 불행하다", "남자는 화성에서 오고 여자는 금성에서 왔다", "연애는 잘 안 되는 법이다", "그저 (잃어버린) 만남들에 대한 연속만 있을 뿐", "오직 원자화된 입자들만 있을 뿐" 등등. 이런 종류의 이해가 라캉의 정식이 표현하는 **실재**를, 어디서 급하게 변경하고 기각하고 덮어버리는 지 보여주는 것은 쉽다. 그런 이해가 하는 일이란, 즉시 비-(연애)관계를 존재론화하는 것으로 바꾸는 것이다. 그러고선 우리는 다음과 같이 외친다:

"물론, 성적 (연애)관계는 없다! 이것이 성적 (연애)관계(와 특히 우리의 사랑의 역사)에 대한 모든 설명이다." 근본적으로 존재론적인 범주, "존재로서의 존재"는 비-관계이다. 그 때문에 우리가 이 모양으로 존재하는 것이다!

이런 방식으로 비-관계는 궁극적인 진리로, 현실의 궁극적인 규칙이나 정식으로 (잘못) 이해되고 있다. 이러한 진리는 인정컨대 그리 즐겁지는 않지만 그렇다는 것이다. 그리고 최소한 우리는 사태들이 왜 그렇게 되는지에 대해 이해할 수는 있다. 더글라스 애덤스의 유명한 소설인 『은하수를 여행하는 히치하이커를 위한 안내서』에서 슈퍼컴퓨터가 내놓은 정식과 비교하면, 이것은 훨씬 잘 이해되는 것 같다. 이 소설에서 슈퍼컴퓨터가 수천 년 동안 "삶의 의미란 무엇인가"라는 물음을 프로세싱한 후에, 결국 내놓은 답이란 42이다. 그러므로 이것과 비교하면, 라캉의 공식은 사실상 의미로 가득 차 있고, 더 정확히 말해, 우리의 곤궁들을 설명해줄 수 있는 것으로 가득 차 있다고 할 수 있다.

그러므로 이러한 "이해"에서 우리는 다음과 같은 결론에 도달하게 된다. 즉 비-관계란 모든 구체적인 관계/연애에 있는 기이한 것들, 곤란한 것들의 **원인**이다. 더 정확히 말하자면, 존재론적으로 진술된 비-관계는, 이런 관점에서 모든 "성공적인" 구체적 경험적 관계/연애의 정식화에 장애물로 간주된다. 그러나 라캉이 지적하는 것은, 역설적으로 거의 반대다: 즉 우리가 알고 있는 관계/연애나 연계의 공간을 여는 것은 오직 관계의 비존재일 뿐이라는 것이다. 라캉의 말로 하자면, "관계의 부재는 물론 연결la liaison을 방해하지 않는다. 전연 그것과는 멀다. 관계의 부재는 관계의 조건들을 좌우한다"(Lacan 2011,19). 비-관계는 우리를 연결하는 것의 조건들을 부여하고 좌우한다. 다시 말해 그것은 단순히 그냥 무관심한 부재가 아니다. 이 부재는 구조와 함께 나타나, 구조를 구부리고 결정한다. 비-관계는 관계의 반대가 아니다. 비-관계는 가능한, 현존하는 **관계의 내재적 (비)논리 (근본적인 "적대**antagonism")이다.2

이것은 현실의 존재론적 연쇄 내의 빠진 고리로부터, 그리고 그 고리를 주위로 발생한 담론의 공간에 대한 새롭고도 독특한 개념적 모델을 보여준다. 그것의 구성적 부정성으로 비뚤어진 이러한 구조는 언제나 그 자체보다 더하거나 덜하다. 말하자면 구조의 요소들의 총합보다 더 많거나 더 적다는 것이다. 더구나 이러한 (의미작용의) 요소들 사이의 인과적 연결은, 의미화하는 질서와는 이질적이기도 하고 분리불가능하기도 한 이러한 부정성의 장소에서 나타나는 것에 의해 규정된다 : 즉 (부분) 대상 a와 관련하여 라캉이 개념화한 향유의 불가능한 기체에 의해 규정된다는 말이다. 대상 a는 성적 대상이 아니다. 오히려 그것은 **무(a)**-성적이다. 그것은 비-관계의 객관적 대응물이다(우리는 그것이 대상으로서의 비-관계이다라고 말할 수도 있겠다). 그러나 대상 a는 또한 모든 연결들을 만들 때, 즉 존재**로서의** (담론적) 존재를 구조화할 때 작동하는 것이다. 이것을 고려하면, 이러한 라캉의 개념화로부터 따라나오는 것이 **"객체-탈지향 존재론**object-disoriented ontology"임을 주장하는 것은 언어유희 그 이상이다. 만일 (라캉적) 정신분석 이론으로부터 따라나오는 존재론이 있다면, 그것은 오직 그가 대상 a라고 부른 것에 의해 "탈지향된" 것으로서의 존재론일 수 있다.

그러므로 다시 말하지만, 섹슈얼리티에 대한 프로이트-라캉의 개념에서 가장 중요한 것은, 그 개념이, 사회적 연계들(혹은 담론들)을 포함하여 다양한 종류의 연계들의 조건들을 좌우하는 비-관계를 사유할 수 있는 개념적 모델을 도입한다는 점이다.3

우리가 저 유명한 슬로건, "성적인 것은 정치적인 것이다"를 재차 확인할 수 있고 그에 새롭고 더욱 급진적인 의미를 부여할 수 있는 것은 바로 이런 의미에서이다. "성적인 것은 정치적인 것이다"라는 말은 정치적 투쟁도 일어날 수 있는 존재의 한 영역으로서의 섹슈얼리티라는 의미에서가 아니다. 이 말은 진정한 해방적 정치란 오직 위에서 언급한 "객체-탈지향 존재론"의 기반에서만 사유될 수 있다는 의미에서 그러하다. 이 존재론은, 단순히 존재**로서의** 존재를 추구하는 것이 아니라, 그로부터 존재에 출몰하고 존재에게 형식을-부여하는in-form 균열(**실재**, 적대)을 추구하는 존재론인 것이다.

다음에서 나는 우리가 이러한 주장에서 결정적인 것을 더욱 면밀히 탐구하고 명확히 하는 데 도움을 줄 사례들을 들며 이것을 더욱 발전시키려고 한다. 그 사례로는 섹슈얼리티와 정치 사이에 있는 아주 특이한 만남에 대한 것인데, 바로 러시아 맑스주의자 안드레이 플라토노프Andrei Platonov의 독창적인 글인 「안티-섹수스The Anti-Sexus」에 나오는 것이다. 이 글은 20세기의 해방적 정치논의의 중심에 있다고 할 수 있다.

안티 섹수스

아론 슈스터Aaron Schuster는 안드레이 플라토노프의 「안티-섹수스」의 최근 (재)번역된 영문판 소개글에서 다음과 같이 말한 바 있다.

급진적으로 새로운 사회관계와 신인류/신남성(New Man)을 만들기 위한 20세기 혁명 프로그램의 일부가 섹슈얼리티의 해방이었지만, 이런 열망은 근본적 모호성으로 특징지어진다. 섹슈얼리티가 도덕적 편견과 법적 금지에서 해방되고 구제되어서, 더 개방적이고 유동적으로 충동을 표현할 수 있다는 말인가? 아니면 인간성이 섹슈얼리티에서 해방되어, 비로소 [섹슈얼리티의] 모호한 종속과 폭군적 제한들로부터 자유로워진다는 것인가? 혁명은 리비도 에너지의 개화를 가져다줄까? 아니면 그 에너지를 새로운 세계 건설이라는 고된 과제에 위험스런 오락거리로 보고, 그것을 제압하도록 요구할까? 한마디로 섹슈얼리티는 해방의 목적인가 해방의 방해물인가? (Schuster, 2013, 42)

이것이 잘못된 대안일 수 있다는 슈스터의 주장은 꽤 옳다. 섹슈얼리티에 대한 – 덧붙이자면 해방에 대한 – 정신분석적 관점에 관해 중요한 어떤 것을 놓치고 있다는 의미에서 그러하다. 해방이 (사회적) 비-관계로부터 – 혹은 도달 불가능할지라도 **관계의 이상**Ideal of the Relation으로 접근하면서 – 우리를 자유롭게 하는 것이라고 흔히들 상상할 수 있겠지만, 라캉은 우리에게 매우 다른 관점을 보여준다. 비-관계를 폐기하(고 그것을 관계일반으로 대체하)는 것은 오히려 모든 사회적 억압의 트레이드-마크(교환-표지)이다. 성적 차이와 여성에 대한 억압이 이에 관한 매우 좋은 사례이다. 가장 억압적인 사회들에는 항상 성적 관계의 존재를 공리적 방식으로 선언(하고 강요)해왔던 것들이 있었다 : 즉 "조화로운" 관계는 (이런 관계의) 본질과 그 본질들에 있는 역할에 대한 정확한 규정을 전제하는 것이다. 관계가 존재해야 한다면, 여성들은 이러거나 저래야 한다. **자신의 자리를 모르는** 여자는 (서로를 보완하는 두 요소의 총체성, 혹은 다른 종류의 "우주적 질서"인) 관계라는 이미지에 위협적인 존재가 된다. 이에 대해 정신분석은 여성이 사실, 이러한 압제적 질서들이 여성에 대해 이해하는 것과는 **다른** 어떤 것이라고 말함으로써 대답하지는 않는다. 그러나 다음과 같은 아주 다른, 그러면서도 매우 강력한 주장을 한다 : 대문자 여성은 존재하지 않는다. (우리는 후에 성차 혹은 성 분화에 대해 논할 때 이 지점으로 다시 돌아올 것이다.)

정치적(이고 계급적인) 억압의 역사를 들여다보면, 우리는 또한 "조화로운" 체계 혹은 사회적 유기체라는 강압적 관념이 어떻게 항상 배제와 억압의 가장 잔혹한 형태들과 함께 해왔는지 알 수 있다. 그러나 (라캉의) 요는, 단순히 다음과 같은 것만은 아니다 : "불가능한 것(비-관계)을 인정하자, 그리고 그것을 '밀어내는' 대신, 받아들이자." 사실 이것은 사회적 질서와 지배의 동시대 "세속적" 형태라는 승인된 이데올로기이다. 이런 사회 질서는 "민주적" 네트워크를 형성하는 특이성들의 비-총체적 다수성이라는 관념을 위해 (조화로운) **총체성**의 관념을 폐기했던 질서다. 이런 의미에서 비-관계는 심지어 "자본주의적 민주주의들"의 지배적인 이데올로기처럼 보일 수도 있을 것 같다. 우리는 모두 (여하간에 값진) 특이성들, 복잡하고 총체화 불가능한 사회 네트워크에서 각자의 목소리들을 내려고 하는 특이성들, "기본입자"로 간주된다. 여기에는 미리 결

정된 (사회적) 관계도 없고, 모든 것은 협상가능하며, 우리와 구체적인
상황에 의존한다. 그러나 이것은 라캉이 비-관계라고 주장하며 겨냥하는
것과는 아주 다르다: 즉 (인정된) 관계의 부재는 우리에게 (사회적) 존재
의 순수한 다수적 중립성을 주지 않는다. 이런 종류의 비-관계에 대한
인정은 비-관계를 정말로 인정하는 것이 아니다. (라캉적) 비-관계가 의
미하는 것은 정확히 (사회적) 존재의 중립성이란 존재하지 않는다는 것
이다. 가장 근본적인 수준에서, (사회적) 존재는 이미 편향되어 있다.
비-관계는 관계의 단순한 부재가 아니라, 담론 공간의 구성적 구부림이
나 편향을 말한다. 즉 담론의 공간은 관계의 누락된 요소 때문에 "편향되
어" 있는 것이다. 이런 의미에서, 가령 민주주의를 근본적으로 중립적인
사회적 존재의 요소들 사이의 거의 성공한 협상이라고 생각하는 것은,
사회 질서의 바로 핵심에서 작동하는 이 중요한 부정성을 간과하는 −사
실상 **억압하는**− 것이다. 사실 그런 생각은 그저 **관계의 서사**의 다른
형태이며, 우리가 중립적 특이성들의 총체화 불가능한 다수성이라는 정
치적이고 경제적인 존재론이 어떻게 일종의 **자기-규제**라는 관념과 통상
함께 하는지 생각해 본다면 꽤 분명해진다. "시장의 보이지 않는 손"은
이것의 두드러진 사례이다.

라캉에게 비-관계는, 그것이 구조와 다른 것으로서가 아니라 그 구조
에 내속적인 것으로서, 모든 경험적 관계와 **함께** 나타난다는 바로 그
의미에서 선험적인 것이다. 선택은 관계냐 비-관계냐가 아니다. 비-관계
에 의해 구부러진 담론적 공간 안에서 만들어지고 있는 다양한 종류의
관계들(유대들) 중에서의 선택일 뿐이다. 비-관계는 특수한 요소들 **사이**

에 (고정되고 선결된) 관계가 없다는 것을 의미하지 않는다. 비-관계는 **이러한 요소들 자체 안에 있는** 기울어짐과 비틀어짐을 가리키는 것이다. "요소들 자체로" 이 요소들은 이미 비-관계의 표식을 품고 있(고 이러한 표식은 그 요소들에 들러붙어있는 잉여-향유이)다. 비-관계를 인정하는 것은 "불가능한 것"을 (완료될 수 없는 어떤 것으로서) 받아들이는 것을 의미하는 것이 아니라, 비-관계가 모든 가능한 것들에 어떻게 들러붙어 있는지, 어떻게 그것이 모든 가능한 것들에 형태를 입히는지in-form, 비-관계가 어떤 종류의 적대를 각각의 구체적인 경우에서 어떻게 영속시키고 있는지를 이해하는 것이다. 이것은 정치적 발명과 개입의 공간을 – 닫는 것이 아니라– 다만 열어젖히는 인정의 종류인 것이다.

다시 「안티-섹수스」로 돌아가서 그것이 어떻게 우리가 이 문제의 핵심을 이해하고 규정하도록 하는지 알아보자. 그래서 도대체 이 텍스트는 무엇인가? 개괄을 위해 슈스터의 주장을 한 번 더 보자:

1926년 러시아 마르크스주의자 안드레이 플라토노프는 안티-섹수스를 썼는데, 이것은 그의 생전에 출판되지 못한 다른 많은 저작들처럼 미출간되어 남아있는 중요한 글이다. 이것은 Berkman, Chateloy, and Son Ltd.라는 기업에서 발행한 허구의 브로슈어다. 그는 효율적이고 위생적인 방법으로 성적 욕구를 완화시키는 전자 기기를 광고하는 이 브로슈어를 프랑스어에서 러시아어로 "번역했다." 이 장치는 남성 및 여성 모델로도 사용가능하며, 쾌를 지속시키는 특별한 제어장치가 있고, 개인적으로뿐만 아니라 집단적으로도 사용할 수 있다. 이른바 이 팸플릿의 목적은, 그 기계가 세계 여러 군데에서 성공을 거둔 후, 이제 소비에트 시장으로 확장을 꾀하는 것이다. 그 브로슈어에는

"안티-섹수스"의 장점들을 내세우는 문구들과 "인류의 성적 야만성을 폐기하려는" 기업의 과제가 적혀 있다. 헨리 포드, 오스발트 슈펭글러에서 간디와 무솔리니에 이르기까지 수많은 저명인사들의 사용 후기들도 뒤따른다. 안티-섹수스에는 많은 장점과 응용이 있다. 이를테면 이 기계는 전시에 군인들의 사기를 유지시키고, 공장 노동자들의 생산성을 향상시키거나, 식민지에서 성가신 원주민들을 길들이는 데 꼭 맞는 제품이다. 또한, 사회적 평형상태(equation)에서 성적으로 어리석은 행각을 제거함으로써 진정한 우정과 인간 이해를 함양할 수 있다. 이 "번역자"는 기업의 냉소와 저속함을 꾸짖고 있는 비판적인 서문을 덧붙였다. 심지어 동시에 팸플릿에 쓰인 장점들을 칭찬하는 와중에도 말이다. 그는 자신이 이 글을 출판하기로 결심한 이유가 부르주아의 도덕적 타락을 까발리기 위해서라고 설명하고 있다. 어떤 볼셰비키도 박장대소 없이는 이 자본주의의 허튼소리를 읽을 수가 없을 것이다. 그러니까 안티-섹수스는 "대(對)-'안티 섹슈얼' 선동(contra-'antisexual' agitprop)"의 가장 확실한 형태로서 스스로를 광고하고 있는 셈이 된다. (Shuster, 2013, 42-45)

다층적이고 다장르적인 방식으로, 한 문학적 허구 텍스트가, 저명한 남성들(그렇다, 그들은 모두 남성들이다)의 **사용후기**들 및 소위 "번역자"가 쓴 비판적 **소개글이** 포함된 광고용 **팸플릿의 번역물**로 제시된다는 것은 매우 흥미로운 논쟁거리가 되지만, 이 논쟁에서 플라토노프가 했던 (아주 흥미로운) 물음들에 더 깊이 들어가지는 않겠다. 우리는 일단 이 글을 액면 그대로 받아들여서 해당 팸플릿에서 광고되고 논의되는 (일명 안티-섹수스라는) 이 장치의 전제와 역설들을 심문하는 것으로 시작할 것이다.

다음은 안티-섹수스 장치의 전제들이다 : 섹슈얼리티는 문제가 많다.

왜냐하면 모두가 알고 있듯 완전히 예측불가하고 당최 믿기 힘들고, 혹은 간단히 이용만 할 수는 없는 **타자**(그녀에게는 자기만의 의지와 변덕, 싫증이 있다)와 관련하기 때문이다. 다른 한편, 그리고 **동시에**, 타자들과의 관계는 복잡하고 갈등이 가득하다. 왜냐하면 성과 관련한 기대와 요구는 일을 복잡하게 만들며 항상 불분명하기 때문이다: 성은 훌륭한 사회적 관계들을 방해한다. 이것은 아마도 안티-섹수스 장치로 해결할 수 있는 이중의 진퇴양난이다. 왜냐하면 이 장치는 향유가 나타나는 모든 다른 쾌락들과 관계들로부터 향유에 있는 성적인 것을 고립시키거나 제거할 수 있다고, 그래서 성의 순수한 정수를 뽑아낼 수 있(고 그 다음에 그것을 정량으로 투여할 수 있다)고 주장하기 때문이다. 이런 방법으로 안티-섹수스는 "무-**타자**" 향유(**타자**가 없는 향유)를 제공하고, 동시에 우리가 정말 의미 있는 방법으로 타인들과 관계하는 것이 가능하도록 한다: 즉 실제적이고 지속가능한 연대(순수한 영적 우정)를 창조하는 것이다.

여기에서 **두 가지의** 작업 혹은 목적이 관건임이 분명하다: 한편으로는, 성을 **타자**로부터 뽑아내버리는 것이다. 다른 한편으로는, **타자**를 성으로부터 면제시키는 것이다. 이런 방법으로 우리는 두 개의 분리된 존재자들을 얻는다. 첫 번째 작업의 결과로, 우리는 성 없는sexless **타자**를 얻는다(우리는 이런 **타자**와 이제 우호적이고 문제없이 관계할 수 있다). 두 번째 작업의 결과로, 우리는 순수한 성의 기체를 얻는다. 우리는 우리가 원할 때면 언제나 직접적으로 이 기체를 향유할 수 있다.

안티-섹수스로 우리는 두 가지를 모두 얻을 수 있는 것이다.

우리는 성과 영혼이라는 전지구적인 인간 문제를 해결하도록 요청받았습니다. 우리 기업은 성적 느낌을 상스러운 근본적 충동에서 고상한 메커니즘으로 변형함으로써, 세계에 윤리적 행위를 제공해 왔습니다. 우리는 인간관계에서 성이라는 요소를 제거했으며 순수한 영적 우정을 위한 길을 닦은 것입니다. 그러나 우린 여전히 필연적으로 성 접촉을 수반하는 값비싼 순간적 쾌락을 계속 골몰하기에, 우리는 이 도구에 이런 쾌락의 최소 세배 이상을 제공하도록 만들었습니다. 이것은 10년간 갇혀 있다가 갓 풀려난 죄수가 이용한 여성이 주는 가장 큰 매력과 비교될 수 있을 것입니다. (Platonov, 2013, 50)

이쯤에서 웃어야 할 것 같지만, 이는 인류의 가능한(그리고 급진적인) 해방에 관한 현대의 논의에서 거의 끊임없이 제기되어 온 문제에 대해 말하고 있다: **전지구적 인간 해방의 결정적인 장애물은 인간성("인간 본성") 그 자체라는 것이다.** 인간 해방은 사실상 인간으로부터의 해방이다. 인간의 본성은 사회적 해방 기획에 있어 약한 고리이다. 이런 사유의 선상에서 우리에게는 보통 이 딜레마를 해결할 더 강한 방법 혹은 좀 더 약한 방법이 있다: 즉 신인류/신남성을 만들거나, 인간성의 파괴적인 요소를 "다른 길로 터주어서canalize" 그 요소를 사회관계를 건설하고 유지하는 데에 방해할 수 없는 방법으로 "만족시키는 것."[4]

안티-섹수스의 제안은 파괴적 요소를 다른 길로 터주는 것이다. 그러나 이것이 문제다: 이 "파괴적 요소"를 정말로 **요소**로 생각할 수 있는 것인가? 다시 말해 우리가 규정하고 제한하고 고립시킬 수 있는 어떤 것으로 생각할 수 있는 것인가? 답은 아니오일 것 같다. 그리고 이것은 안티-섹수스의 기본 작업이 바로 두 다른 작업으로 나뉘는 방식에서

가장 분명해진다: 추출, 즉 성을 **타자**로부터 추출해서 제거하는 것. 그리고 면제, 즉 **타자**로부터 성을 면제해서 제거해주는 것. 전자가 어떻게 행해지는가에 대해서는 별말이 없다. 이 장치는 기본적으로 후자의 방법을 제공한다. 즉 이 장치는 **타자**에게서 성적 쾌락을 면제시킨다. 그리고 이런 생각은 자동적으로 다른 과제 또한 해내는 것 같다: 즉 이 장치는 **타자**로부터 성을 추출하고 제거하는 것, 혹은 나와 영적 연대를 형성할 준비가 되어 있는 성이 없는 **타자**를 생산하는 것. **타자**의 성적인 욕구들은 항상 완벽히 만족되기 때문에, 그녀 혹은 그는 성이 없게sexless 된다(성은 인간들 사이의 관계/연애에서 어떤 역할도 하지 않는다). 물론 이것은 정말 이상한 전제이다. 그 혹은 그녀가 거의 항상 "자위를 당하고 있는 중이라면", **타자**는 성이 없다.

여기서 우리는 다음과 같이 정식화될 수 있는 안티-섹수스 장치의 바로 그 "수학소"에 도달한다: "자기자신을 자위되게 만들기", 충동에 관한 개념화에서 라캉이 사용한 문법적 형태로 바꿔 말하자면 "se faire masturber".[5] 능동/수동의 대립을 빠져나가는 어떤 것으로서의 충동을 적절히 개념화하기 위해서, 라캉은 수동성의 핵심에 능동적인 어떤 것, 능동성의 핵심에 수동적인 어떤 것을 도입하는 정식을 제안한다. 가령 시각 충동의 경우, 라캉은 **"자기자신을 보여지게 만들기"**라는 정식으로 **보는 것**과 **보이는 것** 사이의 역전(들)로 보이는 것들을 해체한다. 이런 의미에서 안티-섹수스와 그것의 정식("자기 자신을 자위되게 만들기")은 비존재의 "성충동"의 정식을 제공한다고 볼 수 있다. 우리는 이 도구가 하는 일이 실상 어떻게 이중적이고 왜곡되어있는지 보았다. **타자**에게서 향유를 제거하기 위해 우리는 향유에게서 **타자**를 제거해야 한다. 이 것은 사실 향유와 **타자**가 마트료시카 인형처럼 구조화되어 있음을 보여 준다: 향유는 **타자** "안에in" 있으나, 우리가 그 향유를 "들여다in"보려고 하면, 거기 "안에in"는 또 **타자**가 있고... 향유는 **타자** 속에 있고 **타자**는 향유 속에 있다. ─이것은 어쩌면 주체와 **타자** 사이의 비-관계 구조를 가장 간결하게 정식화한 것일 것이다. 향유가 이 관계를 방해하는 것이 라면, 그것은 단순히 향유가 주체와 **타자** 사이로 들어옴으로써 (그래서 그 둘을 떼어놓음으로써) 그런 것이 아니라, 주체든 타자든 하나를 다른 하나 안에 놓음으로써, 하나가 다른 하나와 상호 **내포함으로써** 그러는 것이다.

여기서 잠시 이 배치의 양 측면을 더욱 면밀히 들여다보자.

한편으로는, 모든 향유는 우리가 "실제 타인(또 다른 사람)"의 도움으 로 "향유를 얻는지" 아닌지에 상관없이 이미 **타자**를 전제한다. 이것은 라캉의 근본적인 주장이다. 심지어 오롯이 혼자만의 향유도 **타자**의 구조 를 전제하는 것이다. 또한 그런 이유로 우리가 타자를 제거하여 순전히 자기-의존적이 되려고 하면 할수록, 우리 안의 가장 내밀한 향유의 바로 그 핵심 속에서 근본적으로 이질적인("**타자**'와 같은 것)을 더욱 발견할 수밖에 없는 것이다. **타자** 없이는 향유도 없다. 모든 향유는 (기표들의 장소로서의) **타자**의 장소에서 비롯하기 때문이다. 우리 안의 가장 내밀 한 향유는 오직 그 "외밀한extimate" 장소에서만 일어난다. (그리고 이것 은 향유가 **타자**에 의해 **매개된다고**, 혹은 우리가 향유하기 위해서는 **타 자**를 "필요로 한다"고 말하는 것과는 다르다.) 그것은, 기표와 향유 사이의 근본적 이질성, 통약 불가능성, 적대가 그 둘의 이질적 기원 때문이 아니라 (예를 들면, 하나는 몸에서 비롯하고 다른 하나는 상징적 질서에서 비롯한다는 것), 반대로 그 둘이 **동일한 장소에서 비롯한다는** 사실 때문임을 이해하는 것이 가장 중요하다. **타자**는 기표의 장소**이자** 향유의 장소(**타자**의 향유일 뿐만 아니라 나의 향유)이다.

다른 한편 (1장에서 보아온 것처럼), 우리가 가령 가장 성을 제거한 sex-free 영적인 (기독교적) 사랑의 바로 그 심장부에서 발견하는 것은 부분 대상들과 그것들의 향유의 증식이다. 이 담론에서 금지되고 있는 것은 순수한 향유, "향유를 위한 향유"가 아니다. 금지되거나 억압되는 것은 향유와 섹슈얼리티 사이의 연결이다.

왜 그러한가? 왜냐하면 이런 연결은 모든 관계의 **바로 그 중심부에 있는** 비-관계를 드러내 보이기 때문이다. 모든 종교들이 그러하듯, 기독교도 **관계**를 전제하고 강요한다. 우리가 여기서 발견한 "비-성적인 성적 향유"의 관념은 사실상 안티-섹수스 장치에서 작동하는 것과 동일하다. **관계**가 존재하기 위해 필요한 것은 "성 없는 성" 혹은 "타자 없는 타자" (타자성이 면제된 **타자**)이다.

이제 이것은 우리가 정식화하려고 하는 이중적 역설이 된다: 한편으로 우리가 향유에서 **타자**를 제거하면, 우리는 가장 자기집중적인 autofocused 자위적 향유의 핵심에서 **타자**를 발견하게 된다. 다른 한편, 우리가 **타자**에서 향유를 제거하면 **타자**와의 (가장 영적인) 유대의 핵심에서 향유를 발견하게 된다. **타자**와 향유는 "외밀하게" 관계한다. 그런 이유로, **타자**로부터 향유를 제거하기 위해서는, 이 두 번째 작업인 향유로부터 **타자**를 제거하는 것이 바로 요청되어야 하는 것이다. 이 두 "요소들"은 서로를 함축하며, 각자 자신 "안에" 서로를 품고 있다. 이것은, 불가능한 대상들을 그리는 에셔의 드로잉들과 닮은 방식으로, 대칭(혹은 관계)처럼 생긴 것을 비트는 것이기도 하다.

"시장의 보이지 않는 '손일/수음手淫, handjob'"

라캉의 주장은 다음과 같다. 비-관계는 담론적 질서와 함께 하는 것이기 때문에, 사회적 유대의 모든 형식에서 작동한다. 즉 그것은 "사랑의 영역"에 국한되지 않는다. (사랑의 영역은 오히려 그 영역에서 때때로 관계가 "쓰여지지 않기를 멈추는" 일이 일어난다는 사실 때문에 구별되는 것이다.) 그리고 라캉이 더 나아간 지점은, 권력의 사회적 관계 −지배, 착취, 차별−가 다른 무엇보다 **비-관계를 착취하는 형식들**이라는 점이다.

　이는 섬세함이 필요한 지점인데, 왜냐하면 앞에서 말했던 지점과 모순되는 것처럼 보이기 때문이다. [비-관계는 담론적 질서와 함께한다는] 라캉의 주장은 매우 권위적인 사회 질서들, 관계라는 이름으로 세워진 이 질서들은 사회적인 것에서 비-관계를 없애려 한다는 것과는 모순되는 듯 보인다. 그러나 이것은 비-관계를 이용해 먹는 것과 필연적으로 모순되는 것은 아니다. 어쩌면 우리는 심지어 여기에서 해방 기획으로서의 비-관계의 폐기와, 우리가 **"관계의 서사들"**이라고 부르는 것 사이를 구별하는 좋은 방법을 발견할 수도 있을 것 같다. 여기서 [후자인] 관계의 서사들은 **비-관계**를 가장 잔인하게 (사회적 경제적으로) **착취하는 것**에 기여한다. [전자인] 비-관계의 폐기는 사실 종종 급진적 해방의 길이라고 생각되던 20세기의 진정한 혁명 기획의 방법론이었다. 이런 종류의 정치의 재앙적 결과들은 비-관계를 폐기하려는 가장 **노골적인** 의지에 내재되어 있었다. 새로운 질서(와 신인류/신남성)를 꾀하는 방식은 비-관계를 노출하고 그것을 가능한 모든 수단을 동원하여 사회적 평형상태equation 밖으로 밀어내는 것이었다. 그리고 이것은 그 논리상, 사회적 적대(비-관계)라는 특정 형식을 최악의ultimate 관계로 제시함으로써, 그리고 우리를 비-관계의 완전한 카오스로부터 보호함으로써, 사람들을 착취하고 차별하는 것이라고 불리는 것과는 아주 다르다. 이런 방법으로는 사회적 부정의가 고상한 정의로 바로 번역된다. 여기서 작동하는 것은 근본적인 부정성으로서 비-관계를 폐기하려는 광적인 시도가 아니다. 비-관계를 **부인함**과 동시에 그것을 사회적 권력의 포괄적(이고 생산적)인 지점으로서 **전유하는** 것이다. 이것이 정신분석의 진정한 정치적 교훈이다: 권력 ― 그리고 권력의 특수한 현대적 형태들― 은 상징적 질서의 근본적인 부정성, 상징적 질서의 구성적 비-관계를 **최초로** 전유함으로써, 그리고 동시에 그것을 더 고상한 관계의 서사로 만듦으로써 작동한다. 이것이 지배의 관계들을 구성하고, 실행시키고, 영속화시키는 것이다. 실제적이고 구체적인 착취는 이런 전유, 즉 이 "부정적인 것을 사유화하기 privatization"에 기반을 두고, 이것에 의해 가능해지(고 자원을 공급받)게 된다. 이것은 ― 유명한 브레히트의 사례를 들자면― 은행 털기(통상의 절도)를 은행 세우기(즉 생산과 그것의 착취에 대한 바로 그 레버를 전유하고 있는 이중절도)와 구분시키는 것이기도 하다.

　이것은 두 가지의 혁명적인 아이디어, 즉 "경제 **관계**는 존재하지 않는다"와 "비-관계는 매우 수익성이 높다"를 시작한 자본주의의 경우에서 보다 더 잘 드러나는 곳은 없다. 첫 번째 관념은 아담 스미스 등이 주도한 18세기 경제학자들에 해당한다. 그들은 이전의 "중상주의" 정책과 믿음, 즉 세계의 부의 양이 일정하게 유지되고 한 국가는 자신의 부를 오직 다른 국가를 희생시켜서만 증가시킬 수 있다는 믿음에 문제를 제기했다. 이것[중상주의]은 [경제적] 관계가 (부에 있어서) 차이의 가시성을 보장해 주는 "폐쇄적" 총체성의 이미지이다. 말하자면 우리가 더 원하면 우리는 다른 데서 그것을 가져와야 하며 다른 누군가는 잃어야 한다는 것이다. 이런 관계는 (약한 자가 강한 자에게 하는) 종속의 관계이다. 그러나 그것은 여전히 관계이다. [그와 달리] 새로운 경제관념은 이러한 (총체성에 기반한) 관계를 약화시킴과 동시에 새로 발견된 비-관계의 생산성을 중요하게 여긴다. 세계의 부는 또한 "스스로" 증가할 수 있으며, 이것은 이러한 증가의 주요한 자원이자 전달자인 산업혁명과 노동의 새로운 조직화와 함께 한다. 나는 이것을 의도적으로 가장 거칠고 단순하게 말하면서, 이런 전환의 가장 두드러진 구조적 특성을 드러낼 것이다. 자본주의의 근본적인 "발견"이란 무엇인가? 그것은 그러한 비-관계가 수익성이 좋다는 점, 비-관계가 성장과 수익의 궁극적 자원이라는 점이다. 그리고 이와 함께 다음과 같은 관념이 따른다 : 비-관계가 그와 같이 존재하기 때문에 모두가 그것으로부터 이익을 취하지 않을 이유가 없다. 이것이 우리가 새롭고 고상한 **관계**, "시장의 보이지 않는 손"으로 알려진 근대적 자본주의의 근본적 신화의 서사를 얻게 된 방식이다.

아담 스미스의 "자본적인/주요한capital" 생각은 근본적 상태로서의 사회적 비-관계를 다른 수준, 즉 사회적 질서의 요소들이자 이기적 충동과 자기-이해의 추구로 추동되는 개인들의 수준에서도 상정하는 데서 시작한다. 이 순수하게 이기적인 추구들로부터, 최적화된 일반적 복지와 정의의 사회가 자랄 수 있다는 것이다. 우리가 사회 전체의 선善을 촉진하는 것은 분명 우리가 각자의 이해를 가차없이 추구하기 때문이다. 이 것은 사회의 선을 직접적으로 촉진하려할 때보다 훨씬 더 효과적이다. 스미스가 『국부론』에서 말한 유명한 구절처럼, "우리가 저녁상에서 기대하는 것은 정육업자, 맥주양조업자, 제빵사의 자비심에서 나오는 것이 아니라, 그들이 자기이해를 고려하는 것에서 나오는 것이다. 우리는 그들의 인간성에 호소하는 것이 아니라 그들의 자기애에 호소하는 것이며, 그들에게 결코 우리의 필요에 대해 말하는 것이 아니라 그들의 이익에 대해 말하는 것이다"(Smith, 2005, 30).

이전의 논의의 맥락에서 이런 관념이 흥미로운 것은, 그것이 정확한 방향으로 한 걸음을 내딛었지만 곧바로 멈췄다는 데에 있다. 앞서 말한 맥락에서 말하자면, 스미스의 생각은 가장 이기적인 개인들의 향유의 바로 그 핵심에서 발견되는 것이 사실상 (일반 복지를 돌보고 있는) **타자**라는 점이다. 누락된 것은 다음 단계이다: 그와 동시에 우리가 이 **타자**의 핵심에서 발견하는 것은 가장 "자위적인" 자기-향유이다. 아담 스미스의 잘못은 그가 개별적 이해관계의 가장 이기적인 추구에서 작동하는 **타자**의 차원을 보았다는 것이 아니다. 대체로 이 테제가 단순히 잘못된 것은 아니다. 즉 우리는 우리가 하고 있다고 생각하는 바를 결코 하지 않고 우리가 하려고 의도한 바를 결코 하지 않는다는 테제 말이다(이것은 심지어 헤겔과 라캉 둘 모두의 근본적 가르침이다). 스미스의 잘못은 그가 이 논리를 끝까지 따르지 않았다는 것이다. 즉 **타자**와 **타자**의 보이지 않는 손도 **또한** 그들이 어디서 어떻게 무엇을 하고 있는지 생각하지 못한다는 것을 그가 보지 못한 것이다... 이것은 모든 경제적 위기를 보면 분명해지고, 또한 가장 최근의 사태로 압도적으로 분명해졌다. 즉 시장에 맡겨지면, 시장(**타자**)은 "단독적 향유"를 발견하게 되어 있다. 플라토노프의 "안티-섹수스"에 대한 슈스터 글의 몇몇 지점에서, 그는 "시장의 보이지 않는 '손일/수음handjob'"이라는 표현을 사용하고 있다. 여기서 하려는 말에 대해 어디에도 이보다 좋은 표현은 없을 것 같아서 빌려왔다. 소위 보통의 복지와 정의를 맡고 있는 시장의 보이지 않는 손은, 언제나 또한, 그리고 이미, 대부분의 부를 닿을 수 없는 거리에 두는 시장의 보이지 않는 손일/수음이다.

아담 스미스의 생각은 실로 다음과 같이 정식화될 수 있다: 모두의 수익을 위해 비-관계가 작동하도록 만들자. 우리가 부라고 생각하는 것이 18세기 이후 절대적(이고 오직 상대적이지는 않다는) 의미에서 증가해왔다는 사실을 우리는 거의 부인할 수 없을 것이다. 혹은 우리가 종종 듣는 것처럼, 모든 이, 심지어 가장 가난한 이마저 두 세기 전보다는 잘 살고 있다는 사실을 우리는 부인할 수 없다. 그러나 이러한 근대 경제의 더욱 고상한 **관계**를 위해 치러야 할 것은, 다시 말하지만, (부자와 빈자 사이의) 차이들이 또한 기하급수적으로 커진다는 점이다. 이런 차이들의 증가는 더욱 "고상한" 형태로 비-관계를 이용하면서 가능해진 것이다.

비-관계는 왜 그렇게 생산적이고 수익성이 좋은가? 마르크스는 이 점을 제대로 보았다: 비-관계가 경제적으로 생산적이고 수익성이 좋으려면, 비-관계는 생산의 바로 그 방식 안에 **내장되어**built into 있어야 한다. 마르크스는 노동이 시장에서 팔리는 또 하나의 **상품**commodity으로 나타났을 때, 이점을 정확히 "구조적인" 지점에 위치시켰다. 이것이 그가 "돈에서 자본으로의 변형"이라고 분석했던 것의 요점이다. 아주 간단하게 말하면, **생산물**product**을 만드는 것**(즉 노동력)도 또한 그 생산물들과 함께 시장에서 팔리는 **생산물들 중 하나**, 대상들 중 하나로 나타난다. 이런 역설적 이중화는 구조적 부정성의 지점이자 시장의 "기적적인" 생산성의 장소인 전유의 지점과 일치한다. 돈을 가진 자가 시장에서 상품을 찾을 때, 그 상품의 사용가치는 가치의 원천이 되는 독특한 속성을 지니고 있고, 그 물품의 실제 소비는 가치의 창출이 되는 것이다. 그런 이유로 자본가들이 "좀 더 많이" 갖고 있다거나, 이들이 노동자들로부터 "훔쳤다"라고 하면, 너무 단순한 것이 된다. 이런 류의 주장은 여전히 낡고, "폐쇄적이고", 관계-기반의 경제를 상정하고 있다... 자본의 착취는, 정확히 이 지점에 위치한 노동자들과 함께하는, 사회적 질서의 부정성의 지점 ("엔트로피")이다. 자본가들은 노동자들로부터 "훔치는" 것이 아니라, 자본가들을 위해 작동하는 체계의 부정성/엔트로피를 만들기 위해 노동자들을 고용한다고 할 수 있다. 다시 말해, "그들은 스스로를 부유하게 만든다."

그러니까 마르크스가, 그런 종류의 생산과 착취의 조건으로 기능하는, 자본주의 내의 비-관계의 구체적인 구조적 지점으로 인식했던 것이 바로 이것이다. **상품으로서의** 노동력은 이런 시스템의 구성적 부정성, 간극을 표시하는 지점이다: 즉 하나가 즉시 다른 하나로(사용가치가 가치의 원천으로) 변하게 되는 지점인 것이다. 노동은 다른 생산물들 중 하나의 생산물이지만, 다른 생산물들과 똑같지는 않다: 다른 생산물들이 사용가치(와 그럼으로써 가치의 **기체**)를 갖고 있다면, 이 특수한 상품[노동력]은 가치의 원천으로 "도약하거나" "사라진다lapse." 이 상품의 사용가치는 (다른) 상품들의 가치의 원천이 되어야 한다. 이 상품에게는 자신의 "기체"가 없다. 이것은 또한 다음과 같은 정식으로 말할 수도 있겠다: "노동자는 존재하지 않는다." 존재하는 것 – 그리고 존재해야 하는 것은 – 은 자신의 노동을 팔고 사는 사람이다. 마르크스에 따르면, 이런 이유로 노동하는 사람이 "자신을 자유인에서 노예로, 상품의 소유자에서 상품으로 전환시키면서도", 자기 자신을 (자신의 인격을) 팔지 않는 것이 본질적인 것이다. "그는 끊임없이 자신의 노동력을 자신의 자산으로, 자기가 소유한 상품으로 취급한다"(Marx, 1990, 271). 또한 보통 인문학자가 자본주의 내에서 "우리는 그저 상품일 뿐"이라고 불평하는 것은 다음의 지점을 놓치고 있는 것이다: 즉 만일 우리가 정말로 그저 상품들일 뿐이라면, 자본주의는 작동하지 않을 것이다. 우리는 우리의 노동력을 우리의 자산으로서, 우리의 상품으로서 팔려고 하는 자유로운 인간들이 될 필요가 있기 때문이다.

프롤레타리아라는 마르크스적 개념은 분명, 자본주의에서 **노동자는**

존재하지 않는다(존재했던 대문자 노동자는 사실상 노예일 것이다)라는 사실을 정식화하는 것으로 간주될 수 있다. 이런 이유로 프롤레타리아는 단순히 사회 계급의 하나가 아니라, 오히려 자본주의 내에서 **구체적 구성적 부정성**의 지점,6 이 부정성 때문에 모호하게 착취되는 비-관계의 지점을 말하는 것이다. 프롤레타리아는 모든 노동자들의 총합이 아니다. 프롤레타리아는 이 체계의 증상적 지점, 부인되고 착취되는 부정성을 이르는 개념이다. 또한 이러한 일반적인 마르크스의 생각은 오늘날에도 아주 적절하다.

이제 결론적으로 우리는 보이지 않는 손으로, 그것의 이면과 그것의 비판으로 돌아갈 수 있다: 즉 그것[보이지 않는 손]이 존재하지 않는다고 주장하는 것만으로, 그리고 그것의 장소에 더 훌륭한, 진실하게 작동하는 **타자**를 두려 하는 것만으로 충분한가? 사실, 이것은 오늘날 좌파에서 (가령 토마스 피케티의 작업에서) 부상하는 이론적 문제이다: 분배의 편에 있으면 괜찮은가? 달리 말해, 우리가 비-관계-기반의 이익을 모두를 위해 **정말로** 이익이 되도록 하는 방법(말하자면 "수음"의 측면을 제거할 방법)이 존재하는가? 비-관계의 부정적 측면을 (부의 분배와 관련한 다양한 사회적 수정과 규제를 통한) 통제 하에 두면서도, 그것의 이익 측면을 유지할 수 있는 것일까?

3장

물질화 되는 모순

섹스냐 젠더냐

지금까지 살펴본 몇몇 요점들을 되짚어 보면 더 진전된 논의가 가능할 것이다. 정신분석의 기본적 제스처 중 하나는, 도덕적 문제로서의 섹슈얼리티 논의를 끝내고, 내재적인 존재론적 문제와 함께 섹슈얼리티를 인식론적 곤경과 관계시키는 것이다. 섹슈얼리티란 무엇인가? 섹슈얼리티는 인간성을 동물적이거나 자연적인 유산에 연결시키는 것이 아니라, 우리를 탈구시키고 탈정향시키며 인간 사회의 특징들(정치, 예술, 과학, 사랑, 종교 등)에 탐닉하게 만드는 것처럼 보이는, 문제적인 존재의 영역이다. 초기 저작에서 프로이트는 여전히 섹슈얼리티를 숨겨진 동기 정도로 생각하는 단순한 아이디어로 작업했다: 즉 억압된 섹슈얼리티는 공포뿐만 아니라 인간의 고귀한 영적 창조물 이면의 추동력으로 다시 떠오른다는 것이다. 이후에 프로이트는 섹슈얼리티를 다른 관점으로 다루는데, 이 관점은 또한 라캉과 그의 "프로이트로의 회귀"에 의해 부가되고 강화된다: 가령 섹슈얼리티가 무의식과 억압 기제에 그토록 밀접하게 연관된다면, 그 이유는 그것의 도덕적 논쟁 때문이 아니라, 그 자신을 인식론적 문제나 인식론적 **한계**로 드러내는 섹슈얼리티의 역설적인 존재론적 지위 때문이다. 섹슈얼리티를 둘러싼 도덕적 이슈들(그것의 해방, 드러냄, 전시, 끊임없는 논쟁뿐만 아니라, 그것의 숨김과 수치심, 압제, 코드화와 규제, 처벌까지)은 존재론적 문제로서의 섹슈얼리티에 그 기원을 갖는다. 섹슈얼리티가 연구와 탐구의 패러다임인 것은, 최종 심급으로의 환원이라는 의미에서가 아니라, 그와 반대로 그것이 우리를 잔인하게 최종 심급의 결여로 끌고 가기 때문이다. 가장 사변적(이고 형이상학적)인 사유를 포함하여, 사유의 장소가 되는 것은 바로 정확히 이러한 최종 심급의 결여인 것이다. 정신분석에서의 성차의 논의가 그에 관한 가장 존중받는 전통에서 종종 "고차 수학"처럼 들리거나 읽히는 것은 우연이 아니다: 즉 그에 관한 정식들, 논리적 역설들, 복잡한 공식들과 반직관적 테제들 말이다. 섹슈얼리티에 관한 이런 테제들은 사실상 정신분석 이론의 가장 사변적(이거나 "철학적")인 부분이다. 섹슈얼리티를 도덕적 문제로 보는 것으로부터 문제적인 존재론적·인식론적 지위에 집중하는 것으로의 전환이 섹슈얼리티(그리고 특히 성차)를 즉각적인 **정치적** 문제로 만든다는 점 역시 우연의 일치가 아니다. 그것은 문화적 문제도 정체성의 문제도 아닌, 정치적 문제이다. "인권"의 문제가 아니라, 정치적 권리의 문제이다. 그 핵심에서 페미니즘은 항상 정치적 운동으로 존재해 왔다. 이것은 정확히 동시대 이데올로기가 우리로 하여금 망각하도록 (또는 정확히 그것이 정치적이었기 **때문에**, 묵살하도록) 하고자 했던 것이다. 자신을 특수한 자질과 **정체성**을 가진 인간으로 보고 그것을 민주적으로 긍정하고자 하면서 "나는 페미니스트가 아니에요. 다만..."이라고 말하면서 시작하는 "조용하고" "침착한" 여성들과 반대로, "히스테리컬한", "광적인", "남자 같은", "거친", "이데올로기적인" 여성 참정권 운동가의 이미지를 우리는 페미니즘에서 갖게 된다. 진정한 페미니즘은 성차를 정치적 문제로 제기함으로써 그것을 사회적 적대와 해방적 투쟁의 맥락에 위치시키는 것에 의존한다. 페미니즘은 어떤 다른 여성적 정체성(과 여성적 권리)을 긍정하는 것으로 출발한 것이 아니라,

"여성"으로 지칭되는 대략 인류의 절반이 정치적 의미에서 존재하지 않았다는 사실로부터 출발했다. 페미니즘이 도처에 있는 (그리하여 정치적 차원까지도) 분열이자 분화로 변형시켰던 것은, 사실상 정치적 공간의 **동질성**으로 기능했던 이러한 비존재이자 정치적 비가시성인 것이다. 이런 제스처에서 관건은 독립적으로 존재하는 어떤 존재론적 분화("남성들"과 "여성들" 사이의)에 대한 정치적 긍정이 아니라, 성차를 처음으로 차이나 분화로서 구성하는 어떤 것이라는 점이 이 맥락에서 본질적이다. 그리고 이 어떤 것은 우리가 그것[성차]을 **동일적인 세계**의 분화·분열로 보도록 강제함으로써 그리한다. 남성적·여성적 세계(영역, 분야: 예를 들어 공적/사적) 사이의 전통적 분화는 실제로 성차를 차이로 보지 않는다. 그 대신 중립적인 조감도로 볼 때 "서로 다르거나", 그렇지 않으면 더 높은 우주적 질서의 위계 속 통합적 부분들로, 그리고 그 "차이"에 의해 결코 위협받지 않는 전체성과 단일성으로 공존하는, 두 개의 분리된 세계에 속하는 문제로 본다. 이것들은 "자기들의 자리를 아는" 부분들이다. 그리고 (정치적 운동으로서) 페미니즘은, 집단적 억제, 종속과 배제에 토대한 정확히 이러한 세계의 단일성을 깨뜨리며 문제를 제기한다. 다시 말하지만, 이러한 배제는 여성적 정체성의 배제가 아니다. 그와 반대로 여성적 정체성이라는 신화는 정확히 이러한 배제를 가능하게 하고 그것을 지속시키는 것이다. "여성적 정체성"이라는 주제는 정치 이전 수준에서, 두 개의 서로 다른 세계에 속함이라는 수준에서, 차이와 배제를 지속시킨다. 이런 의미에서, (해방적인) 정치학은 "정체성의 상실"로 시작하며, 이러한 상실에 개탄스러울 것은 전혀 없는 것이다. 전통적 가치의 전도사들은 보통 정확히 여성들의 (특수한) 정체성을 들먹거림으로써 여성들의 정치적 배제를 선전한다. 그들은 대문자여성이 존재한다고 믿으며, 그들에게는 대문자그녀Her가 존재해야한다. [그런데] 이에 대한 올바른 반응이, 이 "대문자여성"을 다른 내용으로 채우고, 또한 들려지고 긍정될 필요가 있는 **타자일반**의 목소리로, 타자성의 목소리로 여성을 고무시키는 것일까? 그렇지 않다. "여성 문제"의 정치적 폭발성은 여성의 어떠한 특수성이나 실정적 특성들에 있는 것이 아니라, 배제에 기반하고 있는 그 동질성의 세계 속에 분화와 차이의 문제를 기입하는 그 능력에 있다. 이 배제는 – 이 점이 절대적으로 중요한데 – 단지 다른 편이나 다른 반쪽의 배제인 것이 아니라, 무엇보다도 **분열**(사회적 적대) **그 자체**의 배제("억압")이다. 즉 그것은 사회적 적대의 삭제이다. 그것의 재출현(페미니스트 투쟁의 형태로서)은 순전한 상태의 사회적 분화의 출현이며, 이것이 사회적 적대의 재출현을 정치적이며 정치적으로 폭발적인 것으로 만드는 것이다.

성차는 특이한 종류의 차이이다. 왜냐하면 성차는 서로 다른 정체성들 사이의 차이로서 시작하는 것이 아니라, 사회적인 것의 공간(여기서 정체성 또한 발생한다)을 유일하게 열어주는 존재론적 불가능성(섹슈얼리티 속에 함축된)으로서 시작하기 때문이다. 성차 개념에 연루된 이러한 존재론적으로 결정적인 부정성은 정확히 이 성차 개념이 "젠더 차이" 개념으로 대체되면서 상실된 것이다. 조운 콥젝이 힘주어 썼듯이,

젠더라는 **중성화된** 범주가 선호되면서 성차라는 정신분석 범주가 의심스럽게

여겨지고 널리 버림받게 된 것은 이 시대[1980년대 중반]부터였다. 그렇다, **중성화되었다.** 내가 주장하는 바, 그렇게 버림받은 이유는, 이 용어가 **젠더**에 의해 대체되었을 때 누락된 것이 바로 구체적으로 말하면 **성차**의 **성**이기 때문이다. 젠더 이론은 하나의 주요한 업적을 수행했던 것이다. 젠더 이론가들은 계속해서 성적 **실천**을 말하면서도, 그들은 성이나 섹슈얼리티가 무엇인지 질문하기를 멈추었다. 간단히 말해, 성은 더 이상 존재론적 탐구의 주제가 아니며 대신에 일상용어로 쓰였을 때의 것으로 되돌아갔다. 몇몇 모호한 종류의 구별, 그러나 기본적으로 (주체에 적용될 때) 이차적인 특성, 다른 것들에 부가되는 형용사, 또는 (행위에 적용될 때) 다소 음란한 어떤 것으로. (Copjec, 2012, 31)

만약 우리가 이러한 움직임을 피하고자 한다면, 중대한 문제가 나타난다. 즉 성(과 성차)을 존재론적 탐구의 주제라고 주장하는 것은 정확히 무엇에 이르게 되는가?

심지어 성차를 존재론적 문제로 논의할 것을 제안하면, 이 논의가 어떤 새로운 것도 성취하지 못할 것이라는 강한 주저와 반대 ―타당한 이유없이 그런 것은 아니지만― 를 낳을 것이다. 전통적 존재론들과 전통적 우주론들은 자신들의 바로 그 기초적 혹은 구조적 원리로 강력하게 성차에 의존해왔다. 음-양, 물-불, 지구-태양, 물질-형식, 능동-수동, 이런 종류의 (종종 명백히 성화된) 대립은 그에 기초한 과학들 ―예를 들어 천문학― 뿐만 아니라 이러한 존재론들과/이나 우주론들의 조직화 원리로 사용되었다. 그리고 이에 따라 라캉은 다음과 같이 말할 수 있었다. "원시 과학은 일종의 성적 테크닉이다."[1] 일반적으로 과학에서 갈릴레이 혁명과 그 여파와 관련된 역사의 한 시점에서, 과학과 철학은 이러한

왓 이즈 섹스?

전통과 단절했다. 그리고 만약 근대 과학과 철학을 특징짓는 것이 무엇인지 말할 수 있는 하나의 간단하고 가장 일반적인 방식이 있다면, 그것은 정확히 현실의 "탈성화", 성차의 폐기로 표현될 수 있을 것이다. 그 이전에 성차는 다소 명백한 형태로, 현실의 조직화 원리로서 그에 대한 일관성과 이해가능성을 제공하도록 의도되거나 사용되어 왔었지만 말이다.

페미니즘과 젠더 연구가 이러한 성적 차이의 존재론화들을 매우 문제적이라고 본 이유는 명백하다. 성차가 존재론적 수준에서 강화되면서 성차는 본질주의에 강하게 정박되었기 때문이다 – 이 본질주의는 남성성과 여성성의 본질에 관한 일종의 조합combinatory 게임이 되었다. 그처럼, 동시대 젠더 연구의 어법으로 말하자면, 규범과 그에 대한 설명의 사회적 생산에서 "남성성"과 "여성성"을 즉시 본질화하려는, 기성화된 존재론적 분화가 발견되는 것이다. 전통적 존재론은 따라서 항상 "남성적" · "여성적" 본질을 생산하거나, 또는 좀 더 정확히는 존재 속 이러한 본질을 기초 짓는 기계였던 것이다.

근대 과학이 이러한 존재론과 단절했을 때, 그것은 또한 완전히 존재론을 거부한 것이다. (근대) 과학은 존재론이 아니다. 과학은 존재론적 주장을 하는 체하는 것도 아니며, 과학에 대한 비판적 관점에서, 그럼에도 불구하고 존재론적 주장을 하고 있다고 인정하는 것도 아니다.

아마 더욱 놀랍게도, 근대 철학 역시 대부분 전통적 존재론뿐만 아니라 존재론 자체와 절연했다. 임마누엘 칸트는 이러한 단절과 가장 강하게 관련된 이름이다. 만약 우리가 즉자적 사물들에 대해 어떠한 지식도

3장 물질화되는 모순

가질 수 없다면, 존재로서의 존재에 대한 고전적인 존재론적 질문은 그 토대를 상실하는 것처럼 보인다.[2] 그러나 존재론적 논쟁이, 철학적 (이론적) 무대의 전경에서 후퇴한 – 그리고 아마도 훨씬 중요하게 일반적 관심에 호소하지 못하게 된– 상당 시간 이후, 현재 "새로운 존재론들"의 분출과 함께 이 무대에 집단적으로 "귀환"하고 있는 것은 사실이다. 확실히 이들은 다양하고 때때로 **매우** 다른 철학적 기획들이다. 그러나 그것들 중 어떤 것에서도 성차가 그 기획들의 존재론적 고려에서 (어떤 형태로든) 어떤 역할도 하지 않는다고 말해도 무리가 아닐 것이다.

정신분석 및 성차에 대해 논쟁하면서, 성차의 존재론적 차원에 관한 논의에 프로이트와 라캉을 포함시키는 것이 상당히 이상하게 보일 수도 있겠다. 그것은 단지 정신분석이 어떤 종류의 성적 본질주의와도 양립 불가능함을 보여주기 위해 정신분석 주창자들이 수십 년간 몰두해 온 무수하고 현저한 노력들을 거스르는 것처럼 보이기 때문만은 아니다. 그것은 또한 프로이트와 라캉 모두가 존재론에 대하여 생각하고 말한 것과 반대되기 때문이기도 하다. 앞서 언급했듯 과학 내 갈릴레이 혁명과 함께 발생한 현실의 탈성화라는 관점에서 볼 때, 정신분석은 (적어도 프로이트-라캉적 맥락 속에서) 이런 탈성화를 애석하게 생각하는 것이 아니다. 서구 문명화에 대한 정신분석의 진단은 "성적인 것의 망각" 같은 것이 아니며, 또한 정신분석은 자신을, 마치 세계를 (성적으로) 재마법화하는 것처럼, 세계를 성적으로 다시 채색하는 데 집중할 어떤 것으로 보는 것도 아니다. 그와 반대로, 정신분석은 자신(과 그 "대상")을 탈성화 움직임과 엄밀히 동연적인coextensive 것으로 본다.

정신분석은 과학일반 **자체**와 동일한 상황에서 비롯한다. 정신분석은 주체가 자신을 욕망으로 경험하는 장소인 그 중심적 결여에 몰두한다... 정신분석에는 망각할 것이 없다 [의심할 바 없이, 하이데거적인 "존재의 망각"에 대한 참조이다. 왜냐하면 그것은 그 위에서 작동한다고 주장하는 어떠한 기체(substance), 심지어 섹슈얼리티라는 기체조차 인정하지 않음을 함축하기 때문이다. (Lacan, 1987, 266)

그러나 나는 정신분석이 사실상 일반적으로 생각되는 것보다 성적인 것에 훨씬 덜 집중한다고 주장하기 위해, 또는 정신분석의 "문화화된 판본"을 장려하기 위해 이와 같이 말하고 있는 것이 아니다. 그보다, 정신분석에서 성적인 것은 의미-만들기 조합 게임과는 매우 다른 어떤 것이다 – 성적인 것은 정확히 이 게임을 방해하고 그것을 불가능하게 만드는 어떤 것이다. 우선 우리가 파악해야 하는 것은, 여기 어디에서 실제적 분화가 작동하는가 하는 것이다. 정신분석은 그것이 성적 테크닉이나 성적 조합으로서의 존재론·과학과 단절한다는 의미에서 현실의 이러한 탈성화와 동연적**이면서도**, 환원할 수 없는 **실재**(기체가 아니라)로서의 성적인 것에 있어 절대적으로 비타협적이다. 여기에는 어떠한 모순도 없다. 마치 정반대 경우로 존재론적 조합의 원리(두 근본적 원리들인 음과 양의 원리)를 유지하면서도, 또한 성적인 것의 총체적 문화화(성적인 것을 문화적 원형으로 옮기기)를 말하는 융의 "수정주의적" 입장에 어떤 모순도 없는 것처럼 말이다. 정신분석의 교훈과 명령은 "우리의 궁극적 지평인 성적인 것(성적 의미)에 우리의 모든 주의를 집중시키게 하라"는 것이 아니다. 오히려 그것은 (사실상, 의미와 해석들로 항상

과부하되어온) 성과 성적인 것을 **그 자체로** 환원할 수 없는, 존재론적 비일관성의 지점까지 축소시키는 것이다.

정신분석이 새로운 존재론(예를 들어, 성적 존재론)이 **아니**라는 라캉의 단호한 주장은 따라서 우리가 대항하고자 하는 무엇이 아니다. 그러나 또한 우리는 정신분석이 단지 존재론과 어떠한 관련도 갖지 않는다는 입장을 취하지도 않을 것이다. 문제는 훨씬 크고, (존재론으로서) 철학에 대한 정신분석의 관계는 훨씬 더 흥미롭고 복잡하다. 아마도 그것을 제시하는 가장 좋은 방법은 "정신분석은 존재론이 아니다"에 함축된 철학과 정신분석의 비-관계가 가장 내밀한 종류의 것이라고 말하는 것일 것이다. 이러한 진술이 이후의 설명에서 해명되기를 바란다.

젠더가 완전히 사회적이거나 문화적인 구성물임을 단순하게 강조하는 데서 나타나는 개념적 교착들 중 하나는 그것이 자연/문화 이분법에 남아있다는 점이다. 주디스 버틀러는 이를 매우 명확히 보았는데,3 이로써 그녀의 기획은 그것을 수행성 이론에 연결시킴으로써 이 이론을 급진화하게 된다. 버틀러에 따르면, 수행성은 표현되고 있는 것의 선존재성과 자립성을 함축하는 표현성에 대립되는 것으로서, 소위 그들이 표현하는 그 본질을 창조하는 행위를 가리킨다. 여기에 선존재하는 것은 없다. 즉 서로 다른 담론들의 사회상징적 실천들과 그것들의 적대들은 그것들이 규제하는 바로 그 "본질들" 또는 현상들을 창조한다. 이러한 창조가 필요로 하는 반복의 시간과 역학은 (이러한 과정을 능히 변화시키거나 그런 과정에 영향을 미치는) 자유의 유일한 한계를 열어놓는다. 이러한 수행성 개념을 고전적이고 언어적인 개념으로부터 분리시키는 것은 정확히 시간이라는 요소이다. 그것은 수행적 제스처가 새로운 현실을 즉시, 즉 수행되고 있는 바로 그 행위 속에서 ("나는 이 세션의 개시를 선언합니다"하는 수행적 발화처럼) 창조한다는 것이 아니다. 오히려 그것은 사회상징적 구성들이 반복과 중첩의 결과로 자연/본성 – 그 말 그대로 "오로지 자연스러운" – 이 되는 그 과정을 가리키는 것이다. 자연적인 것으로 언급되는 것은 담론적인 것의 퇴적물이며, 이런 관점에서 자연과 문화의 변증법은 문화의 내적 변증법이 된다. 문화는 "자연/본성"(이라고 말해지는 것)을 생산하는 동시에 규제한다. 여기서는 더 이상 두 개의 항, 즉 사회상징적 활동과, 그런 활동이 수행되는 어떤 기반을 다루는 것이 아니다. 그 대신, 우리는 그 **일자/하나**(담론적인 것)의 내적 변증법과 같은 어떤 것을 다룬다. 여기서 이 **하나**는 사물들을 본뜰 뿐 아니라 자신이 본뜨는 그 사물들을 창조한다. 그리고 이것이 장의 어떤 깊이를 열어놓는다. 수행성은 따라서 사물의 **로고스**와 **존재** 모두의 원인이 되는, 일종의 담론의 존재-논리onto-logy이다.

상당한 정도로 라캉 정신분석은 이러한 설명과 양립가능한 것처럼 보이며 자주 그렇게 제시된다. 기표와 **타자**의 장의 우선성, (욕망의 변증법을 포함하여) 현실과 무의식을 구성하는 것으로서의 언어, 상징계의 창조론적 측면과 (상징적 인과성, 상징적 효율성, 기표의 물질성 같은 개념을 갖는) 그 변증법 등... (반박될 수 없는) 이 모두는 그럼에도 불구하고 라캉의 입장이 위에서 기술된 수행적 존재론과는 환원불가능하게 다르다는 것을 주장한다. 정확히 어떤 면에서 그러한가? 그리고 섹슈얼리티에 대해 말할 때 라캉이 주장하는 **실재**의 지위는 무엇인가?

그것은 단지 라캉이 상징계에 속하는 것에 대립되는 것으로서 "실재"로 규정될 수 있는 정신분석 개념들(리비도, 충동, 성화된 신체 같은)의 다른 "생체적인vital" 부분을 고려해야 하고 그것을 위한 공간을 만들어야 한다는 것이 아니다. 이런 종류의 어법과 그것이 함축하는 관점은 아주 오도된 것이며, 다른 어떤 것이 더 중요하다. 즉 자신의 출발 지점으로 의미화 질서를 취하는 것, 라캉은 이것을 근본적인 **분열**의 장소로 본다. 의미화 질서가 그 자신의 공간(위에서 서술한 수행성의 공간에 대략 상응하는 것)과 그곳에 거주하는 존재들을 창조하지만, **다른 어떤 것이 거기에 더해진다**. 이 어떤 것은 수행적 생산성 위에 기생하는 것이라고 말할 수도 있겠다. 즉 이 어떤 것은 의미화 제스처에 **의해** 생산되는 것이 아니라, 의미화 제스처과 **함께**, 그것에 "얹혀on top of" 생산되는 것이다. 그것은 이러한 [의미화] 제스처와 분리할 수는 없으나, 우리가 담론적 존재자들entities/존재들beings이라고 부르는 것과 달리, 담론에 의해 창조되지는 않는다. 그것은 상징적 존재자도 아니고 상징계에 의해 구성되는 것도 아니다. 그보다 그것은 상징계에 부수적인 것이다. 게다가 그것은 어떤 존재가 아니다. 그것은 단지 상징적 장 내에서의 (분열적) 효과, 그것의 교란, 그 편향으로서만 식별될 수 있다. 다시 말해, 기표의 발생은 상징계로 환원되거나 완전히 소진될 수 없다. 기표는 단지 새로운, 상징적 현실(그 자신의 물질성, 인과성, 그리고 법칙을 포함하여)만을 생산하는 것이 아니다. 그것은 또한 라캉이 실재라고 부른 차원을 "생산하는데", 이 실재는 상징적 현실 그 자체의 구조적 불가능성/모순의 지점들과 관련된다. 이것이 되돌릴 수도 없이 상징계에 얼룩을 만들고,

상징계의 가정된 순수성을 훼손하며, 또한 순수 차이성이라는 상징적 게임이 항상 속임수 주사위로 진행되는 게임이라는 사실을 설명해주는 것이다. 이것이, 상징계와의 탈구out-of-jointness 속에서, 앞서 언급한 "생체적인" 현상들(리비도 또는 **주이상스**, 충동, 성화된 신체)을 유지시키는 바로 그 공간 혹은 차원이다.

그러므로: 기표가 자신의 장으로 생산하는 것에 부가적으로 그 기표에 의해 생산된 그 어떤 것은, 특정 방식으로 이 장이 자성을 띠도록/구부러지도록magnetize 만든다. 그 어떤 것은, 상징적 장이나 **타자**의 장이 결코 중립적이(거나 순수한 차이성에 의해 구조화되)지 않고 근본적 적대로 들끓는 갈등적, 비대칭적, "비-전체"적인 것이라는 사실의 원인이 된다. 다시 말해, 담론적 장의 적대는 이 장이 항상 그들 사이에서 경합하고 적절히 통일되지 않는 다양한 요소들이나 다양한 다수성으로 "구성된"다는 사실 때문이 아니다. 그것은 이러한 서로 다른 다수가 존재하는 바로 그 공간을 가리킨다. 마르크스에게 "계급 적대"가 단순히 서로 다른 계급들 사이의 갈등이 아니라 계급 사회 구성의 바로 그 원리인 것처럼, 적대 그 자체는 단지 갈등하는 분파들 **사이**에만 존재하는 것이 결코 아니다. 그것은 이러한 갈등의, 그리고 그 안에 연루된 요소들의 바로 그 구조화 원리이다.

그런데 이러한 설명은 좀 더 구체화가 필요한데, 이것은 상황을 좀 더 복잡하게 만든다. 우리는 다음과 같이 물을 수 있을 것이다: 그러나 기표가 그것의 (적절히 의미화하는) 장으로 생산하는 것 위에 덧붙여 어떤 것을 "생산한다"는 것은 어떻게 그렇다는 말인가? 이것은 왜 발생하는가? 그리고 그 대답(이를 통해 우리는 이미 앞에 도입했던 중대한 문제로 돌아가게 된다)은 이것이다: 의미화 구조는 간극과 동연coextensive 적이기 때문이다.

> 담론은 여기에 간극이 존재한다는 사실로부터 시작한다... 그러나 결국 우리가 그 간극이 생산되는 것은 담론이 시작되기 때문이라고 말하는 것을 막을 수 있는 것은 없다. 그것은 그 결과에 대한 완전한 무관심의 문제이다. 분명한 것은 담론이 간극 안에 내포되어 있다는 점이다. (Lacan, 2006b, 107)

담론성과 간극의 이러한 내포는 중대한 지점, 혹은 적어도 내가 나의 논의에서 중요하다고 생각하는 지점이다. 이에 대해 라캉이 말하는 바, 그것은 이미 우리가 익숙해져 있는 다음의 것이다: S(Ⱥ). 이것은 타자에 있는 구성적 결여를 가리킨다. 여기서 강조하고 싶은 것은 이 개념과 관련한 가상의 감산subtraction이나 "마이너스" 같은 어떤 것의 차원이다. 이를 강조하는 것은 의미화 질서가 비일관적이고 불완전할 뿐만 아니라, 더 강력하고 더욱 역설적으로 말하자면, 의미화 질서가 이미 하나의 기표를 결여한 채 발생한다고, 말하자면 그것은 "기표 안으로 내장된" 한 기표의 **결여**(그것이 존재한다면 "이항적 기표"가 되었을 하나의 기표)와 함께 출현한다고 말하는 것을 가능케 한다. 이러한 정확한 의미에서 의미화 질서는 **하나**One와 함께가 아니라 (또한 다수성과 함께도 아니라), "마이너스 하나"와 함께 시작된다고 말할 수 있다 ─ 그리고 우리는 이후에 이 중대한 문제로 돌아가 좀 더 상세히 다룰 것이다. 의미화 구조에 얼룩을 만드는 **잉여-향유**surplus-enjoyment**가 출현하는 것**은 바로 이러한 부정성 혹은 **간극의 장소에서**이다: 즉 그것은 의미화 구조에 속하는 이질적 요소이나, 의미화 구조로 환원될 수 없는 것이다.

이렇게 말할 수도 있겠다: 의미화 질서의 발생은 하나의 기표의 비-발생과 직접적으로 동시 발생하며, 이 사실(즉, 이 본래적 마이너스 하나)은 의미화 체계의 특수한 부분/방해에서 자신의 흔적을 남긴다. 그것이 향유이다. 그래서 기표가 이 잉여를 "생산한다"기보다, 이 잉여는 그 (이항적) 기표의 결여가 담론적 구조 내부에 존재하는 방식, 그리고 어떤 결정 가능한 방식들로 담론적 구조를 표지하는 방식이라고 할 수 있다. 잉여는 이러한 기표의 결여에 어떤 방식으로든 연관된 다른 기표들의 특정 집합(또는 연쇄)에 달라붙어서 담론의 구조를 표지한다. (따라서 효과적으로 그것을 "구부린다"). 향유가 의미화 질서와 관련되는 (또는 연결되는) 그 방식은 이러한 질서 안에 빠져있는 것을 통해야 한다. 향유는 의미화 질서에 직접적으로 연결되는 것이 아니라, 그것의 구성적 부정성(마이너스 하나)을 통해 연결되는 것이다. 이 부정성은 그 (누락된) 기표와 향유 사이의 연결지점인 **실재**이다. 그리고 정신분석에서 이러한 배치에 대한 개념적 이름이 섹슈얼리티(또는 성적인 것)이다. 섹슈얼리티는 의미화의 **간극**의 효과와 동연적이고, 이 간극의 장소에서, (틀림없이 의미화 격자로부터 독립해 있지 않은 신체적 성감대를 포함하여) 의미화 연쇄의 나머지 위에서, 잉여-향유가 발생하는 것이다.

섹슈얼리티는 상징계 **너머**에 존재하는 어떤 존재가 아니다. 그것은 단지 **구성적으로 빠져있는 기표와 그 자리에 나타난 것(향유) 때문에 나타나게 된 상징적 공간의** 모순으로서만 "존재한다".

그러므로 성적인 것의 기표가 누락되었다고 말하는 것은 틀린 것이다. 성적인 것은 한 기표를 결여한 어떤 초담론적 대상이 아니다. 그보다 그것은 기표의 상실의, 즉 의미화 질서가 출현할 때 함께하는 그 간극의 직접적 **결과물**("연장extension")이다. 이것이 섹슈얼리티가 의미화 질서의 외부에 있는 어떤 것(이 질서가 완전히 재현하려 애쓰지만, 실패하는)도 아니지만, 그것이 기표를 가지고 있지도 않은 이유이다. 최대한 말해보자면, 인간의 섹슈얼리티는 그 빠져버린 기표의 대체기호/플레이스홀더이다. 그것은 엉망이지만, (쓰여지기) 불가능한 것으로서의 성적 관계를 사실상 보충하는 것이 이 엉망이다. 내 생각에, 이것은 우리가 만들어야 하는 공통 지각에 대한 중대한 역전이다. 즉 우리의 섹슈얼리티가 엉망이라는 것은 성적 관계가 존재하지 않음의 결과가 아니며, 우리의 섹슈얼리티가 명확한 의미화 규칙을 가지고 있지 않기 때문에 엉망인 것도 아니다. 그것은 단지 이러한 결여의 장소에서 그것을 다루려는 시도로부터 출현한다. 섹슈얼리티는 그것의 "조작" 속으로 깊이 끼어드는 간극 때문에 파괴되고 혼란스럽게 되는 것이 아니다. 그보다 섹슈얼리티는 이러한 간극을 **엉망으로 봉합하는 것**이다. 라캉은 실제로 『세미나 19...ou pire』에서 다소 즉석으로 그와 같이 말하는데, 이는 절대적으로 중요하다. 성구분sexuation 공식으로 알려진 네 가지 공식은 "내가 성적 관계를 쓰는 것의 불가능성이라 불렀던 것을 보충할 것을 정하고자"하는 라캉의 시도이다(Lacan, 2011, 138). 다시 말해 성이 혼란스러운 것은, 그 자체가 비논리적이거나 혼란스러운 것이기 때문이 아니라, 그것이 의미화 일관성이나 논리의 붕괴의 지점(그것의 불가능성의 지점)에서 나타나기 때문에 혼란스러운 것이다. 즉 섹슈얼리티가 엉망인 것은 그러한 논리의 바로 그 교착 지점에서 논리를 발명하려는 시도의 결과인 것이다. 그것의 "비합리성irrationality"은 성적 "근거rationale"를 확립하기 위한 노력의 절정이다. 적어도 이것이 라캉이 성구분 공식을 생각한 방식이다. 성구분 공식들은 섹슈얼리티와 "성적 관계들"의 문제를 그 문제가 비롯하는 논리적 문제(의미화 논리의 문제)로 (재)진술하는 것이다.

만약 우리가 이제 이 모든 것이 존재론 일반, 더욱 특수하게는 동시대 젠더 연구의 수행적 존재론에 관하여 무엇을 함축하는가의 문제로 돌아간다면, 우리는 다음의 중대한 함축으로부터 시작해야만 한다: 즉 라캉은 **존재**와 **실재** 사이의 차이를 확립해야 했다. 실재는 존재나 기체가 아니라 존재의 교착상태, 그것의 불가능성의 지점이다. 그것은 존재와 분리할 수 없으나, 존재는 아니다. 정신분석에게는 언어(또는 담론)와 독립해 있는 어떤 존재도 존재하지 않는다고 우리는 말할 수 있을 것이다 ─ 이 때문에 정신분석이 자주 동시대 유명론의 형태들과 양립가능한 것처럼 보이기도 한다. 모든 존재는 상징적이다. 즉 그것은 **타자** 속에 있는 존재이다. 그러나 중대한 추가를 통해 다음과 같이 정식화될 수 있을 것이다: 상징계 안에는 오직 존재만 있다 ─ **실재가 있다는 것만 제외하고.** 실재는 "있다." 그러나 이 실재는 존재가 아니다. 그것은 단순히 존재의 외부에 있는 것이 아니다. 그것은 존재 이외의 무언가가 아니고, 존재의 공간의 발작이자 장애물이다. 그것은 단지 (상징적) 존재에 내속한 모순으로서만 존재한다. 이것이 바로 정신분석이 성과 **실재**를 연결할 때 관건이 되는 것이다. 조운 콥젝이 이 문제에 관해 그녀의

3장 물질화되는 모순

중요한 글에서 썼듯이 말이다:

> 우리가 성과 관련해 언어의 실패에 관해 말할 때, 우리는 그것이 전담론적 대상에 미치지 못함에 대해 말하는 것이 아니라, 그것이 그 자신과의 모순에 빠짐에 대해 말하는 것이다. 성은 이러한 **실패**, 이 불가피한 모순과 동시에 일어난다. 그때 성은 불완전하고 불안정한 하나의 의미(버틀러의 역사주의적/해체주의적 주장이 가지고 있을)가 아니라, 의미를 완성하는 것의 불가능성이다. 또는 성이 그 자체로 불완전한 것이 아니라 성이 언어의 구조적 불완전성이라는 것이 요점이다. (Copjec, 1994, 206)

이렇게 **실재**를 존재의 내적 불가능성/모순의 지점으로 생각하기 때문에, 라캉은 **실재**를 모든 존재론의 목구멍에 걸린 뼈라고 주장하게 된다. "존재로서의 존재"에 대해 말하기 위해서는, 존재하지 않는 존재 속 어떤 것을 잘라내야만 한다. 말하자면, **실재**는 전통적 존재론이 "존재로서의 존재"에 대해 말할 수 있기 위해 잘라내야만 했던 그것이다. 우리는 그로부터 어떤 것을 감산하고 뽑아냄으로써만 존재로서의 존재에 도달할 수 있다. 존재로서의 존재는 요소적으로 주어진 것이 아니라, 이미 하나의 결과이며 이 결과는 또 다른 이전 단계를 전제한다. 그리고 이러한 단계는 어떤 모순적 실정성을 뽑아내거나 억제하는 것에 있는 것이 아니라, 특수하고 실제적인 부정성(모순 그 자체)을 뽑아내는 데 있다. 여기서 상실되는 것은 존재보다 덜한, 존재 속의 그 어떤 것이다. 그리고 이 어떤 것은 정확히 존재 안에 포함되어 있으면서도, 그것이 **존재로** 완전히 구성되는 것을 방해하는 것이다.

그리고 – 이전의 논의로 돌아가자면 – 이 **실재** 개념(존재 속 균열로서)은 정확히 우리가 "성"에서 "젠더"로 옮겨갔을 때 상실된 것이다. 역설적인 것처럼 보이지만, 형상-질료, 음-양, 능동-수동과 같은 차이들은 어느 정도는 "젠더" 차이들과 동일한 존재-논리에 속한다. 심지어 이러한 존재-논리가 상보성의 원리를 포기하고 젠더 다양성의 원리를 받아들일 때조차, 이것은 젠더로 불리는 존재자들의 존재론적 지위에 결코 영향을 미치지 못한다. 그들은 **있는** 것으로 또는 존재하는 것으로 말해지며, 강력한 어조로 그러하다. (이 "강력한 어조"는 숫자와 더불어 증가하는 것 같다. 우리는 보통 두 젠더의 존재를 주장하는 데 소심하다. 그러나 그것이 다수가 될 때 이런 소심함은 사라지고, 그들의 존재는 강하게 주장된다.) 만약 성적 차이가 젠더라는 용어를 통해 고려된다면, 그것은 – 적어도 원리상 – 그것의 완전한 존재론화 기제들과 양립 가능한 것으로 만들어질 것이다. 이 기제들은 순수하게 "상징적 존재자들"로 말해질 수 있을 것이나, 그 자체 **내재적으로** 문제적인 것으로 생각되지는 않을 것이다.

이것으로 우리는 이제 앞서 논의한 지점으로 돌아가서, 보충 지점을 추가할 수 있을 것 같다. 말하자면 존재론의 탈성화(즉, 존재론은 더 이상 두 개의 "남성적"·"여성적" 원리들의 조합으로 간주되지 않는다)는 존재의 실제적/분열적 지점으로 나타나는 성적인 것과 정확히 동시 발생한다. 이것이 만약 우리가 "성으로부터 성을 제거한다"면 성적 차이가 관여하는 그 문제를 밝혀줄 바로 그것을 제거하게 되는 이유이다. 그렇게 되면 우리는 문제를 제거하는 것이 아니라 그것이 작동하는 방법을 보는 수단을 제거하는 셈이다.

성적 분화, 존재론의 문제

지금까지 우리는 주로 섹슈얼리티의 문제를 그것의 특유한 존재론적 지위에서 논의해왔다. 그러나 성적 **차이**는 정확히 어떻게 이 논쟁 속으로 들어가는가? 성차와 섹슈얼리티의 관계는 무엇인가? 그것은 우발적인가 아니면 본질적인가? 어떤 것이 먼저인가? 섹슈얼리티는 성차가 있기 때문에 발생하는 어떤 것인가? 프로이트의 대답은 모호하지 않아서 놀랍다: "성적 충동은 그 최초의 심급에서 그 대상으로부터 독립되어 있으며, 그것의 기원도 그 대상의 매력 때문인 것 같지는 않다"(Freud, 1977a, 83). 이것이 "정신분석의 관점에서 볼 때 여성에 대한 남성의 독점적인 성적 관심도 또한 자세한 설명이 필요한 문제이지, 궁극적으로 화학적 성질에 불과한 끌림에 기초한 자명한 사실이 아닌" 이유이다(Ibid., 57). 게다가 그는 알려져 있듯이 사춘기 이전 시기 동안 두 성(또는 두 섹슈얼리티)의 발달기원의 본원적 비존재를 주장하고 있다. 이 논쟁적인 문단을 직접 살펴보자.

그러나 성감대의 자기-성애적 활동은 두 성에서 동일하며, 이러한 등질성 때문에 사춘기 이후에야 떠오르는 그와 같은 두 성 사이의 구별의 가능성은 존재하지 않는다... 정말로 만약 우리가 "남성적"과 "여성적"이라는 개념에 더욱 결정적인 함축을 줄 수 있다면, 심지어 그것이 남성에게 발생하든 여성에게 발생하든 그 대상이 남성이건 여성이건 관계없이, 리비도는 변함없이 그리고 필연적으로 남성적 본성임을 주장하는 것이 가능할 것이다. (Freud, 1977a, 141)

다시 말해, 리비도의 수준에서 두 개의 성은 존재하지 않는다. 만약 우리가 "남성적"과 "여성적"이 정확히 무엇인지 말할 수 있다면, 우리는 그것을 "남성적"인 것으로 묘사할 수 있을 것이지만, ─ 프로이트가 더 나아가 인용된 문단에 덧붙인 주석에서 강조한 것처럼, 우리는 정확히 이것을 말할 수 없다.4

그러니까 우리는 여기서 정확히 무엇을 다루고 있으며, 프로이트는 그 구절에서 무엇을 말하고 있는가? 그의 정식화는, 성적 위치들의 필연적 양가성을 가리키는, 성적 차이에 대한 자연스러운 "리버럴한" 이해와 관련시키면 특히 흥미롭다. 이러한 이해에 따르면, 남성성과 여성성은 현실 어디에도 존재하지 않는 단지 이상태들(이상적 젠더들)이다. (누구도 백퍼센트 남성적이거나 여성적이지 않다). 즉 남성과 여성은 단지 이러한 두 이상적 상태들(또는 "원리들" ─ 생물학적 원리나 다른 원리들)의 다르게 분배된 혼합물로만 존재한다. 이를 니체적 어법으로 말하면 이렇다: 대문자 남성과 대문자 여성은 없다. 단지 남성성과 여성성의 서로 다른 정도, 서로 다른 음영들만이 있을 뿐...

그러나 위 인용문에서 프로이트가 말하고 있는 것은 이러한 "아무도 완전하지 않다"는 식의 지혜와는 상당히 다른 것이다. 거기에는 훨씬 더 흥미롭고 반직관적인 무언가가 있다. 요점은 만약 순수한 대문자 남성성과 순수한 대문자 여성성 같은 무엇이 있다면, 성적 차이의 이상적이고 명확한 사례나 본보기를 다룰 것이라는 것이 아니다. 프로이트의 요점은 훨씬 더 역설적인 주장을 담고 있다: 즉 만약 순수한 **대문자 남성성**과 순수한 **대문자 여성성**이 존재한다면(만약 우리가 그것들이 무엇인지 말할 수 있다면), 그것들은 – 또는 그보다 그것들의 섹슈얼리티는 – **하나이자 동일한 것**("남성적인 것")일 것이다. 그러나 **그런 것들이 존재하지 않기 때문에, 성적 차이가 존재한다.** 다시 말해, 성차는 두 성이나 두 섹슈얼리티가 (적어도 원리상) 존재하기 때문에 나타나는 것이 아니라, 어떠한 "두 번째 성"도 없다는 사실로부터, 그리고 "잃어버린 성"의 지점에서 나타나는 "성적인 것"(다형도착적인 자가성애)의 수수께끼 같은 **무차이/무관심**indifference으로부터 나타난다. 게다가 만약 "두 번째 성"이 상실되었다면, 이것은 우리가 단지 "첫 번째 성"(남성성)만을 가지고 있다는 것을 의미하지 않는다. 하나의 성은 결코 "성"에 이를 수 없기 때문이다: 즉 만약 단지 하나의 성만 있다면, 그것은 어떤 의미 있는 방식으로 존재하는 "성"이 아니다...

그것을 하나의 공식으로 표현하면 이렇다. **둘로 분열된 것은, 하나의** (즉, 존재했다면 대문자 타자일 그 하나의) **바로 그 비존재이다.**

섹슈얼리티와 성차에 관한 프로이트의 역설적 주장은 라캉에게서 개념적으로 매우 정교해진다. 라캉은 섹슈얼리티와 그 분열의 문제를 정신분석적 "존재론"의 그 중핵에 놓는다 – 후자[정신분석적 "존재론"]가 그 자신의 불가능성의 지점을 포함하는 한 말이다. 섹슈얼리티와 성차는 절대적으로 그리고 환원불가능하게, 의미화 질서와 연결되어 있다. 그러나 이것이 성차가 상징적 구성물이라는 것을 의미하는 것은 아니다. 성은 그것이 의미화 질서의 환원불가능한 한계(모순)를 표지하기 때문에 실제적이다. (그리고 성은 이 질서를 넘어서거나 그 외부에 있는 무언가가 아니다). 그러나 이 문제를 생각하는 데 있어 라캉의 초기와 후기 작업 사이에는 중요한 차이가 있다.

라캉의 초기 작업은 그 자신의 의미화 질서 이론과 헤겔 변증법에 대한 자신의 독해(또는 아마도 그보다는 코제브의 독해)의 도움을 받아, 그가 프로이트의 입장에서 취하게 되는 것을 개념적으로 강화하고 있다. 라캉의 글 「팔루스의 의미작용」(1958)은 이러한 초기 입장의 가장 간결한 공식화라고 주장할만한 것을 제공한다. 기표의 **현존/나타남**presence은 인간이라는 동물의 어떤 부분에 있는 돌이킬 수 없는 상실을 유발한다. 즉, 일단 그것이 ("요구"로서) 기표 안에 분절되면, 욕구는 되돌릴 수 없이 소외된다.

> 그러므로 [기표의] 이러한 현존의 효과들을 검토해보자. 이 효과들은 첫째, 인간이 말한다는 사실에서 기인하는 인간 욕구의 일탈을 포함한다. 즉 그의 욕구가 요구에 종속되는 만큼 그 욕구들은 소외된 형태로 그에게 다시 돌아온다... 따라서 욕구 내에 있는 소외된 것은 그것이 가설적으로 요구 속에 분절될 수 없기 때문에, **원억압**(Urverdrängung)을 구성한다. 그럼에도 불구하고 그것은 인간에게 그 자체 욕망(das Begheren*)으로 존재하는 파생물 안에 나타난다. 분석 경험에서 발생하는 현상학은 틀림없이 욕구와 구분되는, 역설적이고, 일탈적이고, 이상하고, 기이한, 그리고 심지어 추문적인 욕망의 본성을 입증하는 류의 것이다. (Lacan, 2006c, 579)

---

* 본문에는 Begheren으로 되어 있으나, 독일어 원어로는 Begehren이다. 주판치치의 오기로 보인다.

이것이야말로 라캉의 초기 입장의 기본 개요이다. 즉 기표의 현존은 —이런 식으로 말할 수 있다면— 인간의 콤플렉스의 비의미화 측면에 있는 "순수 상실"을 유발한다. 이러한 거의 "물리적인" 상실은 의미작용들("의미 효과")의 공간과 욕망의 변증법의 공간을 열어놓는다. 그리고 팔루스는 널리 알려져 있듯이 라캉에 의해 이 시기에 이러한 "전체로서의 의미 효과"(ibid.)를 나타내는 것으로 규정된다.

이후에 (주목할 만하게 1970년대 초에) 라캉은 의미화 질서 자체의 더 큰 복잡성을 도입함으로써 (또는 그보다 그가 이전에 이미 그것을 도입했었으나 이제 그것을 정식화함으로써), 이런 관점을 거의 뒤집는다. 의미화 질서의 존재는 의미화하는 마이너스 또는 결여와 정확히 동연적이다. 그 "순수 상실"은 이제 기표의 편에서 나타나는데, 기표는 더 이상 또 다른 편(기표가 그 개시적 작동을 그 위에서 수행할 순수한 유기체적 욕구)을 갖고 있는 것도 아니고, 그와 관련되지 않는다. 기표에게 있는 것은 이면envers이다. 라캉은 이러한 마이너스를 (의미화 질서의 그 **일자/하나**의) **토대**라고 하는 데 주저함이 없다.

다시 말해, 전체적인 인간의 "변증법"과 그 모순을 유도하는 것은 더 이상 단순히 기표의 현존이 아니며, 오히려 이러한 현존의 바로 그 핵심에 있는 **부재**, 즉 의미화 질서에 내장된 채 그 질서와 함께 나타나는 간극이다. 이것은 라캉적 관점에서 우리에게 익숙했던 "기표의 출현"이라는 용어의 그 자명함, 즉 자연이 "기표의 출현"에 의해 여하간에 방해받고 탈구된다고 말하는 것에 익숙했던 이 "기표의 출현"의 자명함을 산산조각낸다. 그러나 이것은 정확히 무엇을 의미하는가? 그것은 "발화

speech의 나타남"과 같은 것을 의미하는가? 특히 라캉의 후기 저작의 문맥에서, 우리는 또한 다른 "신화적" 관점 – **시초**에 대한 어떤 이야기도 실제로 관찰되는 실제에 가장 적합한 신화 구축하기를 피할 수 없다는 의미에서 신화적인 관점 – 에서 이것들을 정리해볼 수 있을 것 같다. 이 대안적 관점에서 인간의 이야기/역사(hi)story는 기표의 출현과 함께가 아니라 **"상실되어버린gone missing" 하나의 기표**와 함께 시작된다. 실로 우리는 자연이 이미 기표들로 가득 차 있(고 동시에 그것들에 무관심하)다고 말할 수 있을 것이다. 그리고 어떤 지점에서 하나의 기표가 "떨어져 나가", 상실되어 버렸다고 말할 수 있을 것이다. 그리고 그 용어의 엄밀한 의미에서 "기표의 논리"가 태어나는 것은 단지 이로부터이다. (기표들은 "달리기" 시작하고, 서로서로 연관되며, 이 간극을 가로지른다). 이런 의미에서, 그리고 이런 관점에서, 발화speech 그 자체는 이미, (거기에) 존재하지 **않는**, 누락된 기표에 대한 반응이다. 발화는 단지 "기표들로 구성된" 것이 아니며, 기표들은 발화의 (충분) 조건이 아니다. 우리가 아는 바처럼 발화의 조건은 "하나의-기표가-없음"이다. 인간은 상실된 하나의 기표로 인해 무관심에서 깨어나 말하도록 강제(되고, 또한 향유가 이 결핍의 장소에서 나타나기 때문에, 향유하도록 강제)된다. ("상실되어버린")이라고 시간적으로 표현한 방식은, 그것은 단순히 하나의 기표 없이without 출현한다기보다는, 하나의 기표 **없이를-가지고**with-without 출현하는 의미화 구조로 훨씬 잘 정식화될 수 있을 것이다. 왜냐하면 이 "구멍"이 결과를 낳는 것이고, 그 구멍 주위로 구조화되는 것을 결정하기 때문이다.

얼마 전에5 나는 이 특수한 구조를 (나와 다른 사람들이) 종종 사용해 왔던 농담을 빌어 정식화 하려했다. 나는 여기서 그것을 반복하려 하는데, 이보다 더 좋은 예시를 발견하기 어렵기 때문이다.

어떤 이가 식당에 들어가 종업원에게 말한다. "크림 없는 커피 주세요." 그 종업원이 대답한다. "죄송하지만, 손님, 크림이 떨어졌어요. 우유 없는 커피는 어떨까요?"

그 종업원의 대답은 바로 그 부정성의 차원에 있는 부가적이고 역설적인 유령적 실체를 도입한다. 그의 대답의 전제란, 어떤 것 "없이"는 실제로 "어떤 것의 결여를 가지고" 또는 어떤 것 없이를-가지고를 의미한다는 것이다. 의미화 질서는 정확히 이런 의미에서 하나의 기표가 빠진one signifier less을 가지고 나타난다. 단순히 하나 없이가 아니라, 하나 없이를-가지고.

여기서 두 가지를 더 추가할 수 있다. 첫째, 라캉의 후기 작업(더 이상 헤겔을 언급하지 않는)이 실제로 헤겔을 자주 언급하는 그의 초기 작업보다 많은 측면에서 헤겔에 훨씬 더 가깝다고 볼 수도 있을 것이다.6 또한, 프로이트와 이러한 이슈들에 대한 프로이트의 정교화로부터 더 거리가 있는 것으로 보이는 라캉의 이런 후기의 관점이, 사실상 프로이트에 더 가깝다는 점도 말해야 한다. 「섹슈얼리티 이론에 관한 세 편의 에세이」에서 프로이트는 욕구와 본능으로부터의 일탈 – 인류를 구성하는 일탈– 의 작동 원인을 신체 기능의 만족 과정에서 생산되는 잉여 흥분/만족에 둔다. 예를 들어 음식에 대한 욕구를 만족시키는 과정의 부산물로 나타나는 "구강 쾌락"은 충동의 자율적 대상으로 기능하기 시작한다. 그것은 자신의 최초의 대상으로부터 떨어져 나가고, 그 자체가 일련의 대체 대상으로 이끌리는 것을 허용한다. 하나의 욕구에 대한 모든 만족은 원리상 또 다른 만족이 발생하는 걸 허용하며, 그런 만족은 그 자체를 추구하고 재생산하는 데 있어 독립적이고 자기-영구화되는 경향이 있다. 절대적으로 순수한 자연적 욕구, 즉 내부로부터 그것을 분열시키는 이런 잉여 요소가 없는 자연적 욕구란 존재하지 않는다. 말하자면, 프로이트에게 "인간적 일탈"은 **잉여**(-향유)와 함께 시작되는 것이다. 라캉은 자신의 초기 저작에서, 프로이트가 이러한 일탈을 유기체의 욕구로부터 시작되는 일종의 선형적 인과성으로 설명하려고 시도한 것을 회의적으로 보면서, 우리가 살펴본 프로이트의 잉여를 **상실**로 대체한다: 즉 일탈은 (욕구의 만족의 장소인) 신체의 부위에서 기표에 의해 유도된 "순수한 상실"과 함께 시작된다는 것이다. 그 욕구의 어떤 것이 돌이킬 수 없이 상실되고 (요구로 표현될 수 없고), 라캉은 나아가 이것을 원억압의 개념/계기와 연결한다. 이러한 최초에 상실된 만족의 조각은 그때 그것의 초월적 조건, 욕망의 절대적 원인으로서 의미화 체계 내에서(그리고 거기에 거주하는 존재들 사이에서) 재출현한다. 그러나 후기 작업에서, 라캉은 마이너스(또는 상실)를 (하나의 기표 없이를-가지고 출현하는) 의미화 질서 자체의 편에 위치시키는데, 앞서 본 추가적 요점을 고려**한다면** 라캉은 여기서 실제로 프로이트에 더욱 근접해간다. 즉 잉여-향유 그 자체는 정확히 의미작용의 결핍 또는 구멍의 장소에서 출현하는 것이다. (프로이트와 관련한) 이러한 위상학적 추가는 프로이트의 설명을 라캉의 후기 작업과 상당히 양립가능하게 만드는 것이 된다. 말하자면, 라캉의 진일보란, 단지 프로이트 이론을 "기표의 출현" 이론으로 보충하는 것에 있는 것이 아니라, 그보다 프로이트의 이론을 우리의 모든 욕구의 만족에 관여하는 잉여-향유의 이면envers인 하나의 기표의 결여 이론(또는 사변적 가설)으로 보충하는 데 있는 것이다. 이러한 잉여-향유(와 그것의 논리)를 이해하기 위해서 우리는 그것이 의미화 "구멍" 혹은 마이너스의 장소에서 나타난다는 것을 이해할 필요가 있다. 한 가지 더 지적할 것은 (라캉에서) 이것이 또한 원억압의 개념에 영향을 준다는 것이다. 즉 원억압은 이제 의미화 구조 자체에 속하는 것으로 여겨진다. 그리고 그것은 최초에 잃어버린 기표를 "가진 하나one with"로, 또는 **없이를-가진**with-without 구조와 동의어로 나타난다.

그리고 – 여기서 우리는 우리 논의에서 가장 중요한 지점에 이른다– 성차, 또는 성적 분화 역시 이러한 존재론적 결핍에서 기원한다. 이것을 어떻게 이해할 것인가? 성차에 대한 두 가지 우세한 정신분석적 개념들이 있다. 하나는 성의 이중성을 토대 그 자체로 재도입한다.(이것이 음양의 두 상보적 원리를 갖는 융의 시각일 것이다). 다른 하나는 프로이트가 강조한 순수한 다양성으로 시작한다. 이런 독해에 따르면, 프로이트가 소년들과 소녀들 모두가 공유하는 다형도착적 유아 섹슈얼리티로 분석한 것은 그 뒤에 호르몬적이고 문화적인 "주입"과 요구에 의해 대략 두 개의 서로 다른 위치로 조직되는 이질적인 다양성이다. "남성성"과 "여성성"의 규범적 틀과 동일시의 매개변수를 제공하는 문화는, 여기에서 특히 결정적인 것으로 얘기된다. 그러면서 최초의 다양성과 그 모순들이 성적 위치들을 추정한다고 해서 결코 완전히 해소되지 않는다는 것, 그리고 만족의 원천의 복수성이 성기관들로 결코 완전히 흡수되지 않는다는 것을 보통은 조심스럽게 부가한다.

그러나 성적 분화 문제와 관련된 후기 작업 속 라캉의 개념화로부터 도출되는 것은, 실제로 다른 것이다. 그것은 그 주제에 관한 프로이트의 언급들에 암묵적으로 존재하는 역설적 공식을 어떤 점에서는 재확인하고 개념적으로 강화한다. 앞에서 말한 것처럼, **둘로 분열되는 것은 하나의**(즉, 그것이 존재했다면 **타자**, 근본적 **타자**가 되었을 그 하나의) **바로 그 비존재이다.** 둘로 분열된 것은 바로 그 "결여된 하나", 마이너스 없이를-가진with-without이다. 이것이 우리가 라캉의 "성구분 공식"을 읽을 수 있는 방법이다: 여기에는 두 가지 방식이 있는데, 이런 방식들로 의미화 질서의 구성적 마이너스가 이 질서 그 자체에 기입되고 다루어지는 것이다. 상징 질서의 구성적 마이너스를 **표지하는** 작동자는, 라캉이 Φx("팔루스 기능" 또는 "거세 기능" – 이들은 동의어이다)라고 쓰고 있는 것이다. 이런 의미에서 우리는 거세가 개시적 마이너스의 주체화하는 반복이라고 말할 수 있을 것이다. 그리고 다음 단계는 우리를 성차에 대한 라캉의 획기적인 생각의 핵심으로 인도한다: 즉 거세(또는 그 "팔루스 기능")는 보편적 기능이자, (성과 하등 관계없이) 그 자체 주체성의 특권prerogative이지만, 그것의 작동에는 성적으로 중립적인 어떤 것도 존재하지 않는다. 그것은 항상 이것 또는 저것의 (성화된sexed) 위치의 **논리**를 따르며 연루되고, 중립적 토대로 또는 주체성의 제로 수준으로 존재하지 않는다. 주체성의 "제로 수준"은 이미 "결정", 즉 "마이너스 하나"의 이런 또는 저런 형태에 이미 연루되고 있다. 다시 말해 비록 거세의 작동자가 주체성의 특권이지만, 이런 저런 방식으로 그것을 다룰 주체성은 존재하지 않으며, "거세" 또한 그것이 다루어지는 그 방식 외부에 존재하지 않는다. 말하자면, 성적 분화의 너머나 아래에(또는 단순히 바깥에) 어떠한 주체성도 존재하지 않는다. 성적 차이는 주체성의 이차적 구별이나 단순히 문화적으로 구성된 것이 아니다. 왜냐하면, 의미화 질서의 존재론적 결핍이 바로 그 동일한 질서에 기입되도록(또는 작동되도록) 하는 그 논리적 "시차視差, parallax"로 인해, 섹슈얼리티의 의미화 구성의 수단이 이미 기울어져 있기 때문이다. 기 르 고페Guy Le Gaufey가 매우 집요하게 주장하듯이, 라캉의 성구분 공식은 "남성과 여성을 구별해주는 적절한 특징을 발견하기"위한 시도가 아니다(Le Gaufey, 2006, 86). 마찬가지로 또 다른 날카로운 정식화에서 그는 "아마도, 하나의 [성]을 다른 성으로부터 떼어 놓는 차이는 그 하나에도 다른 하나에도 속하지 않는다"라고 주장한다(ibid., 11). 이것이 칸트의 이성의 이율배반과 관련하여 성구분 공식을 논할 때 조운 콥젝이 보여준 심오한 통찰이었다: 즉 차이나 모순은 양쪽 편이나 위치 **사이에** 존재하는 것이 아니다. 그보다 두 위치는 의미화 질서 자체의 차이나 모순의 평행 배치들이며, 그것들은 논리적으로 서로 다른 방식으로 기울어진다(각자는 그 자신만의 방식으로 근본적 모순을 재생산한다).

이 두 배치들을 하나의 (비-)관계에 놓는 것은 그들이 같은 기능(Φx)을 공유한다는 데 있다. 그러나 동시에 바로 이 사실이 그들 사이의 어떤 종류의 대칭이나 상보성도 불가능하게 한다. (몇몇은 팔루스를 갖고 있

왓 이즈 섹스?

고 몇몇은 그렇지 않다는, 현존/부재의 대립에 기초한) 차이를 만드는 **특징**에서 벗어나,7 라캉은 팔루스를 **차이 그 자체**의 기표로 만든다. (말하는 존재에 있어) 모든 차이를 만드는 것은 "거세"이다. 팔루스는 양쪽 성에 대해 (그리고 그 사람이 동성애적인지 이성애적인지에 관계없이), 이 차이를 구성하는 것이 아니라, 그것을 의미화한다. 성차는 그 모든 차이를 가능하게 하는 것을 배치하는 데 있는 차이이며, 이 모든 차이를 가능하게 하는 것은 거세 기능으로서의 팔루스 기능에 의해 특징지어지는 그 마이너스이다. (다음 도식은 라캉 2006c에서 가져온 것이다.)

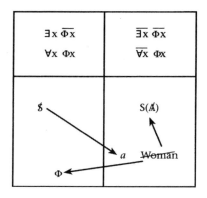

이 공식들에 대한 극도로 정교한 라캉적 독해들이 많이 있다. 이 독해들은 그것들의 개념적 결과물들을 해석할 뿐만 아니라 그 독해들의 복잡한 논리적 배경을 제공하고 설명한다.8 이와 같은 종류와 범위의 논의에 가담하는 것이 여기서의 목적은 아니다. 여기서는 이 공식들을 이 글이 추구하고 있는 성적인 것에 대한 특수한 존재론적 탐구에 연결될 수 있는 몇몇 지점들에만 한정하려 한다.

남성(왼쪽) 편은 거세되지 않은 (그리고 원초적 **아버지, 대문자 여성**과 같이 완전한 향유에 접근할 수 있는) **하나**가 존재한다는 것을 상정한다.[9] 말하자면 $\exists x \ \overline{\Phi x}$. 이 **하나**의 **배제** – 즉, 그것을 예외로 두거나 면제시키는 것– 는 남성 편에서 출현하는 주체가 의미화 질서 안에 연루된 그 마이너스를 전유하고 틀짓는 방식이다. (비-거세된 **하나**의) 예외는 **구성적인 것**으로, 즉 부정적 참조점으로, 또는 다른 모든 것이 그렇게 구성될 수 있도록 허용하는 한계, 즉 다른 모든 것이 다른 **모든 것**으로 또는 하나의 전체로 나타나도록 허용하는 한계로 기능한다: 바로, 모든 x는 Φx이다. 모든 x는 거세 기능에 종속된다($\forall x \ \Phi x$). 이 예외는 여기에서 바로 그 **모든 것으로서**(결정된 총체성으로서)의 모든 것의 출현 속에 기입된다: 이것이 그 도식의 왼쪽-위 편에 있는 두 공식을 함께 읽어야 하는 방법이다. 여기서 관건이 되는 그 논리는 다음의 농담으로 멋지게 요약된: "여기에 식인종들은 없다. 우리는 어제 마지막 식인종을 먹었으니까." 즉 "우리 모두"가 "문명화된" (비-식인종적) 존재가 되는 조건은 우리를 "모두"로 만드는 면제[배제]의 행위이다. 이것은 또한 (모든 여성들의 소유자로서의) 원초적 **아버지**의 살해라는 프로이트적 신화에서 핵심이 되는 것이다. 그에 따라 **모두는** 원초적 **아버지**라는 인물에 의해 대표되는 "무제한적 향유"에 대한 주장을 포기한다. 그 **하나**의 예외("살해")는 모두에게 공통적인 포기를 틀짓는다. 이는 기본적으로 다음을 의미한다: 모두는 그들이 한 번도 가졌던 적이 없는 것, 그리고 원초적 **아버지**라는 신화적 인물에 의해 재현된 것을 포기해야만 한다.

왓 이즈 섹스?

원초적 **아버지**는 그것이 바로 그 포기라는 관념의 필수적인 전제조건(그리고 사후적 이미지)이라는 정확한 의미에서 신화적이다. 모두는 그들이 결코 가졌던 적이 없는 것을 포기해야 한다 – **그러나 그럼에도 불구하고 그것을 포기함이라는 형식이 필수적이다.** 또한 이것이 아마도 거세에 대한 최고의 정의일 것이다: 즉 거세란 가졌던 적이 없는 것을 포기하는 것, 말하자면 의미화 질서와 함께 오는 그 "마이너스 하나"를 우리가 포기한 어떤 것으로 변형시키는 것, 우리가 가져본 적이 없는 것을 잃어버린 어떤 것으로 변형시키는 것이다. 부정성을 "틀짓는" 이런 유형에서 기표 질서**의** "부정량negative quantity"은 하나의 의미화 형식, 특권적 기표를 획득한다. 말하자면, 기표의 결여가 기표를 얻고, 그 기표가 팔루스로 불리는 것이다. 이것은 우리로 하여금 성구분 공식의 왼쪽 편의 아래 부분을 보게 한다. 여기서 보이는 것은 정확히 이 주체 위치의 지지물인, 즉 "남성적" 주체화의 지지물인, 거세의 **기표**(Φ 또는 주인-기표, S1 – 라캉은 분명하게 이렇게 연결시킨다)에 의존함으로써 남성이 거세를 상정한다는 것이다.

주인 기표를 통해 – 즉, **타자** 속의 결여에 의미화하는 틀을 부여함을 통해 – 거세를 "상정함assuming"은, 거세를 억압함으로써 그것을 떠맡는 assuming 것과 동일하다. 그는 기표의 지배를 믿고 있지만, 이 교체(즉, "거세")에서 무슨 일이 일어나는지에 대해 어떤 것도 알고 싶어 하지 않는다. 그래서 그 주체는 거세의 의미화 지지물, 즉 Φ에 의존하며(그는 거세에 대해 어떤 것도 알 필요가 없다고도 우리는 말할 수 있다. 왜냐하면 기표가 그를 대신해 그것을 "알고 있기" 때문이다),[10] 공식의 오른편

에 있는 소문자 a로 변장한 **타자**와의 관계를 설립하는 것이다. 이것이
의미하는, 혹은 함축하는 바는 무엇인가? 예외라는 신화적 **하나**("잘려나
감"으로써 개시적 마이너스에 대한 의미화의 **틀**을 제공하는 그 **하나**)는
또한 그 틀 또는 "환상의 창"을 구성한다. 라캉이 썼듯이, 타자는 그
창을 통해 욕망함직한 것으로(욕망의 대상-원인으로) 나타날 수 있다.
다시 말해, 기표의 결여에 의미화 틀을 제공하는 그 "형식적" 구조는
주체를 위해 이러한 "교체swap"가 일어나는 특정한 상황과 결합되어,
타자가 욕망할만한 것으로 (단지 그 아래에서만) 나타나게 되는 그 구체
적 조건들을 결정한다. 그런 이유로 라캉이 말하듯, 남성은 "파트너를
경유해서는 어떤 것도 다룰 수가 없으며, 단지 빗금의 반대편에 새겨진
대상 a를 경유해서만 가능하다. 그는 **타자**인 그의 성적 파트너를 얻을
수 없다. 그의 파트너가 그의 욕망의 원인인 경우를 제외하고"(Lacan,
1990, 80). 우리는 히치콕의 영화 <이창Rear Window>에 대한 지젝의 분석
사례들 중 하나를 빌어, 이에 대한 좋은 예시를 확인할 수 있다. 주인공인
제임스 스튜어트는 그의 다리 전체를 깁스하는 바람에 움직일 수가 없어
서, 건물 맞은편에 사는 사람들을 관찰하는 것으로 시간을 축내고 있다.
젊은 간호사 한 명이 매일 아침 그를 방문하고, 그의 약혼녀(그레이스
켈리)는 매일 밤 온다. 그레이스 켈리는 아름답고 부유하며 스튜어트에
게 미쳐 있다. 그러나 그는 그녀에게 거의 신경 쓰지 않는 듯하고, 분명히
그녀와의 결혼을 서두르지도 않는다. 그들의 관계는 그리 좋지 않아서
그들은 관계를 막 끊으려는 상황에 있다. 그러나 그들이 건너편 아파트
중 한집에서 일어나고 있는 이상한 일들을 알아챘을 때 그들의 관계는

변하기 시작한다 – 건너편에 사는 남자가 막 그의 아내를 살해한 것처럼 보이는 것이다. 그 젊은 커플은 함께 탐정 놀이를 시작하고, 켈리가 그 건너편 아파트에 조사하러 들어가 스튜어트의 창틀 안에 나타났을 때, 그들의 관계에는 결정적 변화가 일어난다. 살인자로 추정되는 이는 나갔고, 그녀는 범죄의 단서를 찾고 있다. 스튜어트는 창문을 통해 이를 관찰하고 있다. 그는 그녀가 사건이 발생한 아파트를 뒤지다가, 거기 사는 남자가 예기치 않게 돌아오자 놀라는 것을 보게 된다. 이 짧은 시퀀스가 모든 것을 변화시킨다. 스튜어트는 그가 마치 그레이스 켈리를 처음 보고 있는 것처럼 행동한다. 그녀는 그의 모든 관심을 사로잡고, 그는 완전히 매혹되어 더 이상 그녀에게서 눈을 뗄 수가 없다. 그들 사이에 주고받는 말 한마디 없이도, 우리는 – 관객으로서 – 그 모든 걸 볼 수 있다. 이제 그는 그녀를 너무나도 욕망한다. 그녀는 문자 그대로 "그의 환상의 창"으로 들어가 그의 욕망의 대상으로 기능하기 시작한 것이다...

이제 성구분 공식의 다른 쪽인 여성 (오른) 편을 보자. 여기에서 (실재를 구성하는) 의미화 질서와 함께 오는 마이너스 하나는 다른 방식으로 배치한다: 즉, 여성적 주체에게는, 마이너스라는 의미화 작동자로서의 거세가 거세되지 않은 **타자**의 배제(예외)에 의존하지 않는다. 우리는 가능한 예외의 부정을 가지고 시작한다. $\overline{\exists x} \ \overline{\Phi x}$: 즉, 팔루스 기능에 (즉 거세 기능에) 영향받지 않는 어떤 x도 존재하지 않는다. 거세는 어떤 예외도 허용하지 않는다. 그리고 우리가 "여성" 공식의 둘째 줄에서 보듯이, 어떤 보편적 진술도 불가능하게 만드는 것이 정확히 이것이다. 모든 x가 Φx인 것은 아니다. 우리는 "모든" 여성들에 대해 또는 단순히 그 여성에 대해 말할 수 없다. 왜 이 여성 편에서는 예외의 가능성이 배제되는가? 그것이 의미하거나 함축하는 것은 무엇인가? 그것은 다음의 두 주장을 접합시키는 논리적 서술에서 나타난다. 첫째, 여성은 "성적 관계에 있어서 가장 근본적 의미에서 **타자**"이다(Lacan, 1999, 81). 그리고 둘째, "**타자**의 **타자**는 존재하지 않는다." 여성이 남성의 **타자**라도, 남성은 여성의 **타자**가 아니다. **타자**의 **타자**는 존재하지 않는다 ─ **타자**는 (타자의 성으로서의) **타자** 안에 포함되어 있다. 이것이 다음의 역설적 공식에 의해 표현된 것이다: "**타자**이기 때문에..., 여성은 저 **타자**와 관계하는 것이다"(ibid.). 다시 말해, **타자**에 대한 관계는, 말하자면 그 **타자** 안에 포함된다. 그것은 **타자**의 "부분"이다. 남성이 **타자**를 그가 그에 기반해서 여성들과 관계를 맺는 규칙, 그의 규칙에 대한 예외로 생각할 수 있다면, 여성은 **타자**를 그녀의 규칙에 대한 예외로 생각할 수 없으며, 대신 그 규칙의 부분, 그 규칙 안에 포함된 것으로 생각할 수 있다. 이는 이 규칙의 본성을 "비-전체"로 만들며 중요하게 영향을 미친다. **타자**의 비존재는 그 자체로 **타자** 안에 기입된다. 그리고 이것이 정확히 무의식 개념에 관한 것, 즉 **타자**의 비존재가 그 자체로 **타자** 안으로 기입되는 지점이다. 그리고 무의식의 개념에 의해 보여지듯이, 이것은 자기-반영적 투명성의 지점이 아니라, 지식을 구성하는 의미화하는 **간극**의 지점이다. 나아가 이것은 악명 높은 라캉적 "빗금쳐진 **타자**"가 단지 비일관적이고 결여된 **타자**일 뿐만 아니라, 그 비일관성이 그 안에 기입되어 그 자체를 그 안의 표시자로 가지고 있는 **타자**라는 것을 함축한다. 라캉은 그것을 빗금 쳐진 **타자**의 기표, S(A̶)로 쓴다. 그러나 이 기표는 무엇인가?

여기에서 라캉은 가장 놀라운 연결을 만든다: "S($\cancel{A}$)로 나는 여성의 **주이상스**를 표기할 따름이다"(Lacan, 1999, 84). 문제가 되는 그 기표는 그래서 가장 특이한 기표이다. 여기에서 이 중요한 것을 정확히 이해하기 위해, 우리는 그것을 앞에서 말했던, 다음의 중대한 주장에 연결할 수 있다. 즉 의미화 질서의 출현은 하나의 기표의 비-출현과 직접적으로 일치하며, **이러한 간극의 장소에서 향유가 나타난다.** 의미화 구조에 속하지만 그 구조로 환원될 수 없는 이질적인 요소로서의 향유 말이다. 이러한 정확한 의미에서, 문제의 그 향유는 본질적으로 무의식에(그리고 무의식의 "간극"에) 속한다: 이것은 억압된 것으로서가 아니라, 상실되어 무의식에 그것의 형식을 부여하는 잃어버린 기표의 바로 그 기체로서 그러하다. 이것은 또한 지식과 그것의 "한계들"의 문제에 대한 라캉의 강조(그가 성구분 공식을 논의하는 『세미나 20』에서 했던)를 설명해준다. 말하자면, 우리는 이 다른, 비-팔루스적 향유에 대하여 어떤 것이라도 **알수** – 그리고 말할 수– 있을까? 대답은 아니라는 것이다: 우리는 이 향유에 대하여 어떤 것도 말할 수 없으며, 이 타자의 향유는 지식의 대상이 될 수 없다. 그것이 존재하지 않는 지식에 대한 대체기호/플레이스홀더이기 때문이다. 이 향유는 지식 안에 있는 결여의 장소에서 나타나는데, 그것은 **거기에 알 수 있는 것이라고는 무**nothing**밖에 없기 때문에** 나타난다. 이런 정확한 의미에서, 여성의 **주이상스**는 (타자 안에 있는) 지식의 결여의 기표이다. 그것은 거기서 타자는 알지 못하는 그 지점을 표시한다. 만약 "성적 관계"와 같은 것이 있다면, 이것은 타자 안에 있는 그 기표(지식)의 존재에 다다를 것이다. 그러나 성적 관계는 존재하지 않기 때문에, 이러한 타자의 향유가 있다. 이것이 함축하는 것은, 그 악명 높은 "여성적 **주이상스**"가 성적 관계에 대한 장애물이 아니라, 그 관계의 비존재의 증상(또는 표지)이라는 것이다. 그러할 때 그것이[여성적 주이상스가] 역사의 과정에서 악령 쫓기라는 그런 폭력적 형태들에 지배당해 왔다는 것은 이상할 것도 없다.

그러므로 이 S($\overline{A}$), "빗금쳐진 타자"의 기표로서 타자의 **주이상스**는 여성도 마찬가지로 관계하고 있는 거세의 기표(Φ, 혹은 팔루스적 기능)와 혼동되어서는 안 된다. 즉, "여성은 S($\overline{A}$)와 관계한다. 그리고 그녀가 이중화되었다는, 그녀가 비-전체라는 것은 이미 그런 측면에서이다. 왜냐하면 여성은 또한 Φ와도 관계할 수 있기 때문이다"(Lacan, 1999, 81). Φ와의 관계 —말하자면, 기표와의 관계— 는 존재가 (모든 말하는 존재에 있어) 기초하는 관계이다. 반면 S($\overline{A}$)와의 관계는 "탈-존ex-sistence"의 경로에 우리를 놓는다. 그러나 중요한 점은, 단순히 여성이 오직 팔루스적 기능 하에 부분적으로만 있게 된다는 것, 여성이 그 팔루스적 기능 안에서 "전체"이지 않다는 것, 그리고 여성의 부분이 외부에 남아있다는 것이 아니다. 그렇지 않다. "그녀는 거기에 전체로 존재한다"(ibid., 74). 그러나 어떤 다른 것en plus이 존재한다. 그것은 성적 관계에서 **타자**로 존재함의 위치와 함께 있는 것이다. 그리고 이러한 **잉여** —S($\overline{A}$)와의 관계— 는 여성을 탈전체화하는 것뿐만 아니라, 거세의 기표인 Φ와의 관계를 남성의 경우와 다르게 만들어준다.

우리는 아마 이것을 다음과 같은 방법으로 말할 수 있을 것이다: 성적 관계에서 **타자**로 존재하는 여성은 (자신의 존재를 위해) 구성적 **예외**에 의존하는 것이 아니라, 구성적 **기만**에 의존한다. 최소한 이런 놀라운 생각은 조운 리비에르가 자신의 글 「가면으로서의 여성성」에서 주장한 바이다. 여기서 리비에르는 여성성이 본질적으로 가면이라고, 여성성을 **걸치는 것**이라고 말한다. 두말할 필요도 없이, 이 점을 라캉도 매우 인정했다. 리비에르는 두 단계에 걸쳐 진전시킨다. 시작은 "남성" 지식인 직업(공적으로 말하고 쓰는 것을 포함하여)으로 매우 성공한 여성에 대한 사례연구였다. 그녀는 특히 성공적인 공적 수행 이후, 충동적으로 추파를 던지고 교태를 부리면서 여성성을 과도하게 전시하는 것으로 반응하는 경향이 있었다. 이 특수한 사례에서 분석이 밝힌 바, 리비에르에 따르면 다음과 같다.

> [그 여성의 충동적인 추파와 교태는] 그녀가 지적 성과를 낸 이후 아버지와 같은 인물들로부터 받을 보복 때문에 뒤따르는 불안을 떨쳐내려는, 무의식적 시도였다. 그 자체로 성공적인 성과로서 공적으로 자신의 지적 능력을 보여주는 것은, 아버지를 거세하고 아버지의 페니스를 소유하게 되었음을 보여주는 것을 의미했다. 그녀는 아버지가 행할 응징에 대한 끔찍한 두려움에 사로잡혔던 것이다. (Riviere, 1929, 305)

불안을 떨쳐내기 위해, 이 여성은 "한낱 **거세된 여성**으로 '**자신을 가장하면서**'" 교태를 부리고 여성성을 전시하는 것에 몰두했고, "[그렇게 함으로써] 남성은 그녀의 그러한 가장에서 어떤 절도품도 찾을 수 없다"(ibid., 306). 물론 이것은 여성이 거세된 것으로 "자기 자신을 가장하고" 있었지만 사실은 거세되지 않았다고 말하는 것이 아니다. 여성의 가장 뒤에는 완전하고 거세되지 않은 주체성 같은 것은 없고, 완전히 부풀어오른 불안만이 존재했다. 이는 차후에 다시 논하겠다.

리비에르의 사례 설명은 분석 자체로서보다는, 종종 정신분석 이론과 "기성의" 개념들을 과하게 단순화하여 적용한 것으로 읽어야 마땅하다. 그러나 우리의 논의에서 중요한 것은 리비에르의 글을 유명하게 (그리고 충분히 그럴만하게) 만든 다음 단계이다. 이 글에서 리비에르는 이 특정한 여성의 역사나 정신과 필연적으로 관계되지 않는, 더욱 일반적인 결론에 이른다: 즉 여성성(혹은 여성임) 그 자체는 여성성을 가면으로 쓰는 (말하자면 거세를 가면으로 쓰는) 이런 감수능력susceptibility**일 뿐이다.** 가장으로서의 여성성에 대립하는 "진정한 여성성"은 없다.

> 독자들은 아마도 이제 내가 여성임을 어떻게 정의하는지 혹은 내가 진정한 여성임과 "가장" 사이에 선을 어디에 그을 것인지에 관해 물을 수도 있겠다. 그러나 나의 주장은 근본적이든 표면적이든 그런 차이가 존재한다는 것이 아니다. 진정한 여성과 가장은 동일한 것이다. (Riviere, 1929, 306)

우리는 "본질적으로 여성"이지 않을 때만이 여성일 수 있다 ─ 가장 진정한 수준에서, 여성성은 가장이다. 이런 정확한 의미에서, 여성성의 본질이 없다고 말하는 것으로는 충분하지 않을 것이다. 우리는 더 나아가 여성성의 본질은 여성인 체 하는 것이라고 말할 수 있겠다.

우리는 거세를 **가면**으로 지닐 때 여성이다. 거세는 억압되지 않(거나, 혹은 억압되더라도 남성의 경우보다는 덜한 정도로 억압되)는 것도 아니고, 경험적인 어떤 것으로 가정되지도 않는다. 이런 강조가 중요한 이유는, 이것이 – 가령 "그녀에게는 그것이 없다"와 같은– 어떤 종류의 경험적 사실을 폭로하거나 드러내거나 "받아들이는" 것에 관한 것이 아니기 때문이다. 말하자면 이것은 자신이 "거세되었다"고 여성이 만천하에 드러내는 것이 아니다. 거세는 오로지 상연될 수만 있는 것이고, 거세의 실제는 그 자체로 노출되거나 보여질 수 있는 것이 아니다. 어느 누구도 그것(즉 누락된 기표)을 가지고 있지 않다. 여성보다 남성이 더 갖고 있는 것도 아니다. 이들 둘 모두가 갖고 있는 것은, 존재론적 마이너스의 표지를 다루는 것을 통해 그 마이너스(거세 기능으로서의 팔루스적 기능)를 다루는 하나의 방법이다. 만일 이것을 가면으로 사용하는 것이 여성의 위치를 규정한다면, 이것은 남성 또한 가면으로 사용하는 것을 막지 못한다. 이것이 정력의 과시적인 전시("남성적인" 옷들을 세심하게 차려입은 남성들 혹은 가령 상징적 권력의 의상을 입은 남성들)가 항상 여성적으로 보이는 기이한 효과를 가지는 이유이다. "팔루스적 기능"은 남성적이지 않다: 우리가 "남성성"이나 "여성성"으로서 지각하는 것은 그것의 서로 다른 구현방식이다. "그것을 걸치는 것"이 여성성을 보여준다. 그러나 **"어디에다** 걸치는가?"

이 문제는 우리로 하여금 리비에르가 자신의 분석에서 강조했던 불안, 그리고 내가 보기에는 리비에르가 강조하는 (아버지와 같은 형상들에 의한) 보복에 대한 두려움을 넘어서는 것인, 그 불안으로 돌아가게 만든다. 그러면서 그녀가 강조하듯, 더욱 일반적인 "여성적 불안", 즉 본질적으로 가장인 여성성에 속하는 불안으로 볼 수 있는 것과 만난다. 이런 경로는 리비에르 자신이 함축적으로 보여주는 바이다 : 리비에르는 동일한 은유를 반복적으로 사용해서 그 여성이 모든 (공적) 성취 이후에 "스스로를 거세된 것으로 가장하도록" 강제하는 두려움에 대해 설명하고 있다. "훔친 물건들" 혹은 "훔친 소유물"이라는 은유를 사용하면서 말이다. 그녀의 여성성 전시에 대해 리비에르는 그런 전시가 "자신의 주머니를 까뒤집으며 그가 훔친 물건이 없음을 증명하기 위해 조사해보라고 요구하는 도둑과 같다"라고 쓰고 있다. 이 지점에서 리비에르의 분석에 덧붙이고 싶은 것은 다만 다음과 같다: 즉, 여기서 중요한 것은 아버지의 소유물을 훔친 것에 대해 벌받을까하는 두려움뿐만이 아니다. 더 근본적으로는 문자 그대로 **무가 존재할까**에 대한 불안이다. 만일 자신의 지적 성과가 훔친 소유물 때문이라면, "그녀"는 누구 혹은 무엇으로 혹은 어디에 존재한단 말인가? 다시 말해, 진짜 어려운 문제는 이것이다: 내가 정말로 아무것도 아니라면? 이런 것 안에 "나"라는 것이 없다면? 이런 존재론적 불안이 "내가 그 이름인가요?"에서 멈출 수 없다면? 정말이지 그 불안은 "내가 정말로 존재하는가?"를 회전하고 있는 것이다. 이 지점에서 내가 남긴 전부는 가식, 가면이다. 주체는 이 가면에 걸쳐있는 것이지, 아마도 가면이 이 주체에 걸쳐있는 것은 아닐 것이다. 가면 속에는 오직 순전한 존재론적 불안만이 있는 것이다.

라캉에 따르면, 이러한 근본적인 존재론적 불안은 **주체성 그 자체의 특권**prerogative이다. 그리고 이런 의미에서 분명 여성적 위치는 순수한 상태의 주체성에 가장 가깝다. 남성이 되는 것은 다른 방향 – 남성의 의미작용의 지지물로서의 팔루스(라캉이 말하듯, "그것은 남성을 받쳐준다")에 의존하는 방향– 에 있는 단계를 함축한다. 그는 그 자신이 **있다**

고 (존재한다고) **믿는다**. 이것이 "남성적 불안"이 보통 거세 불안에서 멈추는 이유이다. 남성은 자신이 남성이라고 믿는 주체이다. 남성성은 (거세의 억압에 기반하고 그 억압에 의해 유지되는) 믿음의 문제이다.

물론 자신을 남성이라고 믿는 것은 자신이 얼마나 남성인가에 대한 고통스러운 불안을 배제하지는 않는다. 반대로 오직 근본적으로 자신을 남성**이라고** 믿는 이만이 이런 종류의 걱정이나 불안을 지닐 수 있다... 그런데 이것은 또한 "남성"의 직업군에서 탁월한 여성들에 관해 그들이 "정말로 여성인가"라고 묻는 일이 종종 일어나는 이유를 밝혀주기도 한다. 그들이 정말로 여성이 아니고 "남성"("남자 같은" 혹은 동성애적인)이라고 결론내리는 것은, 안도를 제공하는 듯 보인다. 그런데 무엇에 대해 안심했는지? 이런 성취 뒤에 실체적인 주체성이 존재하지 않는다는, 나아가 실체적 주체성의 시뮬라크르로만 존재하는 남성성과 함께 이것이 **사태의 보편적 상태**일 수 있다는, 불안(두려움)으로부터 안심하는 것이다. 남성이 그런 여성에 의해 위협받는다고 느낄 때 여성은 단순히 남성에게 "거세 위협"을 대리/재현하는 것이 아니다. 오히려 여성들의 현존은 남성이 거세의 억압을 유지하는 것이 더욱 힘들게 만든다. 그것은 불안의 방어벽을 약화시키는 것이다. 또한 이것은 이런 여성들에 대한 종종 폭력적이고 정동에 찬 반응을 설명해주기도 한다.

그러므로 이것은 이제 성적 분화가 존재론적 마이너스의 문제의 관점에서 어떻게 정식화될 수 있는지를 보여준다: 즉, 남성성은 **믿음**의 문제이며 여성성은 **가장**의 문제이다. 그리고 우리는 이런 정식으로부터 알수 있는 것은 성차에 대한 정신분석의 작업이 남성과 여성을 구분하는 적절한 **특징**을 발견하는 것에 관한 것이 아니라는 점이다. 성차에 대한 정신분석적 작업은 **이런 질서 그 자체 내에 있는** 의미화 질서의 구성적 마이너스에 대한 시차 기입parallax inscription에 관한 것이다. 이 때문에 라캉이 결코 사실상 성차라는 용어를 사용하지 않고 성적 "분화division" 에 대해 말하고 있는 것일 수도 있다. 또한 이런 이유로 그에게 언어는 주체들 간의 중립적인 소통매체가 아니다. 언어는 언어 내재적 적대 속에, 언어 자신이 갖고 있는 내재적 모순과 불가능성 속에 주체들을 연루시킴으로써 주체들을 생산한다. 주체들은 언어에 의해 "구성되지" 않는다. 그들은 언어의 내재적 한계와, 이 한계에서 출현하는 예측 불가능한 과잉에 대한 반응으로 생산된다.

차후에 더 분명히 정식화되지만, 이 근본적인 통찰은 이미 1957년 글인 「무의식에 있는 문자의 심급」에서 그가 구조주의 언어학과 통상 연관되는, 특히 그 유명한 소쉬르적 알고리즘(S/s – 기의 위의 기표)과 연관되는 논리를 비판하는 관점에 함축되어 있다. 구조주의 언어학의 중심 주제는 순수한 차이를 강조하는 것이다(소쉬르가 『일반언어학 강의』에서 말한바, 언어에는 실정적 항이 없이 오직 차이만이 존재하고, 기표는 "뜻이 통하게 하거나", 의미를 생산한다. 오직 차이나는 장소들의 연결망의 부분들로서, 이항적 대립의 부분들로서 말이다). 뿐만 아니라 그것은 기호의 자의성을 강조한다: 즉 의미화 연쇄는 기의와 **분리되어** 있으며 그것이 소쉬르식 알고리즘에 있는 중간선bar이 가리키는 것이다. 라캉은 이 알고리즘이 기표가 기의를 대리하는 기능에 복무한다는 환영, 기표가 자신의 존재를 어떤 의미작용signification의 견지에서 정당화

해야 한다는 환영을 유지시킬 수 있다고 주장한다. 라캉은 이를 오류가 있는 착상이라고 설명하기 위해, 우선 그가 "불완전한 삽화illustration"라고 부른 것을 다시 만든다(Lacan, 2006c).

기표 "tree"는 (자의적임에도 불구하고) 어떤 의미작용을 대리한다. 이것이 라캉이 오류라고 반박하는 생각이다. 다른 한편 그는 또한 그 알고리즘의 두 차원 사이에 어떤 연결도 없음을 주장하는 것, 그리고 알고리즘 S/s에서 위의 항과 아래의 항의 유사성이라는 관념만을 삭제하는 것으로는 충분치 않음을 잘 알고 있다. 왜냐하면 이런 방법으로는 "총체적 신비라는 수수께끼 같은 기호가 여전히 남아있기" 때문이다. 이것은 "물론 그런 경우가 아니다"(Lacan, 2007, 416).

라캉에게는 두 차원 사이에 연결이 있다. 그러나 그것은 대리/표상의 연결도 아니고, 의미작용의 연결도 아니다. 그렇다면 그것은 무엇인가?

언어를 대상들의 총체에 대한 이름들의 총체라고 보는 (소쉬르 이전의) 입장으로 돌아가지 않고서 그것을 어떻게 생각할 수 있을까? 라캉의 답은 "기표는 사실 기의로 들어간다. – 비물질적이지 않기 때문에 현실 속의 자신의 장소에 대해 문제를 제기하는 형식으로"(Lacan, 2007, 417). 이것이 우리가 찾던 연결이다: 기표는 "기의로 들어간다." 그리고 이 둘 사이의 줄금은 이런 들어감을 분명히 방해하지 않는다. 그러나 우리가 이것을 어떻게 이해할 수 있을까? 내 생각에는 여기서 관건이 되는 독특한 연결을 위에서 논의한 **"없이를-가지고"**의 견지에서 이해하는 것이 꽤 타당하다. 기표는 기의를 대리하는 것도 아니고, 단순히 총체적인 신비라는 수수께끼 같은 기호도 아니다. – 그것은 (이항적 기표로서) **기의 없이를-가지고** 있다. 두 차원 사이의 줄금에 의해 상징되는 관계의 결여는 그 자체 엄밀한 의미에서의 기표(와 의미화 질서)에 **내재한다**. 이 결여는 자신의 기의를 발견하고, 획득하(고 그 기의와 관계하)지 못하는 기표의 무능력으로 생각되어선 안 된다. 오히려 언어의 **내재적** 마이너스이자 모순으로 생각되어야 한다. 이것은 상징적 질서의 내재적인 뺑뺑돌기/순환고리, 우리가 말하는 모든 단어에 의해 함축되고 반복되는 (동일한) 마이너스이다. 하나의 기표를 다른 기표와 (의미화의 연쇄를 구성하면서) 연결/관계시키는 것은 분명히 이 '없이를 가지고'의 부정성이다: 이것이 라캉이 (무의식의) **주체**를 발견하는 의미화하는 질서에 내재되어 있는 간극이다. 또한 그것의 아름다움은 물론, 이 '없이를 가지고'가 이미 거기 없이without라는 기표 안에 존재한다는 것이다: 즉 빼기로with-out – 어떤 것을 가지지 않고 존재하기는 어떤 것의 결여를 가지고 존재하기이다. 그러므로 우리는 라캉이 기의로부터 기표를 분리하는 줄금(S/s)을 기표 그 자체의 기입에 내재된 줄금으로 이동시켰다고 말할 수 있을 것이다. "하나의 기표는 또 다른 기표를 위해 주체를 대리한다"는 이와 같이 묶는binding 부정성을 분명하게 보여주는 정식이다. 그리고 이는 또한 라캉에게 기표의 이론이 무의식의 이론과 불가분한 이유가 된다 – 즉 "없이를 가지고" (혹은 간단하게 빼기로with-out)도 또한 무의식의 바로 그 정식(문자)으로 간주될 수 있는 것이다. 어떤 무의식적 내용물에 대한 정식이 아니라, 바로 그 형식(위상학, 구조)에 대한 정식 말이다. 기표와 무의식 (혹은 무의식의 주체)는 분리불가능한 개념들이다. 의미화하는 질서 (즉 하나의 기표 없이를-가지고 출현하는 질서)와 무의식의 (순환의) 구성은 하나이며 동일한 것이기 때문이다.

소쉬르에게 언어는 순수한 차이의 체계로 기능한다. 의미는 기표가 다른 기표들과의 관계 속에서 유지하는 차이의 관계를 통해서 출현한다("tree"는 그것이 "car", "bush", "train" 등이 아니므로 tree이다). 그러므로 언어에서 모든 것은 관계에 기반을 두고 있다. 그러나 소쉬르와 고전적인 구조주의 접근을 넘어서는 라캉의 요점은, 이 순수한 관계적 차이가 오직 비-관계에만 기반할 수 있다는 것, 혹은 누군가 이 말을 더 선호하듯이, **다른 종류의 차이**에만 기반할 수 있다는 것이다. 관계적 차이가 존재하고 기능하기 위해서는, (이항적 관계 중) 그 **하나가** 누락되어야 한다. 이것이 모든 차이를 만든다 (차이화의 가능성은 오직 이러한 근본적인 차이에 기반해서만 나타날 수 있다). 이것이 라캉이 중요하게 추가하고 있는 것이며, 그가 (무의식의) 주체 개념을 이런 관념에 대한 구조주의 공격이 최고조일 때 재도입하게 하는 것이다.

지금까지 논의한 바, 성적 분화의 실재는 분명 이 "누락된 하나"의 지점과 연결되어 있다. 더 나아가 내가 주장하는 바, 이런 이유로 라캉이 기표의 기능에 대한 자신의 일반적 이해의 주요 사례로서 잘 알려진 다음의 그림을 사용한 것이다(Lacan, 1999):

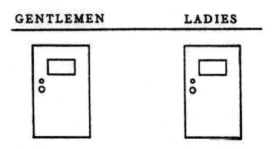

이것은 그림(삽화)인데, 라캉은 "불완전한 삽화"(나무와 관련된 그림)를 이 그림으로 대체한다. 여기서 무엇을 알 수 있는가? 동일한 것(의 반복), 하나의 문 위에 두 개의 서로 다른 이름들이 보인다. 달리 말해, 우리는 차이성(두 개의 다른 기표들)을 가지게 되지만, 그 기표들이 가리키는 현실들에서는 차이가 없다. 그러나 이것들은 하나의 현실이 아니라, 분열로서의 현실이다. 라캉은 자신의 주장이 단순히 비열하게 유명론 논쟁을 침묵시키려는 것이 아니라, "기표가 사실상 기의에 어떻게 들어가는지를 보이려는 것"이라고 재빨리 덧붙인다(Lacan, 2007, 417).

이 사례에서 중립적인 것은 없다. 반대로 그것은 매우 편향되어 있다.

왜냐하면 그것은 성적 차이가 어떻게 특이한 종류의 차이인지를 라캉이 집요하게 강조하는 것을 보지 않고서는 이해될 수 없기 때문이다. 이 특이한 종류의 차이는 이항적 대립들과 차이화들의 기본적인 의미화 논리를 따르지 않는다.11 그러므로 우리는 분명한 모순에 대면하고 있는 것 같다. 즉 라캉은 기표의 기능작용에 대한 자신의 실례로서, 그 자신의 이론에 따르자면 보통의 기표 기능의 규칙 하에 있지 않는 예를 어떻게 이용할 수 있는가? 답은 다음과 같다. 라캉이 여기에서 찾은 것은 −구조주의 언어학과의 논쟁에서− 기표 기능의 사례뿐만 아니라, 이 기능의 **상정들**presupposition의 사례이다. 이 상정들은 언어학은 제쳐두었지만, 정신분석학이 집중하는 것이다.

다시 말해, "여성화장실과 남성화장실"의 사례는 기표의 논리의 사례가 아니라, 의미화 논리의 중핵에 있는 구성적인 간극과 모순을 "실증하는illustrate" 사례이다. 이 사례는 많은 가능한 사례들 중 하나가 아니라, 어떤 의미에서 이 사례는 상정들의 차원으로 분해되는 다른 사례에 함축되어 있다. 그러므로 라캉이 자신의 기표 이론의 중핵 지점에서 사용한 이 사례는 결코 우연이 아니며, 이는 그가 그것(위의 도식)을 부르던 "고안된 사례"를 이다음에 올 "진리의 생생한 경험"으로 대체했을 때 아주 분명해진다.

기차가 역에 도착한다. 기차가 정지할 때, 역 플랫폼의 건물들이 지나가는 것을 볼 수 있는 창가 옆 객실에 어린 남매가 마주보며 앉아있다. "저길 봐, 우리가 여자 화장실 앞에 있어!"라고 소년이 말한다. "바보 같긴." 소녀가 말한다. "우리가 남자 화장실 앞에 있는 게 안보이니?"

라캉은 이 이야기에 다음과 같이 매우 정확하고 훌륭한 논평을 한다:

우리는 여기 기표와 기의의 각각의 장소에 관해서는 혼란을 겪는 반 장님이
되어야 할 것이다. 기표가 어떤 빛나는 중심으로부터 그 빛을 불완전한 의미라
는 어둠 속으로 반사시킴을 따를 것이 아니라 말이다.
왜냐하면 그 기표는, 그저 동물의 일종이며 망각의 자연스러운 안개로 향하는,
가족에게 무자비하고 신들에게 골칫덩이인, 이데올로기 싸움의 거대한 힘으
로 향하는, **불화일반**을 낳을 것이기 때문이다. 이 아이들에게, 남자용과 여자
용은 그 이후로 두 개의 고향이 될 것이며, 이 고향을 향해 각자의 영혼이
다른 날개를 달고 날아다닐 것이며, 이를 고려하면 저 두 아이들이 합의에
이르는 일은 더욱더 불가능한 일이 될 것이다. 왜냐하면 이 두 고향이 사실상
동일한 고향임에도, 어느 쪽도 자신의 최고의 탁월함과 관련해서라면 다른 쪽
의 영광을 깎아내리지 않고서는 양보할 수 없기 때문이다." (Lacan, 2007, 417)

이 구절이 매우 가치있는 이유는, 라캉에 있어서 두 주제(기표의 논리라
는 주제와 성적 분화라는 주제)가 어떻게 동시발생하는지를 명확하게
보여주기 때문이다. 그러니까 라캉은 이 주제들을 분리불가능한 것으로
다룬다. 그것은 기표가 이미 성차를 전제하고 있거나 성차 그 자체를
구성하기 때문이 아니다. 그 이유는, 성차(와 섹슈얼리티, 욕망, 사랑에
대한 부자연스럽게 고안된 모든 변증법들)가 의미화하는 질서의 결과라
기보다는, **어떤 것이 그 질서 안에 결여되어 있다는 사실** (그리고 동시에
그 안에 어떤 과잉된 것이 존재한다는 사실, 즉 잉여-향유)의 결과이기
때문이다. 동일한 의미화 배치 **안에 있는** 두 관점들로서, 두 (완전하지는
않지만) 성화된 주체들은 근본적 차이, 혹은 차이 그 자체를 표시하고

있다. 이것은 기반이 없는 차이이다: 즉 그것은 두 개의 "고향들" 사이의 차이로 정리되도록 (만일 그렇다면 이 두 고향은 합의에 이를 수도 있고 "관계"를 형성할 수도 있을 것이다.) 만드는 두 개의 다른 기반에서 나온 차이가 아닌 것이다. 그들의 고향은 하나이자 동일한 것이다. 그러나 이 하나임 혹은 동일함은 순수 차이의 하나임이자 동일함이다.12

그러므로 라캉의 사례는 기표의 기능의 사례일 뿐만 아니라, 무엇보다도 기표의 부정적 존재론적 상정들에 관한 사례이다. 즉, 그가 말하듯이, 무엇이 언어의 차원을 무의식의 간극에, "인간 안쪽에서 틈으로 벌어지는... 근본적인 이질성"에 고정시키는가에 관한 사례인 것이다(Lacan, 2007, 436). 그러므로 이 이질성은 여성용과 남성용 사이의 이질성이 아니라 차이의 체계로서의 언어와, 대상 같은 잉여 (대상 a) 사이에 존재하는 이질성이다. 이 잉여는 이러한 체계의 구성적 마이너스의 장소에서 나타나고, 이 체계의 순수한 차이성을 망친다. 성적 차이는 이처럼 "망치는" 배치 (논리) 내에 있는 차이이다. 여기가 정신분석학이 구조주의 언어학과 달라지는 지점이다. 우리가 정신분석이 대부분 다루는 발화의 현상들을 고려한다면, 모든 의미가 단순히 순수한 차이성의 법칙에 따라 생산된다는 것은 진실이 아니다. 의미는 또한 프로이트가 지적한 두 개의 다른 기제들을 따라서도 생산됨을 우리는 알 수 있다. 프로이트가 말한 두 다른 기제들이란 소리가 유사한 것들 혹은 동음이의어와, 발화자의 기억 속에 존재하는 연상들이다. 말실수, 농담, 꿈, 이 모든 것들(과 다른 것들)에서 우리는 대상들과 이상하리만치 유사한 방식으로 기능하는 단어들과 함께, 마치 실정적인 존재자들positive entity과 같은 어떤 것을 발견

하게 된다. 라캉은 이런 프로이트의 지적이 중요하다고 생각했다.13

기표들은 결코 순수한 기표들이 아니다. 이 기표들은 그 안에서부터 예측불가능한 잉여들로 들끓고 있다. 이 잉여들은 기표들의 순수 차이성의 논리를 무너뜨리는 경향이 있다. 한편으로 – 라캉이 자신의 이론에 포함시키고 있는 구조주의적 측면인데– 기표들은 기의와 분리된다. 기표에서부터 기표의 의미로 이끄는 내재적 연결이 존재하지 않는다는 의미에서 말이다. 그러나 이것이 전부라면, 의미화의 장은 일관적인 체계이어야 하며, 주체 없는 구조라는 구조주의적 모토가 가능할 것이다. "심리학적 주체"라는 개념, 즉 자신의 목적을 위해 언어를 사용하고, 발화의 장을 지배하거나 자신의 **원인일반과 원천일반**이 되는, 지향적 주체성 개념과 결별하는 이러한 구조주의적 관점을 라캉은 일정 정도 지지하고 있다. 그러나 그는 한 단계 더 나아간다. 만일 우리가 의미화 연쇄에 집중한다면, 우리는 정확히 의미화 연쇄의 독립성과 자율성 내에서 의미화 연쇄가 자신의 내부에서부터 끊임없이 아주 예상치 못한 의미 효과들을 생산하고 있음을 알아챌 수밖에 없다. 이때의 이런 의미는 엄밀히 말해 잉여 의미이며, 이것은 기표들을 내부로부터 얼룩지게 만든다. 이것이 (무의식적) 주체의 장소이다. 그리고 기표들이 환원불가능하게 본래적으로 그것들이 가리키고 있는 현실에 묶여 있는 것은, 정확히 (잉여-향유와 밀접히 관련한) 이런 잉여 의미 때문에 그러하다. 즉 기표들이 "기의로 들어간다"는 것은 바로 이런 방법으로 그러한 것이다. 그러므로 우리는 이 "기의로 들어감"이, 의미화하는 현존의 중심에 있는 결여를 표지하는 '없이를-가지고'라는 견지에서 이해될 수 있다는 우리의 테제를 보충할 수 있을 것 같다: 즉 '없이를 가지고'에 함축되어 있는 부정성의 이면인l'envers 잉여 의미/향유의 이런 차원 혹은 요소를 통해 보충하는 것이다. 기표는 (라캉이 부연하듯 "비물질적이지 않은" 형식으로) 기의로 들어간다. 그럼으로써 그 기표는 의미화하는 관계를 복잡하게 만들 뿐만 아니라 창조하는 잉여, 그리고 논리를 왜곡하고 "추동하는" 이 잉여의 형태로 현실 속에서 일어나는 것이다.

마이너스 하나/플러스 향유 – 이것은 필연적으로 왜곡되어 있는 구조적 위상학이며, 여기가 무의식의 주체가 거주하는 장소이다. 이 주체는 결코 중성적이지 않다. 즉 주체는 성이 있게 된다. 왜냐하면 성(욕)은 오직 의미화하는 마이너스의 배치하기이자, 잉여-향유의 배치하기일 따름이기 때문이다. 이런 배치하기는 모순을 벗어날 수 없다. 이 모순은 거기에 존재하지 않는 하나(타자)의 **논리적** 결과이기 때문이다.

Je te m'athème ... moi non plus

알랭 바디우와 바바라 카생Barbara Cassin은 철학에서 궤변술의 역할에 관해 오랫동안 아주 흥미로운 불일치를 보이고 있다. 간단히 말하자면, 바디우는 소피스트의 형상/비유figure에서 탁월한 반철학자를 본다. 그들은 철학자들로 하여금 진리라는 관념과 그것의 추구를 폐기하도록 부추기며, 대신에 그들더러 언어와 의미의 표면에서 미끄러지며 자신의 모순과 역설을 드러내고 즐기는 것을 받아들이도록 한다. 다시 말해, 소피스

트는 참된 철학자의 치명적인 더블, **알터 에고**다: 소피스트는 철학이
—실로 그로부터 무언가를 배울 수 있음에도— 결국 남겨두고 떠나야
하는 **타자**이다. 다른 한편, 소피스트의 궤변술과 비유에 대해 가장 호소
력 있게 작업한 카생은14 이런 비유에서 환원불가능하고 필수불가결한
철학의 핵심을 본다: 즉 우리가 철학으로부터 그것만을 제거하려면 철학
자체를 잃어버릴 수도 있는 어떤 것 말이다. 궤변술이 진정한 철학이다.

　그리고 이런 논쟁이 정확히 라캉(의 후기 작업)을 둘러싸고 최고조에
이르고 구체화된다는 것도 우연이 아니다. 라캉의 후기 작업에서 우리는
"궤변술"(말장난, 모호한 말, 신조어...)과 형식적 엄격주의(정식, 수학소,
위상학)가 나란히 동시에 급증하는 것을 볼 수 있다. 2010년에 바디우와
카생은 『성적 관계는 없다*Il n'y a pas de rapport sexuel*』라는 제목의 짧은 책을
냈다. 이 책은 라캉이 1972년에 출판한 어렵기로 악명 높은 글인 「현기증
L'étourdit」에 대해 그들 각자가 내놓은 논평들을 엮은 것이다. 책 이름("성
적 관계는 없다")이 그렇게 선택된 이유는, 단지 그들이 이 라캉의 주장
과 성구분 공식에서 관건인 것을 논의해서일 뿐만 아니라, 그들이 각각
자신의 논의가 이런 주장, 즉 철학적이고 체화된 수행의 무대화라고 생
각했기 때문이다. 둘이서 쓴 서문을 보자:

　한 여성과 한 남성이 행한 (이 언급이 중요하다) 이 두 연구, 읽기, 혹은 파열은
　이 둘에 의해 사유되는 지식에 관한 것이다. 이때 이 여성은 언어의 문제들과
　의 내밀한 관계의 관점에서 사유하며, 이 남성은 철학이 진리에 관해 말할
　수 있으려면 그런 척 해야 하는 것의 관점에서 사유한다. 그런 이유로 라캉의
　「현기증」과의 관계, 성화에 대한 현대 이론과의 관계, 언어와 무의식의 역설에

관한 관계에 있어, 그 철학자는 최소한, 다음에 올 것은 플라톤의 남성성과 소피스트의 여성성 사이의 새로운 대면, 새로운 분할/몫(partage)이라고 말하는 것이 가능해진다고 보는 것이다. (Badiou and Cassin, 2010, 9)

흠...

저 두 글을 읽으니, 우리는 실상 두 저자가 근본적인 관점과 개념적 내기wager에 있어서 갈라지고 있음에 즉각 놀라게 된다. 바바라 카생은 라캉의 **모호성/양의성**equivocity*에 대한 강조에 집중한다. 「현기증」에서 라캉의 강조점은 다음의 주장에서 가장 직접적으로 정식화되어 있다: "해석은 — 그것이 직접적이지 않다면 모호하거나 양의적이어야 할 터인데 — 여기에 구멍을 내기 위한 것이다"(Lacan, 1973, 48). 혹은 동일한 주장을 다음과 같이 좀 더 길게 말한다:

정신분석적 개입은 결코 명령조로 말하듯 이론적이거나 연상적이어서는 안 된다. 그것은 **양의적이어야** 한다. 분석적 해석은 그것이 이해되기 위해 이루어지는 것이 아니다. 그것은 파장을 낳기 위해 이루어지는 것이다. (Lacan, 1976, 32)

다른 한편, 바디우는 라캉의 다른 유명한 주장에서 시작한다. "공식화는 우리의 목적이자 이상이다"(Lacan, 1999, 119). 여기서 이루어지는 강조는 놀랍도록 다르다: 즉, 우리는 여기서 공식화의 영역, 정식, 수학소,

---

* equivocity는 반드시 2개의 의미가 한 데 묶여있는 양상을 상상할 필요는 없으나, 모호성이라는 번역어는 '의미의 불명확함'이라는 인상이 커서 번역어로 양의성을 택했다. 가령 코미디에서 볼 수 있는 펀치라인처럼 일단 그 양의적 단어가 특정 상황에서 정확하게 발화되면 대체로 누구나 그 이중적 혹은 다중적 의미를 명확하게 사후적으로 깨닫게 된다는 의미에서 그러하다. 물론 그것이 이중적일 수 있는 것은 하나는 의식적이지만 나머지는 무의식적이었던 한에서이다. 이 책에서 주판치치가 든 사례들을 보라.

매듭, 혹은 다른 위상학적 모델들의 영역에 있게 된다. 그리고 이 모든 것은 (**통과**la passe라는 임상적 실천을 포함하여) 통합적 전달, 남김없이 전달하기라는 생각에 기반하고 있다. 바디우에 따르면 이것이 함축하는 것은 절대적 **일의성**univocity이다. 수학소의 차원에 양의성은 없다. 수학소는 그저 수학소일 뿐이다.

수년 전 바디우가 처음으로, 수학 공식을 다수 사용했었던 사랑에 관한 자신의 이론을 내보였을 때, 한 저널리스트는 바디우의 접근이 풍부하고 생생한 사랑의 경험을 고려했을 때 끔찍이도 환원적이라고 생각했다. 바디우를 조롱할 생각으로, 그 기자는 바디우에게 칭찬받을 만한 훌륭한 정식을 생각해냈다. 즉 그 기자는 바디우가 한 여성과 사랑을 나눌 때 그는 아마도 여성에게 Je t'aime[당신을 사랑해]이 아니라, Je te m'athème[당신을 수학해]라고 말할 것이라는 것이다.15 아마도 성차의 견지에서 주조된 양의성 대對 공식화의 이런 문제들에 대한 바디우와 카생의 논쟁을 요약하는 흥미로운 방법은, 잘 알려진 노래*를 개작하여, 이를 그들의 Je te m'athème...moi non plus[나는 당신을 수학해...나도 아니야]라고 말하는 것일 것이다.

그러나 성적 차이 – "플라톤의 남성성과 소피스트의 여성성 사이" 혹은 일의성과 양의성 사이를 나누는– 에 관한 이러한 관점은 라캉의 관점에서 정말로 유지될 수 있는 것인가?

말할 필요도 없이, 카생과 바디우의 독해 모두 라캉에게서 전용한

---

* 그 노래의 제목은 je t'aime... moi non plus[나는 당신을 사랑해...나도 아니야]이다. 제인 버킨(Jane Birkin)과 세르주 갱스부르(Serge Gainsbourg)가 불렀으며 1969년에 발매되었다.

구절들에 기반해 있으며, 그들은 라캉 사유의 비일관성을 이런 방법으로 증명하는, 혹은 최소한 이 두 대립적 경향들 사이로 라캉이 분열되어 있음을 증명하는 것으로 보일 수도 있겠다: 즉, 거의 말이 없는 공식화라는 방식, 그리고 신비하게 들리는 공식들에 대한 미로이자 언어유희나 말장난 같은 충분히 말이 많은 방식. 그렇다. 라캉에게서 둘 모두를 발견할 수 있다.

그러나 라캉 이론의 맥락에서 양의성과 공식화 (일의성) 사이의 이런 대립 혹은 차이는 실로 오도하고 있거나 단적으로 틀린 것일 수 있다. 그것은 바디우가 진리(와 공식화)의 추구 **대**對 "언어적 전회"라는 견지에서 규정한 두 철학적 향방들 사이의 대립과 갈라짐에 기반을 두고 있는 것이다. 그러나 정신분석 이론과 실천으로부터 따라나오는 **언어**라는 바로 그 관념이 어떻게 "언어적 전회"에서 함축된 관념이 아닌지, 그리고 이 언어가 이런 종류의 대립을 고려하는 것이 아니라, 그 대립을 유지할 수 없게 만드는가를 이해하는 것이 아주 중요하다. 이것이 최소한 내가 다음에 논의할 것이기도 하다. 나는 라캉의 글에 대한 바디우와 카생의 논평들을 시작점으로 삼아서, 이 논평들의 복잡함을 공평하게 제시하거나 다루기보다, 여러모로 그 논의들을 최대한 조명하려고 한다. 우리를 이끌어줄 질문은 단적으로 다음과 같다: 라캉에게서 양의성과 공식화가 어떻게 배치되는가, 그리고 이 배치에서 진리의 위치는 무엇인가?

우선 라캉이 양의성을 위해 해석의 명령적 본성을 거부하는 인용문으로 돌아가 보자. 정신분석적 개입과 해석은 "이론적", "연상적/암시적", "지시적", "명령적"이어선 안 된다 ― 이것이 실상 무엇을 의미하는가?

3장 물질화되는 모순

우선 강조되어야 할 중요한 것은, 여기서 문제가 되는 것은 분석가가 때때로 그런 주장에서 이해하고 싶어하는, 정신분석학의 반이론적 정향 같은 것이 아니라는 점이다. 여기서 라캉이 비판하는 것은 정신분석 이론이 아니라, 이론을 잘못된 지점, 혹은 잘못된 방법으로 가져오는 **실천**이다. 이에 관해 무엇이 문제인지 매우 분명히 언급하고 있는 라캉의 말을 직접 들어보자.

> 만일 정신분석의 주된 규칙이 있다면, 그것은 심지어 분석적 범주들의 이름하에 있더라도 우리[분석가]가 장황한 소리를 하지 말아야 한다는 것이다. 거친 정신분석이어선 안 된다. 즉 오직 분석가(analyst)에게만 이해되는 말을 사용해서는 안 된다. 나는 나의 분석자(analysand)들로부터 모든 것을 배웠다. 말하자면 내가 정신분석이 무엇에 관한 것인지 배운 것은 바로 그들로부터인 것이다. 나는 나의 개입을 분석자들로부터 빌려오는 것이지, 나의 가르침으로부터 빌려오는 것이 아니다. 어떤 것이 의미하는 바를 분석자들 자신이 정확히 알고 있음을 내가 아는 경우를 제외하고서는 말이다. 나는 "단어"라는 단어를 "기표"라는 단어로 대체했다. 그리고 이것이 의미하는 바, 기표는 스스로를 양의성, 몇 개의 가능한 의미들에 내맡긴다. 그리고 만일 우리가 우리의 단어들 —분석자에게 출몰하는 말들— 을 잘만 선택한다면, 우리는 잘 작동하게 될 엄선된 기표를 발견하게 될 것이다. (Lacan, 1976, 34)

라캉이 "나는 내 분석자들로부터 모든 것을 배운다", "나는 나의 개입들을 분석자들로부터 빌려온다"라고 말하는 것은 (가식적이든 진정한 것이든) 겸손에서 나오는 것이 아니다. 오히려 이것은 조심스럽게 고려된 절차이자 방법이다. 사실상 이것은 헤겔이 『정신현상학』의 서문에서 사물들의 차이를 만들고 재단하며 목표와 결과들에만 관심있는 (철학적) 행위의 종류에 대해 경고하는 것을 상기시킨다. 헤겔에 의하면, 사물에 연루되는 대신에 하는, 이런 종류의 행위는 항상-이미 사물 너머에 있다. 사물과 함께 머무는 대신, 그리고 사물에 사로잡히는 대신, 이런 종류의 지식화 하기는 본질적으로 [사물이 아닌] 스스로에게 사로잡혀 있다 (Hegel, 1977, 3). 방법에 관한 이런 문제들에서 보여지는 "실천하는 분석가"인 라캉과 "사변적인 철학자"인 헤겔의 근접성은 이론 대對 실천, 철학 대 반철학, 혹은 특이성 대 보편성이라는 견지에서 성급한 결론들이 나오는 것을 방지하는 데 충분할 것이다.

정신분석가는 주어진 구체적 사례의 증상들에 적용할 자신의 전문기술로 환자를 다루는 전문가가 아니다. 우리가 사물에 있는 (무의식적 구조 속에 있는) 어떤 것을 전환시키고자 한다면, 그 어떤 것이 말하게 해야 한다. 왜냐하면 그것만이 결국 사물들을 **종국에는 "작동시키고"**, 변화시키는 그 **단어/말을** 생각해내고 생산할 것이기 때문이다. 그러나 우리는 – 이 경우 분석가는– 물론 "정확한 단어"를 인식할 수 있어야 한다. 그리고 이것은 실천적 (임상적) 태도일 뿐만 아니라 이론적 태도이기도 하다.

우리의 주요 문제로 돌아가자. 양의적인 것에 대한 이런 강조는 또한 라캉이 그의 저작에서 매우 자주 나타나는 공식화의 이상에 대한 분명한 언급들과 관련하여 무엇을 함축하는가?

답은 너무 단순해서 놀랄 것이다: 가령 양의적인 펀치라인이 농담에서 기능하는 방식뿐만 아니라, 'Je te m'athème"의 사례에서 이미 분명하듯이, 양의성 그 자체는 **직접적으로** 공식으로서 기능할 수 있다는 것이다. 농담의 경우, 양의성을 가지고 놀고 모호성의 도움으로 다른 의미를 끌어오는 것은 의미를 상대화하는 결과를 낳는 것이 아니다. 오히려 그것은 우리가 매우 정확한 단 하나의 지점을 얻기 위해 고안되는 것이다. 여기서 나의 코미디에 관한 책에서 사용했던 농담을 반복해보고자 한다. 이 농담이 반복할 가치가 있는 이유는, 이런 지점을 완벽하게 실증해줄 뿐만 아니라 우리가 이 점을 재배치하고, 나아가 분석적 개입의 사례로 더 진전시켜 사용할 수 있기 때문이다.

> 한 남자가 힘든 하루를 마치고 집으로 돌아와서, TV 앞 소파에 몸을 던진다. 그리고는 부인에게 말한다. "시작하기 전에 맥주 한 캔만 줘."
> 부인은 한숨 쉬며 그에게 맥주를 가져다준다. 15분 후 그는 또 말한다. "시작하기 전에 맥주 하나 더 갖다 줘." 그녀는 화가 났지만, 하나 더 가져와서 그 옆에 내동댕이쳤다. 그는 그 맥주를 다 마시고는 몇 분 후에 말한다. "지금 빨리, 맥주 하나 더 갖다 줘. 곧 시작할 것 같단 말야." 부인은 너무 화가 났다.
> 그녀는 소리를 지르며 말하길, "이게 오늘 밤 당신이 할 짓의 전부야? 맥주나 마시고, TV 앞에나 앉아 있고? 당신은 그저 게으르고 취한, 게으름뱅이 뚱보야. 게다가..."
> 남자는 한숨을 쉬며 말한다. "이제 시작했네..."

이 마지막 펀치라인은 양의적이다. 그러나 그것이 전달하는 지점은 모호하지 않다. 이런 종류의 양의적인 펀치라인은 가능한 의미의 다수성을 열어젖히는 것이 아니다. 오히려 그것은 이런 다수성을 유발하고 이용하여 효과적으로 **특이한 지점**(혹은 교착)을 짚어내어 전달한다. 그리고 그것을 가장 경제적인 방법으로 전달하는 것은 완전하고 철저하게 그것을 묘사함으로써 그러는 것이 아니라, 그것을 직접적으로 명명함으로써 그리한다. 다시 말해, 정확히 그것은 어느 정도 정식처럼 기능한다. 물론 그런 "정식들"이 "보편적으로 전달가능"한 것은 오직 우리가 그런 것들을 "구성하는" 언어를 말하는 경우에만 그러하다는 것은 사실이다. 수학 공식과 달리 그런 정식들은 생생한 언어들에, 그 언어들을 말하는 사람들에 의존한다. 그러나 이것은 한계가 아니라, 정확히 이러한 양의성들이 공식으로서 작동하도록, 아주 간단하고 정확하게 작동하도록 하는 것이다: "파장을 낳는 것" "구멍을 내는 것" – 그것들이 공식화하는 현실에 영향을 주어 결과들을 낳는 것 말이다.

우리가 분석으로 "가져오는" 증상이란 무엇인가? 증상은 항상 어떤 모순이나 교착에 대한 하나의 주관적 **해결**이다. 그리고 보통은 우리의 삶을 아주 복잡하게 하는 것이 어떤 해결이다. 왜냐하면 그것은 일정 정도의 고통이 따르기 때문이다. 그러나 그것은 하나의 해결이며 심각한 주관적 집중상태와 관계된다. 분석 작업은 증상에 의해 "해결"되는 모순을 밖으로 나오게 하는 데 있다. 그 증상을 해결의 대상인 특이한 모순과 관계시키면서 말이다. 정신분석은 모순을 해결하지 않는다. 오히려 정신분석은 (증상에 의해 주어진) 해결을 해결한다. 정신분석은 그 증상이 의미작용들의 **빽빽한** 망을 설치했던 바로 그 장소인 **구멍을 만든다**. 그리고 주체는, 직접적으로 그 주체 안에 포함된, 이런 모순의 부분으로서 자신을 "재구성"한다. (분명히 하자면, 이것은 여기에서 우리가 일반적이거나 공통적인 것과 반대되는 특수한/개별적인 수준에 있다는 것을 의미하는 것이 아니다. 개인에게 영향을 미치는 모순은 **본질적으로** 사회적이다 ─ 타자들, 그리고 타자들에 대한 우리의 관계뿐만 아니라 더욱 일반적 수준의 사회적 관계들까지도, 그 안에 이미 포함되어 있다.)

정확하고 (양의적인) 단어는 "구멍을 낸다." 왜냐하면 그 단어는 증상적 방법으로 서로 다른 의미들을 함께 붙잡는 ("붙이는") 향유를 반복하고 명명하기 때문이다. 그것이 이런 다른 의미들의 사용에 의해 공유되고 반복되고 모호하게 되는, 부정성(모순)을 끌어낸다. 또한 부정성 혹은 모순의 장소에서 출현하는 (그리고 이런 서로 다른 의미들을 연합/연상하는) 향유(잉여 흥분)를 망치고/해소시키면서dissolve 끌어내기도 한다. 정확한 단어는 그것이 의미하는 것 때문에 정확한 단어인 것이 아니라, 그것이 성취하는 것 때문에 정확한 단어인 것이다.

그러므로 여기서 관건은 양의성과 일의성 사이의 관계(혹은 대립)의 견지에서 가장 잘 무대화되는 것이 아니다. 라캉이 스스로 주장하듯, 일의성은 오히려 동물적 언어 상징물의 특성이다.

의사소통의 **외관**(semblant)인 언어에 (가장 표준적으로) 나타나고·존재하는 모든 것은 항상 꿈, 실수, 농담이다. 이런 것들은 동물 언어의 많은 지점들에서 상상되고 확인되는 것과는 아무 상관이 없다. 동물언어에서의 실재(the real)는 일의적 의사소통으로부터 한참 뒤떨어진 것이 아니다. 동물들도 마찬가지로 그 모델을 우리에게 알려주면서 일의적 의사소통으로 우리를 자기들의 돌고래로 조련할 것이다. 즉 그 안에 코드실행 자체의 기능이 있다... 심지어는, [동물들은] 어떤 생존에 필요한 행동들이 우리의 것과 모든 측면에서 유사한 상징들로 자기들을 조직한다(철새 이동, 종종 싸움만큼 호색적인 퍼레이드의 상징, 일별의 시그널, 영역 표시의 질서에서 주인기표의 지위에 하나의 목적을 세우는 것). 그러나 이러한 상징들은 결코 모호하지 않다. (Lacan, 1973, 47)

다른 한편, 양의성은, 공식화가 동물들에게서도 기능하는 것 같은 상징들이나 코드들과 혼동되지 않아야 하는 한에서, 공식화의 바로 그 내재적인 조건이다. 정신분석에서 공식화는 이런 저런 내용에 대한, ("정확한 의미로서") 이런 저런 의미에 대한 공식화가 아니다. 그것은 바로 그 교착/"구멍"에 대한 공식화이며, 이 공식화를 통해 (그리고 오직 이 공식화를 통해서만) 이런 의미들이 기존의 배치 내에 함께 묶여서 존재하게 된다. 자유 연상은 연합된 의미들의 더미를 생산한다. 그리고 정확한 단어는 이런 연상의 뒤틀린 논리를 푸는 열쇠이다. 그런데 우리가 맞는 열쇠를 갖고 있음을 어떻게 아는가? 그것이 작동하기 때문에 ― 그것이 **분리**disassociation의 방향으로 작동하기 때문에 우리는 알 수 있다. 정신분석에서의 열쇠는 해석학 또한 중요하긴 하지만 단순히 해석적 열쇠는 아니다.

슬라보예 지젝이 프로이트의 꿈 이론과 "꿈은 오직 사유의 특수한 **형식**이다"라는 그의 테제와 관련해서 이를 정식화한 바 있다(Freud, 1988, 650).

꿈은 생리적 과정에 의해 일어나는 단순하고 의미없는 혼돈이자 무질서로 보일 것이고, 그 자체로 의미작용과 하등 상관없는 외양일텐데, 먼저 우리는 그 외양을 분석해야 한다. 다시 말해, 우리는 **해석학적**(hermeneutical) 접근을 향한 중요한 한 걸음을 내딛어야 하며, 꿈을 의미있는 현상으로, 즉 해석적

(interpretative) 절차에 의해 발견되어야 할 억압된 메시지를 전달하는 어떤 것으로, 생각해야 한다.

그런 뒤, 우리는 이 의미작용의 핵심에, 꿈의 "숨겨진 의미"에 있는 – 말하자면 꿈의 형식 뒤에 가려진 내용 속에 있는– 매혹을 제거해야 한다. 그리고 이 형식 자체로, 즉 "잠재적 꿈-사고들"이 나타나는 꿈-작업으로 주의를 집중해야 한다. (Žižek, 1989, 14)

무의식적 욕망은 숨겨진 메시지의 내용이 아니다. 그것은 잠재된 사고들이 꿈속에서 얻게 되는 형식의 능동적인 기획자이다.

이 때문에 정신분석에서의 열쇠는 숨겨진 의미에 대한 열쇠가 아니라, 이 형식 자체를 "**드러내는**unlock" 열쇠(숨겨진 의미를 구성하기 위해 연합되었던 것을 분리하는 열쇠)인 것이다. 그리고 이것이 "정확한 단어"가 하는 일이다.

우리는 실제로 "이제 시작했네..."라는 농담을 정신분석적 개입을 구성하는 어떤 것으로서 재배치할 수 있다. 환자는 퇴근하고 집으로 와서, 그가 그저 원한 것은 소파에 누워 맥주를 마시고 자신이 좋아하는 텔레비전 쇼를 보는 것이었다고, 반복적으로 자신의 분석가에게 불평을 늘어놓는다. 그는 자신이 그 TV 쇼 시작 전에 맥주 몇 병을 마시는 것을 너무 좋아하고, 그래서 부인에게 그저 **그것이 시작하기 전에** 맥주 한두 병만 가져다 달라고 요구하는 습관을 가지게 된 것이라고 반복적으로 주장한다. 그리고는 자기 부인이 그에게 폭발해서 모욕적으로 소리치기 시작한다고 그는 마지못해 불평한다. – "그리고 그렇게 시작하는 군요" 라고 분석가는 개입한다. 이런 개입에서 중요한 것은, 남편의 반복적인 언사인 "그것이 시작하기 전에" 뒤에 숨겨진 참된 의미가 흔한 집안싸움의 참조점이라는 것, 뿐만 아니라 그것이 [역자 주: 내용이 아니라] 그 형식 자체로 초점을 전환한다는 점이다. 즉, 이런 전체적 무대화(자신의 부인과 함께 상연되는 전체 장면)는 **남편이 가장 좋아하는 쇼이다.** 이 지점은 남편이 그가 정말로 무슨 말을 하고 있는 지를 이해하도록 만들어진 것일 뿐만 아니라, 그에게 있어 집안싸움에 투자되는 증상적 향유나 그런 향유에 대한 기대를 망치기 위해 만들어진 것이다. 이런 정확한 의미에서 우리가 말할 수 있는 것은, 그 증상의 **형식**(무의식의 구체적인 작업)은 이런 개입에 의해 "풀리고/드러난다unlock"는 것이다.

그러므로 정신분석의 열쇠는 정확히 "진리가 실재적인 것the real을 붙잡고 있는" 지점에 적합하다고 설명될 수 있을 것이다. 라캉이 『텔레비전』에서 한 말을 사용하자면, "나는 항상 진리에 대해 말한다. 그런데 그 진리는 전체의 진리가 아니다. 왜냐하면 그 진리 모두를 말할 방법은 없기 때문이다. 그것 모두를 말하는 것은 실질적으로 불가능하다. 왜냐하면 단어들은 실패하기 때문이다. 그러나 진리가 실재적인 것을 붙잡고 있는 것은 바로 이런 불가능성을 통해서이다"(Lacan 1990, 3). 그리고 "진리가 실재적인 것을 붙잡고 있는" 이 지점이 정확하게 공식화에 연루되어있는 지점이다. 공식화는 실재에 관한 진리가 아니라, (진리의 차원을 지탱하고 있는) 발화가 실재와 얽혀있는 지점에 관한 것이다.

여기에서 우리는 라캉과 바디우의 차이의 핵심에 도달하게 된다. 바디우가 보았듯이, 라캉을 반철학자(혹은 소피스트)로 만드는 것은 우리가 **실재에 관해** 말할 수 없다는, (그리고 실재에 **관한** 진리는 존재하지 않는다는),16 그리고 실재는 메타언어를 고려하지 않는다는 라캉의 주장이다. 그러나 지금까지 말한 것에 근거하여, 우리는 이미 라캉과 이런 주장에 관한 비트겐슈타인의 판본을 구분하는 중요한 차이를 알 수 있다. 즉 우리는 실재에 관해 말할 수 없다. 왜냐하면 발화는 **실재와 너무 밀접하기** 때문에, 그러니까 발화는 결코 실재를 완전히 벗어날 수 없고 그것을 붙잡고 있기 때문이다. 이러한 이유로, 비트겐슈타인에게서 볼 수 있는 불가능한 것의 금지(비트겐슈타인의 『논리철학논고』의 유명한 구절인 "그러므로 우리는 말할 수 없는 것에 대해서는 침묵해야 한다.") 대신에, 우리는 라캉에게서 이중 전도를 얻게 된다: 계속 말하라, 그것이 **무엇이든 간에**, 약간의 운과 (분석가로부터) 도움으로 우리는 곧 실재에 발이 걸릴 것이다. 그리고는 그것을 공식화/형식화 (쓰기) 하게 될 것이다. 실재는 우리가 말할 수 있는 어떤 영역이나 실체가 아니다. 그것은 말하자면 혀를 꼬이게 만드는 발화의 내재적 모순이다. 그리고 정확히 이것이 **진리가 존재하는 이유이며**, 동시에 진리 전체를 말할 수 없는 이유인 것이다.

> … 우리는 근본적 위치로서의 진리를 말하고 있음을 받아들일 필요가 있다. 우리가 설사 진리 전체를 알지 못한다 하더라도 말이다. 진리를 반쯤 말하는 것만 가능하다는 사실로 나는 진리를 규정하고 있는 것이다. (Lacan, 2011, 173)

1972년의 글에서 인용한 이 구절은 진리가 "후기" 라캉에서도 중심적 범주로 남아 있다는 사실을 증명하고 있다. 이전에 내가 지적한대로,

진리가 **실재**를 붙잡고 있는 것은 오직 진리 전체를 말하는 것이 불가능하다는 것을 통해서이다. 역설은 이런 불가능성에 대한 또 다른 지표이다. 즉 역설은 언어가 (언어가 **그에 대해** 말하려고 하는) 실재와 깔끔하게 분리될 수 없음을 가리키는 것이다. 그리고 진리의 **장소/위치**는 발화가 분명하게 말하려고 하는 그 **실재** 속으로 "미끄러지고" "빠지는lapse" 지점이다. 단순히 이 **실재**가 오직 담론의 한계로서만 "느껴질" (경험되거나 "근거없이 주장될") 수 있는 것만이 아니다. 실재를 공식화하는 것은 가능하다. 그리고 이것이 라캉의 수학소에 관한 모든 것이다. 수학소는 단순히 어떤 현실의 공식화가 아니다. 오히려, ─ 라캉 자신이 주장하듯이 ─ 그것은 **공식화의 교착에 대한 공식화**이다.

그러므로 중요하게 지적되어야 하는 바, 라캉에게 있어서 흥미로운 것은 단순히 **공식화 그 자체가** 아니다. 흥미로운 것은 공식화가 생산하고 있는 교착들(역설들)이다 ─ 그 자체로 "공식화될" 수 있는 공식화 자체의 **불가능성**의 지점들인 것이다. 그리고 정확히 이런 이유로 논리(와 특히 현대 수리논리학)는 그에게 아주 중요한 것이 된다. 왜냐하면 논리가 이런 이중적 움직임을 가능하게 만들기 때문이다.

> 논리학에 관한 이런 검토는 단순히 **실재**를 파악함에 있어 발화에 한계를 설정하는 것에 대해 심문하는 것만이 아니다. **실재**에 다가가려는 이런 노력의 바로 그 구조 속에서, 그리고 이런 구조를 다루는 데에서, 후자는 발화를 규정했던 **실재**의 그것을 보여주려는 것이다. (Lacan, 2011, 20)

이보다 더 정확하게 말하기는 힘들 것 같다. 즉, **실재**를 분명하게 말하려는/분절하려는 그 구조는 자신이 공식화하려는 그 **실재**에 의해 규정된다. 그러나 바로 이런 규정은, 결코 구조를 경유하여 **실재**에 접근하려는 모든 노력을 미리 불신하게 만들지 않고, 정확히 그것들을 신뢰할 수 있는 것으로 만드는 것이다. 실재론에 대한 정신분석적 주장에 궁극적으로 기초를 놓을 (혹은 정당화 할) 수 있는 것이 바로 이 규정인 것이다.17 실재론의 토대놓기는 오직 구조 자체 위에서 구조의 특정 접힘folding으로부터만, 그리고 이 접힘에 대한 특이한 관점("삐딱하게 보기looking awry")로부터만 일어날 수 있다. 정신분석은 이 특이한 관점을 끌어들이는 것이다.

이것의 바로 그 시초에서부터, 논리는 역설을 분절함으로써 앞으로 나아간다. 라캉은 「현기증」에서 우리에게 이것을 상기시켜주고 있는 것이다: "나는 소크라테스 이전에 시작되거나 우리의 전통과 다른 곳에서 시작된 어떤 논리적 전개도 역설의 핵에서가 아니라면 진행된 적이 없음을 다만 상기하려 한다"(Lacan, 1973, 49). 그러나 라캉은 이런 역설들을, 합리주의의 노력의 한계로서, 그리고 실재가 담론에 어떻게 접근불가능한지에 관한 증거로서, 혹은 진리 개념의 쓸모없음과 임의적임의 증거로서 간주하는 것이 아니다. 반대로, 그는 그런 역설들을 합리성이 뿌리박을 수 있는 것으로서, 담론적인 것과 실재 사이의 환원불가능한 연결을 증거하는 것으로서, 그리고 근본적인 위치로서의 진리의 공간을 홀로 열어젖히는 것으로서 간주하고 있는 것이다.

정신분석은 또한 단순히 이런 역설들을 해결함으로 이뤄진 과학적 발전의 "편을 들어서" 그러는 것이 아니다. 역설들에 대한 특이한 관점을 생산함으로써 과학적 발전에 동반되는 것이다. 즉 정신분석은 이런 발전을 필연적으로 만드는 것을 공식화하고, 공식화의 교착을 공식화하는 것이다. 이런 이유로 "분석적 담론은 과학적 담론이 아니다. 과학은 이 담론에 재료를 제공하는 것이며, 그것은 꽤 다른 어떤 것이다"(Lacan, 2011, 141).

단순히 과학적 공식화만이 아닌, 공식화에 관한 라캉의 관념의 특수성은, 또한 우리가 때때로 접하는 그의 방법론을 비판하는 것에 대한 대응에서 지적되어야 한다. 즉 공식화가 사실상 다른 방법으로는 (더 잘) 말해질 수 없는 무언가를 쓰는 것이라면, 이런 공식과 도식에 대한 최종 설명들은 완전히 오도하고 있는 것인가? 만일 공식으로 "말해진" 어떤 것이 남김없이 말로 표현되고, 간단한 글로 풀어 쓸 수 있다면, 왜 공식을 사용하겠는가? 그러나 만일 이렇게 하는 것이 가능하지 않다고 하면, 공식들을 글로 만드는 모든 "번역들"은 개념적으로 말하자면, 돌이킬 수 없는 상실을 도입하게 될 것이다.

양의성과 공식화 사이의 관계에서처럼, 그 답은 우리가 공식들과 말표현을 대립시키지 말아야 한다는 것이다. 라캉은 일상 발화의 모호성들을 피하고 오직 가능한 하나의 의미가 존재한다는 것을 확인하기 위해서 공식화에 의지한 것이 아니다. 말표현이 그 말을 발생시키는 부정성과 내재적으로 분리 불가능한 한에서, 그는 공식들을 말표현의 바로 그 논리(및 변증법)과 관련된 것으로 간주하고 있는 것이다. 그런 이유로 우리는 말표현의 교착에 대한 공식화에 의해서 만큼이나, 공식화된 것에 대한 말표현에 의해 많은 것을 (심지어 더 많이) 얻을 수 있는 것이다.

라캉이 자신의 마지막 세미나에서 어떻게 말하기를 거의 멈췄었는지
— 대신에 그는 자신의 유명한 매듭들을 작업하고, 단순히 그 매듭들을
청중들에게 던져놓는다 — 에 대해 돌고 있는 전설적인 이야기들이 있다.
이것은 실로 말에 대한 모든 자신감을 상실하고 "더 고상하고" 더 믿을
만한 의사소통 수단을 선택했던 현명한 남자의 이미지를 전달한다. 혹은
장 끌로드 밀너Jean-Claude Milner가 주장하듯,**18** 그것은 언어를 파괴하는
수단으로 위상학에 기대는 한 남자의 이미지를 전달하고 있다. 그러나
이 두 이미지들은 다음의 분명한 진술, 라캉 후기 작업의 레퍼토리에
속하는 이 진술과 상충된다(1975): "나는 이 매듭들이 비-언어적이라서
사용하는 것이 아닙니다. 반대로 나는 이것들을 말로 표현하려고 하는
것입니다"(Lacan, 1976, 35). 이런 참된 말표현은 그 자체로 언어의 파괴로,
혹은 언어 파괴의 수단으로 보여질 수도 있다. — 혹은 근본적으로 다른
종류의 언어로 가는 경로로서 보여질 수도 있다. 라캉 후기의 조이스에
대한 오마주는 이런 방향으로 가는 것처럼 보일 수도 있을 것이다. 그러
나 나는 조이스보다도 베케트가 더욱 매력적이고 더욱 라캉적 작가라고
보는, (바디우에서 시작해서) 나의 많은 동료들의 신념을 공유하고 있다.
우리는 조이스를 읽기보다는 베케트를 읽으면서, "매듭을 말로 표현하
기"가 무엇에 이르게 되는지에 대한 훨씬 좋은 생각을 얻을 수 있다.
또한 어떻게 언어 안에 "구멍 내기"가 양의성과 관련하는지에 대한 좋은
생각도 마찬가지로 말이다. 베케트가 자신의 모국어 대신 프랑스어로 쓰
기로 결정한 것에 대한 논평에서, 믈라덴 돌라르는 다음과 같이 말했다.

깨달음 이후 나온 최초의 결정은 프랑스어로 쓰는 것이었고, 그렇게 해서 "영국 아일랜드의 생생함과 자동성(automatism)"을 벗어나는 것이었다. 그러나 이는 훨씬 많은 것과 관련한다. 그것은 외견상 자기-표현과 문화유산의 본성적 본거지, 자연스럽고 아늑한 영역인 모국어, 즉 어머니의 혀의 촉수들을 벗어나는 것이었다. 모국어는 동지가 아니라 적이다. 그러나 이것은 더 확장된 주장으로 이끌 뿐이다. 통달하지 못한 언어로 쓴다는 것은, 우리가 한 언어에 결코 통달하지 못한다는 사실의 결과일 뿐이므로, 모국어, 궁극적으로 언어 그 자체는 그저 문학이 해야 하는 것에 반하는 은신처이다. 그가 악셀 카운 (Axel Kaun)에게 보내는 편지에 말했던 유명한 구절처럼, **언어에 구멍을 내는 것 말이다.[19]**

우리가 봐왔듯이, 베케트의 공식화인 "언어에 구멍 내기"는 실상 라캉 (의 후기 작업)에서, 그리고 그 작업과 더불어 강하게 공명한다. 또한 그것은 바로 양의성의 문제와 연결된다: 돌라르는 베케트가 멋진 언어 유희로 어떻게 말했었는지 상기시켜준다: "En français on est si mal armé": 우리는 외국인으로서 프랑스어로 잘못 장착되어 있으나, 심지어 가장 단순한 표현 뒤에는 말라르메가 숨어있다.

이것은 실상 공식으로 기능하는 모호성의 완벽한 사례라고 할 수 있다. 심지어 이것은 **양의성과 공식화의 바로 그 분리불가능성의 공식**으로 간주될 수도 있을 것이다. 이 베케트적 언어유희는 또한 정확히 라캉이 사용하고 실천하는 그런 류이기도 하다. 왜냐하면 거기에는 언어유희들과 언어유희들이 있고, 그것들을 "사용하는" 다양한 방식들이 있기 때문이다. 라캉은 언어유희들을 "공식들"로서 사용하는 경향이 있다. 그리고 그와 베케트의 언어유희 사용 사이에는 사실상 아주 흥미로운 근접성이 존재한다.

내가 앞에서 보였듯이, 정신분석은 모순을 해소resolve하지 않는다. 오히려 모순의 (증상적) 해결을 해소한다. 그렇다면 이제 이것이 단순히 정신분석의 일종의 실천적 핵심인지 아닌지 물을 때가 되었다. 즉, 환원 불가능한 근본적인 구조적 불가능성 혹은 모순이 존재하는가? 우리가 다만 할 수 있는 것은 그것을 그 자체로 선을 긋거나 인식하는 것, 그리고 그것을 받아들이는 것인가? 그 모순이 비밀스럽게 우리의 병리적 환상에 자양분을 제공하는 것을 막기 위해서? 이것은 사실상 정신분석의 특정한 ("리버럴한") 이해에 있어서 핵심이다. 그러나 나는 우리가 이런 관점을 지지해야 한다고 생각하지 않는다. 아니 오히려, 아니다, 이것은 핵심이 아니라고 주장해야 한다고 생각한다. 반대로, 정신분석의 실천적 핵심은 모순을 받아들이는 등의 문제가 아니라, **모순 안에서 자신의 자리를 차지하는 것**에 관한 것이다. 이것이 "진리의 위치"가 이르러야 할 곳이라고 이해될 수 있는 것이다. (그리고 우리는 분석에서 공식화는 우리의 위치에 있는 하나의 전환과 관련함을 잊지 말아야 할 것이다. 그렇지 않으면 그것은 작동하지 않을 것이고, 라캉이 말하듯 "정확한 공식화"가 아닐 것이다.) 그러나 이런 관점의 전환은 표면에서 토대(토대로서의 모순)를 향해 가는 운동에서 일어나는 것이 아니다. 오히려, 토대가 표면 자체의 분열로서 **나타난다**(일어난다/자리를 차지한다). 다시 말해, 근본적인 모순은 그것과 연루된 항들에 내속되어 나타난다. 가령 이것은 정확히 라캉의 성 공식이 우리에게 사유하도록 부추기는 것이기도 하다: 그 모순은 "대립적인" 성들 사이의 모순이 아니다. 그것은 둘 모두를 내부에서부터 "빗금치며", 둘 모두에게 내속되어 있는 모순인 것이다.

내가 "근본적인 모순"에 대해 말할 때, 나는 사태들의 토대 속에 깊게 묻혀 있어서 거기에서부터 영향을 미치는 어떤 모순을 가리키고 있는 것이 아니다. 모순이 "근본적"이라는 것은 그것이 끈질기고 반복적이라는 의미에서, ―그러나 항상 구체적인 상황 속에서, 그러니까 사태들의 표면 위와 지금 현재에서 끈질기고 반복적이라는 의미에서 그러하다. 우리가 "근본적인 모순"과 작업한다는 것은, 바로 이런 구체적 상황 내에 있는 모순과 대결함을 통해서 그러는 것이다.

모순은 우리가 단순히 받아들여야 하거나 "임시변통으로 때워야 하는" 어떤 것이 아니다. 모순은 이런 모순에 의해 좌우되는 바로 그 논리로부터 해방되는 원천이 될 수 있고, 또 그렇게 "사용될" 수 있다. 이것이 분석이 이상적으로 이끄는 지점이다. 즉, 모순이 단순히 사라지지는 않을 것이지만, 다만 그것이 우리의 현실을 구조화하는 담론 안에서 기능하는 방식은 근본적으로 변할 것이다. 그리고 이것은 우리가 충분히 능동적으로 **모순에 개입하는**, 모순 속에서 우리 자리를 취하는 것의 결과로서 일어나는 것이다.

4장

객체 - 탈지향 존재론

정신분석의 실재론

최근 많은 철학 논의가 어떤 식으로든 실재론의 문제를 다시 화려하게 등장시켰음이 분명하다. 실재론은 퀑탱 메이야수Quentin Meillassoux의『유한성 이후』(2006)로 촉발되었고, 이어 꽤 다르지만 더욱 광범위한 "사변적 실재론" 운동이 그 뒤를 이었다. 또한 우리는 실재론의 반대편에 있는 것(전통적 유명론을 대체한 "상관주의")뿐만 아니라 새로운 개념과 정의로 무장한 강력한 실재론 문제의 부활을 목도하고 있다. "실재론적 존재론들"은 따라가기 힘들 만큼 빠르게 생겨나고 있다. 그리하여 우리는 실재 개념이 라캉 이론의 중심 개념이라는 점을 고려하여, 이러한 실재론의 가속화 현상을, 라캉의 정신분석이론의 개념적 장이 이 논쟁과 연관성이 있는지 – 있다면 그것은 어떠한지 – 에 대한 문제를 제기할 수 있는 기회로 볼 수 있다.

이 논의의 범위를 전반적으로 빨리 파악하기 위해 메이야수의 기본 논점을 아주 간단히 요약해보자. 그의 논점은 칸트와 함께 시작된 후기 데카르트 철학이 어떻게 사유의 상관성 바깥에 있는 존재에 대한 접근 가능성을 거부하거나 박탈했는지를 보여주는 데 있다. [후기 데카르트 철학에서] 우리는 주체와 분리되어있는 객체 자체를 결코 다루지 않는다. 또한 항상-이미 객체와 관계 맺지 않는 주체란 존재하지 않는다. 그러므로 관계는 어떤 객체나 주체보다 선행한다. 즉, 관계는 그것이 관계 맺는 항들보다 선행한다. 그리하여 관계 그 자체가 철학적 탐구의 주요 대상이 된다. 모든 현대 (후기 데카르트) 철학은 상관성 철학의

변종들이다. 메이야수가 말하기를,

일반적으로 말해, 현대 철학자들의 "투-스탭"은 관계가 관계된 항들보다 우위
에 있다는 믿음에 있다. 이 믿음은 상호관계의 구성적 힘에 대한 믿음이다.
"공(共, co)-"(공-소여co-givenness, 상관-관계co-relation, 공-근원성co-originary,
공-현전co-presence 등의 그 "공")은 현대 철학의 참된 "화학 공식"을 지배하는
불변화사이다. 그리하여 우리는 칸트 이전까지는 철학의 주요 문제 중 하나가
실체를 사유하는 것이었으나, 칸트 이후로 그 문제는 줄곧 그 상관을 사유하려
는 노력에 있었다고 말할 수 있다. 초월철학의 도래 이전에는 경쟁하는 철학자
들을 결정적으로 구분하는 질문들 중 하나가 "누가 실체의 참된 본질을 파악
하는가? 이데아를 사유하는 자? 개별자, 원자, 신을 사유하는 자? 신이라면
어떤 신을 사유하는 자인가?"였다. 그러나 칸트 이후로, 무엇이 경쟁하는 철학
자를 구분하는지를 밝혀내는 것은, 더 이상 실체성의 참된 본질을 누가 파악했
는지 묻는 것이 아니라, 상관성의 참된 본질을 누가 파악했는지 묻는 것이다.
그는 주-객의 상관성을 사유한 자인가? 노에시스-노에마의 상관성인가? 아니
면 언어-지시체의 상관성인가? (Meillassoux, 2008, 5-6)

메이야수에 의하면, 이러한 입장의 부적절함은 "선조적 진술"이나 "원-
화석"에 대면했을 때 드러난다. 즉, 생명과 의식의 출현 이전에 발생한
사건들에 관해, 오늘날 실험 과학이 생산한 진술들을 대면할 때 말이다.
(가령, "지구는 45억 6천만 년 전에 탄생했다" 같은.) 이러한 진술은 상관
주의자에게 단순하지만 풀 수 없는 문제를 제기한다. 말하자면, 분명히
사유와 심지어 생명의 출현 이전에 존재했다고 상정되는 세계, 즉 인간
이 세계와 맺고 있는 관계의 모든 형식 이전에 존재한다고 상정되는

세계, 그런 세계에 대한 증거와 관련한 과학적 진술의 의미를 어떻게 파악해야 한다는 말인가? 상관주의적 관점에서 이런 진술들은 엄밀히 말해 무의미하다.

메이야수 책이 지닌 큰 장점 중 하나는 철학과 과학의 관계에 대한 질문이 아니라 **철학과 과학이 같은 세계에 관해 말하고 있는가**라는 질문을 다시 열어젖힌 것에 있다. 알랭 바디우는 최근 정치의 맥락에서 유사한 질문을 제기했다. 아니 그 질문에 대해 답을 했다는 편이 더 맞겠다. "오직 하나의 세계가 있다." 그러나 이 질문은 또한 인식론 혹은 과학이 존재론과 맺고 있는 관계에 관한 문제에도 적절하다. 사실 과학과 철학은 현재 평행을 이루는 각각의 세계에서 한동안 발전해온 것처럼 보인다 : 즉, 하나는 주체와의 관계와는 독립적으로 **실재** 자체에 대해 말하는 것이 가능한 세계이며, 다른 하나는 이런 종류의 담론은 무의미한 세계이다. 따라서 "오직 하나의 세계가 있다"는 공리를 이 상황에 적용하면 우리는 무엇을 얻게 되는 것인가? 과학 자신의 담론을 반영하지 못한다고 – 철학적 입장에서– 과학을 비판하는 평범한 경로를 택하는 대신, 메이야수는 다른 길을 택한다 : 말하자면, 어떤 과학적 진술이 "의미의 지평"을 벗어난다는 사실은, 철학에 뭔가 잘못된 점이 있음을 보여준다는 것이다. 다시 말해, 담론적 실천으로서 자기의 생존을 보장하기 위해 (혹은 다른 수단을 통해 형이상학의 지속을 보장하기 위해) 철학이 지나치게 많은 것을, 즉 절대적 의미에서의 **실재**를 희생시켜 왔다는 것이다.

그럼에도 불구하고 이 덜 평범한 길이 동시대 철학에서는 일종의 트렌드가 되고 있음을 강조해야 할 것이다. 메이야수는 이와 같은 생각을 이론적 견지에서는 매우 다른 몇몇 저자들과 공유하고 있다. 카트린 말라부Catherine Malabou와 그녀의 철학적 유물론을 일례로 들어보자. 그녀는 『새로운 상처입은 자들』을 쓸 당시 인지과학에 기반한 새로운 주체성 이론을 발전시키고자 했다. 프로이트, 라캉의 정신분석과 격론을 벌이며 그녀는 "리비도적 무의식"에 반대한다. 그것이 항상-이미 담론적으로 매개되어 있기 때문이다. 반면 "뇌의 무의식"(뇌의 자동감응autoaffection) 이 참된 유물론적 무의식이라고 규정한다(Malabou, 2007). 그러나 말라부의 유물론이 "담론의 자연화" 방향으로 움직인다면, 혹은 보다 정확히 말해, 주체의 유기체적 원인을 발견함으로써 유기체와 주체 간의 간극을 줄이고자 시도한다면,1 메이야수는 끝까지 가지는 않지만 자연의 담론성을 거쳐 반대 방향으로, (이 간극을 줄이고자 하는) 동일한 길을 선택하고 있다. 존재를 제1성질과 제2성질로 구별하는 그의 실재론적 존재론은 존재가 본래적으로 수학적이라고 주장하지 않는다. 오직 수학적으로 공식화할 수 있는 부분에만 있다 하더라도, 존재는 절대적이며 주체와 어떤 관계도 없이 독립적이라고 주장한다. 메이야수는 이렇듯 (존재와 존재의 수학화 사이에 있는) 간극이나 도약을 말하지 않고도 보존한다. 수학적으로 공식화되는 것을 허용하는 어떤 성질들의 수용능력은 (그 용어의 강한 의미에서 그것들이 실제로 존재한다는) 절대적 특성의 보증서인 셈이다. 이렇듯 메이야수의 실재론은 보편자의 실재론이 아니라, ─역설적으로─ 보편자의 **상관물**correlate의 실재론이다. 또한 그는 이를 지시물referent이라고 부른다.

일반적으로 말해 진술은 그 진술들의 현실이 의미와 함께 할 때 관념적이다. 그러나 진술의 지시물들은 그것 자체로서는 필연적으로 관념적인 것은 아니다(매트 위 고양이는 실재한다. "그 고양이가 매트 위에 있다'는 진술은 관념적이지만 말이다). 이런 특수한 사례에서는 다음과 같이 명시하는 것이 필수적일 것이다. 날짜, 부피 등등에 관한 진술의 지시물들은 이 진술이 기술하는 대로 45억 6천만 년 전에 존재했다. 그러나 우리와 동시대적인 이런 진술들 자체는 존재하지 않았다. (Meillassoux, 2008, 12)

절대적인 것의 기준이 오직 수학과의 상관관계라는 점은 피할 길이 없어 보인다. 이는 필연적으로 주관적이거나 주관적으로 매개되어 있는 어떤 것을 함축하는 것이 아니라, 분명 담론적인 어떤 것을 함축한다. 여기서 우리는 메이야수의 개념화 작업의 핵심 문제이자 동시에 그 개념화 작업에 있어 가장 흥미로운 것에 도달하게 된다. 나는 이것을 그의 접근의 또 다른 차원에 대립하는 것이라고 강조하려 한다. 이 차원을 우리의 시대정신은 열정적으로 받아들이고 있는데, 그것은 철학적 (혹은 과학적) 가치는 거의 없고, 오히려 프로이트 용어를 빌면 현재의 "문명에의 불만"이라는 다소 모호한 느낌들과 연관된 자유 연상에 기반해 있음에도 그러하다. 이를 심리적 차원이라고 칭하고 다음과 같은 서사로 요약해 보자: 데카르트 이후 우리는 **거대한 바깥**, 절대적 외부, 실재를 상실하고 우리 자신의 주관의 혹은 **담론의 우리**discursive cage에 갇혀버렸다. 우리가 다루는 유일한 외부는 우리 자신 혹은 다양한 담론 실천에 의해 자리매김되고 구성되는 외부이다. 그리하여 이런 감금 상태, 우리의 자아에 대한 끊임없는 집착, 우리가 만든 외부적 내부에서 영원히 탈출할 수 없음으로 인해, 점차 불편함과 밀실공포증이 커진다. 또한 여기에는 정치적 불만도 작용한다: 아무것도 실제로 바꿀 수 없다는 무력감, 최근 역사와 그다지 최근이 아닌 역사의 크고 작은 실망에 몰두할 수 없다는 좌절과 무력감이 그것이다. 그리하여 다시 거대한 **바깥**으로 탈출하여 **실재**를 절대적 차원에 복귀시키고 급진적 변화의 가능성을 존재론적으로 확립하자고 약속하는 기획이 또 하나의 구원의 매력으로 다가온다.

그러나 메이야수의 가장 중요한 측면은 이 서사와는 전혀 다른 곳에 있다고 해야 한다. 그것은 (아마도 그의 공모가 없었으면 불완전할 텐데) 어떤 판타지, 정확히 말해 우리를 구원해줄 "거대한 바깥"에 대한 환상을 지지하는 것이 그의 논의 내에서 간파되었다는 것이다. 그런데 최종적으로 무엇으로부터 우리를 구원한단 말인가? 지금 여기에서 작동하는 바깥의 작지만 성가신 조각이자, 여하한 "담론적 우리"도 안전하게 닫힐 수 없게 끊임없이 방해하는 그것? 말하자면 거대한 **바깥**이 환상이라고 말하는 것은 그것이 실제로는 존재하지 않는 하나의 **실재**에 대한 환상이라는 의미가 아니다. 오히려 엄격한 정신분석적 의미에서의 환상임을 의미한다. 즉, 담론적 현실 자체가 줄줄 새고 모순적이며, 담론의 환원불가능한 이면인 **실재**와 엉켜있다는 사실을 감추는 스크린으로서의 환상 말이다. 즉, 거대한 **외부**는 이미 **여기에 있는** 실재를 감추는 환상이다.

그러나 메이야수 기획의 철학적 핵심은 **실재**를 담론의 반대편에 두고 담론 너머로 탈출을 꿈꾸는 데 있지 않다. 반대로, 그의 기획의 핵심은 초월적 구성의 논리, 그러니까 상호의존성 논리에서 벗어나게 해주는 그것들[실재와 담론]의 공동 절합articulation이다. 이러한 공동 절합은 두 개의 핵심 주장에 기대고 있다: 제1 성질의 수학화 가능성에 관한 테제와 우연적인 것의 절대적 필연성에 관한 테제가 그것이다. 확실히 이 두 테제는 **철학적**이며 근대 과학이 단순하게 전제하는 것의 기반, 정확히 말해 담론과 실재가 공유하는 절합articulation을 위한 기반을 닦는 것을 겨냥하고 있다. 그럼으로써 이것들은 과학의 소박실재론을 바로잡아, 반성적이고 철학적으로 정초된 "사변적" 실재론으로 대체하고자 하는 것으로 보인다.

그러나 처음의 매우 흥미로운 문제가 이미 여기에서 분명히 드러난다. 사실상 과학의 작업이 전제로 하는 그 실재론의 지위는 무엇이란 말인가? 그것은 단순히 소박실재론의 한 형식인가? 즉 과학이 기술하는 자연이 절대적이며 "저기 바깥"에 우리와는 독립적으로 존재한다는 단순한 믿음인가? 메이야수의 처음의 전제는 실로 과학이 올바른 방식으로 작업하고 있음을 보여주는 것 같지만, 그것의 실천에 상응할 그 자체의 존재론적 이론을 결여하고 있다. 그의 기획의 이론틀을 보면 매우 놀랍게도 그가 근대 과학, 근대 과학의 처음의 제스처, 그리고 그것의 전제와 결과들에 관한 논의에 거의 관심을 기울이고 있지 않다는 사실을 알게 된다. 다시 말해 그는 과학이 실제로 무엇을 하고 있는 지에 대한 논의에 거의 시간을 쏟지 않는 것이다. 이와 반대로 라캉은 근대 과학과 그것의 최초의 제스처에 관한 이론을 (이 이론이 부분적으로 과학에 대한 넓은 의미의 구조주의적 이론이라고 할 수 있을 정도로) 매우 정교하게 다루고, 그것에 자신의 정신분석적 담론을 관계시키고 있다. 그리고 여기가 우리가 시작해야 할 지점이다. 결코 단순하지는 않지만, 정신분석적 담론과 과학의 관계야말로 라캉의 작업 내내 그에게 중요한 문제이다. 한편으로, 이는 이 둘의 절대적 동류성과 동시대성을 전제로 하기 때문이다. ("무의식의 주체는 근대 과학의 주체다" "정신분석은 근대 과학을 개시한 단절과 동일한 단절 후에야 가능하다'와 같은 수많은 명백한 그의 진술이 이를 보여준다.) 다른 한편으로, 정신분석과 과학 간에는 또한 적지 않은 차이점과 불일치점이 존재한다. 그것은 각각의 "대상들"에 있어서의 차이와 관련한, 가장 현저한 표식으로서의 진리 개념 때문에 그러하다. 요컨대, 정신분석과 과학이 공유하는 공통 기반은 절대적 차원에 있는 실재지만 이 실재를 추구하는 방식은 서로 다르다.

라캉의 과학 이론은 무엇인가? 유사한 논의의 맥락에서 로렌조 키에자Lorenzo Chiesa는 최근에 이 질문을 장-클로드 밀너의 작업을 끌어와 다시 제기하여 주목받고 있다.[2] 나도 이 논의에서는 그에게 빚지고 있다. 이 이론에 의하면 갈릴레이주의는 자연의 옛 개념을 근대적 개념으로 대체하여 자연이란 과학의 경험적 대상에 불과하다고 말한다. 이러한 변화의 형식적 전제조건은 과학의 완전한 수학화에 있다. 즉, 갈릴레이 이후에 "자연은 과학의 수학 공식에 올바로 기능하는 데 필연적인 것 외의 감각적 실체를 지니고 있지 않다"(Milner, 2008, 287-288). 이를 훨씬 강하게 말하면 이러하다. 갈릴레이의 과학혁명은 그것의 대상("자연")을 그 자체의 **객관적** 상관물로 생산하는 데 있다. 라캉의 작업에서 우리는 그런 강한 진술들을 무수히 발견한다. "에너지는 실체가 아니다..., 그것은 숫자상의 항수로서 물리학자가 계산을 통해 발견하여 작동하게 만드는 것이다"(Lacan, 1990, 18). 과학이 이러저러한 자연법칙과 우주에 관해 말한다는 사실이, 그것이 (어떤 식으로든 담론적으로 구성되지 않은) 거대한 **바깥**이라는 관점을 견지한다는 의미가 아니다. 오히려 그 반대다. 근대 과학은 과학이 자신의 대상을 생산하면서 시작된다. 이는 현상에 대한 초월적 구성이라는 칸트적 의미로 이해되어선 안 되고, 이와 약간 다르면서 더 강한 의미로 이해되어야 한다. 근대 과학은 문자 그대로 새로운 실재(현실)를 창조한다. 즉, 과학의 대상이 과학 공식에 의해 "매개되는" 것이 아니라, 과학의 대상이 과학 공식과 구별되지 않는다는 말이다. 과학 대상은 과학 공식 바깥에 존재하지 않는다. **그렇지만 실재한다.** 그것은 실재하는 결과물 혹은 실재 내의 결과물을 지닌다. 보다 엄밀히 말해, 갈릴레이 과학 혁명(과학의 완전한 수학화)과 함께 등장한 새로운 실재는 (과학) **담론이 그 안에서 결과물을 지니게 되는** 하나의 **실재이며 이는 결정적이다.** 예를 들면, 달에 착륙하는 것과 같은 것 말이다. 왜냐하면 이 담론이 **실재**에서 결과물을 지닌다는 사실은 넓은 의미에서의 자연이 아니라, 단지 물리학으로서의 자연 혹은 물리적 자연을 의미하기 때문이다. 그러나 물론 라캉은 실재론적 주장은 항상 존재한다고 말한다.

실재론적 주장은 항상 존재한다. 우리는 우리가 존재하든 하지 않든 간에 자연은 항상 저기 있고 우리와 우리 과학은 [여기] 있다는 생각에 저항할 수 없다. 마치 과학이 실로 우리의 것이며 우리가 과학에 의해 규정되는 것이 아닌 듯이 말이다. 물론 나는 이런 생각에 반박하지 않겠다. 자연은 저기 있다. 그러나 자연을 물리학과 구분하는 것은, 물리학에 관해서는 무언가를 말할 가치가 있다는 점, 그리고 담론은 물리학 내에서 결과물을 갖는 반면, 우리 모두는 어떤 담론도 자연 안에서 결과물을 갖지는 않는다는 것을 알고 있다는 점이다. 그것이 바로 우리가 자연을 매우 사랑하는 이유이다. 자연의 철학자가 되는 것은 결코 유물론적 혹은 과학적 특질의 증거로 고려된 적이 없다. (Lacan, 2006a, 33)

이 밀도 높고 단호한 인용문에는 세 가지 중요한 점이 있다. (1)실재에 대한 담론 연구에서 **실재 내 담론의 결과물들**로의 강조점 전환, (2)이와 관련하여 새롭게 부상한 현실성의 정의, (3)유물론의 문제가 그것이다. 우선 간단하게 세 번째 것을 보자. 우리는 이미 "뇌의 무의식" 문제를 살짝 지나치며 이 점을 언급했다. 유물론을 정의함에 있어 핵심 차원의 문제에 봉착하게 되는데 그것을 다음과 같이 정식화 할 수 있다: 유물론은 어떤 물질에 의해서도 보증되지 않는다. 참된 유물론으로 이끄는 것은, 모든 것이 발생하는 궁극적 물질로서의 (그리고 이러한 개념적 관점에서 매우 자주 영성화되는) 물질을 일컫는 것이 아니다. (라캉이 다른 중요한 구절에서 정곡을 찔러 말했듯이) 다만 하나의 변증법적 유물론3이 될 수 있을 진정한 유물론은 물질의 우선성에 기초하는 것이 아니요, 첫째 원리로서의 물질에 기초하는 것도 아니다. 그것은 분열이라는 갈등이나 모순의 관념 안에 기초한 것이자, 그 안에서 생산되는 "실재의 시차"의 관념에 기초한 것이다. 다시 말해, 유물론의 기본 공리는 "물질이 전부다" 혹은 "물질이 일차적이다"가 아니라 오히려 절개cut의 일차성과 관련하는 것이다. 그리고 물론, 이것은 이러한 유물론에 적용되는 종류의 실재론에 결과물이 없이 그러한 것이 아니다.

이로써 위 인용문의 (1)과 (2)를 만나게 되는데, 이 둘은 이 새로운

"변증법적 유물론적" 실재론의 두 측면을 가리키므로 함께 다뤄질 수 있다. 라캉이 확립한 자연과 물리학의 구별은 접근 불가능한 물자체로서의 자연과, 우리의 지식으로 접근 가능한 초월적으로 구성된 자연으로서의 물리학 사이를 구별하는 논리를 따르지 않는다. 라캉의 테제는 그와 다른 것이며 더욱 근본적이다. (결국 역사적으로 지정 가능한 사건인) 근대 과학은 실재의 새로운 공간 혹은 ("자연적") 공간의 새로운 차원으로서의 실재를 창조한다. 물리학은 자연을 "망라"하(거나 그것을 상징적으로 반복하)는 것이 아니라, 항상 있어왔던 곳에 계속 머물고 있는 자연과 함께, 자연에 덧붙여진다. "물리학은 신의 선함처럼 모든 자연으로 확대되는 어떤 것이 아니다"(Lacan, 2006a, 34). 자연은 불가해한 즉자적 실재로서가 저기에 있는 것이 아니라, 우리가 보고, 좋아하고, 사랑할 수 있지만 동시에 다소 무관한 상상계로서 있는 것이다. 헤겔의 친구들이 그를 알프스로 데려갔던 재밌는 일화가 있다. 친구들은 헤겔이 그곳 경치의 숨막힐 듯한 아름다움을 느끼고 감탄하기를 기대했지만, 그의 앞에 펼쳐진 숭고한 장관에 대해 헤겔이 말한 것은 딱 한 마디였다. "이렇구만." 라캉은 이 말에 엄청 감탄했을 것이다. *Es ist so.* 이 아름다운 산에 대해 더 할 말은 없다. 이는 우리가 이 산들에 대해 실제로 알 수 없어서가 아니라 알아야 할 것이 아무것도 없기 때문이다. (돌덩이 하나를 놓고 이 시대인지 저 시대인지 말하고 있다면 우리는 그 안에 담론의 결과물이 존재하게 되는 또 다른 현실에 관해 말하는 것이 된다.)

이 차이에 대한 라캉의 규정은 극도로 간결하고 정밀하다. 핵심은 과학적 대상(즉 물리학)으로서의 자연이 단지 담론의 효과나 결과가 아니라는 것이다. 또한 이런 의미에서 물리학이 사실 **실재**를 다루는 것이 아니라 단지 그것의 구조물들만 다루는 것도 아니라는 것이다. 핵심은 오히려 과학의 담론이, 그 안에서 이 담론이 (실제) 결과물을 낳는 공간을 창조하고 연다는 것이다. 그리고 이것은 같은 것이 전혀 아니다. 우리는 문자 그대로, 내부로부터, 세계를 둘로 쪼개는 어떤 것을 다루고 있는 것이다.

과학 담론이 그 안에서 (실제) 결과물을 낳는 하나의 공간을 창조하고 연다는 사실은, 또한 그것이 현실의 일부가 될 뿐만 아니라 그것을 변화시킬 수 있는 어떤 것을 생산할 수 있음도 의미한다. "과학 담론은 달 착륙을 낳을 수 있었다. 여기서 사유는 다름 아닌 언어라는 형식을 사용하는 수학으로 하나의 실재의 분출을 목격한 것이 된다"(Lacan, 1990, 36). 여기에 라캉은 이렇게 덧붙인다. 앞서 말한 한 실재의 분출은 "철학자가 그것에 관심갖지 않아도" 발생했다고. 이러한 언급에서 아마도 우리는 근대 (대륙) 철학의 어떤 측면을 그가 문제시하고 있는지 알 수 있을 것이다. 말하자면 동시대 철학은 정확히 **실재**의 이 지점에 있는 과학의 중요한 차원을 놓치는 경향이 있고, 그것을 "도구적 이성", "기술주의" 등의 논리로 계속 환원시키고 있다는 점 말이다. 여기에서 우리는 또한 철학과 "대학 담론"의 동시대적 결합에서 그것을 엿볼 수 있다. 이 결합을 간단히 정의하자면, 그 안에서 담론이 어떤 결과물도 지니지 않는 사회적 연결이라고 할 수 있다.

다시 출발점으로 돌아가 보자. 과학에서 실재론 문제에 대한 라캉의 진단은 다음과 같이 요약될 수 있다: 소박실재론이 많은 과학자들의 자연스러운 이데올로기를 구성한다는 것이 사실이더라도, 이는 과학 담론의 구성, 효율성, 작동 방식과는 전혀 무관하다. 이미 살펴봤듯이, 이는 다음을 의미한다. 즉 근대 과학이 자신의 지시물의 절대적 특성에 도달하지 않았던 것은 소박실재론의 전제에 의존해서, 즉 "자연 안의" 자신의 지시물의 존재를 소박하게 가정해서 그런 것이 아니다. 그것은 자신의 지시물을 하나의 문자로 환원시켰기 때문이다. 그 문자만이 (과학) 담론의 실제 결과물의 공간을 홀로 연 것이다. "환원"이라는 단어는 감각적 특질들의 풍부함을 절대적 최소로 축소시킨다는 의미로 이해되어선 안 되고, 그 안에서 우리가 동일한 실체의 지속을 다루게 될 최소로 축소시킨다는 의미로 이해되어야 한다. 그것은 절개, 대체물로 이해되어야 하는 것이다. 또한 핵심은 표상의 고전적 논리가 아니다. 그 문자는 감각적 자연의 어떤 측면을 표상하는 것이 아니라 문자 그대로 그것을 대체한다. 그것은 담론에 속하는 (외관semblance에 속하는) 어떤 것으로써 그것을 대체하지만, 그 어떤 것은 ─ 정확히 담론에 속해 있기 때문에─ 실재의 방향으로 정식화 될 수 있다. 이로써 앞서 정식화된 지점으로 되돌아오게 된다. "그 안에서 담론 자체가 결과물을 가지는 실재를 제외한 어떤 것도 언급할 가치가 없다"(Lacan, 2006a, 31). 이는 실재가 단순히 담론의 효과라는 주장이 아니다. 담론성과 실재 간의 연결은 (이것은 결국 메이야수가 동시대의 반계몽주의와의 논쟁에서 다루는 것일 텐데)[4] 단순히 지시물("자연 객체")이 오직 수학화 가능성의 측면에서만 절대적이라고 간단하게 말하는 경우에서보다 여기서 훨씬 더 확고한 토대를 발견한다. 메이야수는 과학의 수학화를 실재의 차원을 생산(만)하는 현

158
왓 이즈 섹스?

실성에 있는 절개로 보지 않고, 연속체의 가장 먼 지점, 과학자들이 현실에 대해 말하는 방식을 끊임없이 더 분명하게 하는 지점으로 파악한다. (이는 그의 논점이 지닌 약점이다.) 그리고 **실재**는 이렇게 분명해진 과학적 발화의 그물에 최종적으로 남아 있는 한 사물의 순수하게 형식적인/형식화가능한 부분을 이른다. 다시 소환해보자. "날짜, 부피 등에 관한 진술의 지시물들은, 이런 진술들이 묘사하듯, 45억 5천만 년 전에 존재했다 – 그러나 우리와 동시대에 존재하는 이런 진술들 자체는 그렇지 않다." 과학 공식의 관념적 특징은 지금 여기라는 그물에서 즉자적으로 절대적인 (이 그물과 무관하게 45억 년 전에 존재했던) 그 사물의 파편을 붙잡는다. 혹은 다른 식으로 말해보자. **실재**는 수학화가 가능한 과학의 그물 때문에 미끄러지지 않고 그 안에 남아 있는 한 실체의 부분이다. 라캉의 메타포와 그의 전체적인 관점은 이런 측면에서 상당히 다르다. **실재**는 숫자(혹은 문자)의 일관성에 의해서가 아니라 "불가능성", 즉 그 일관성의 한계에 의해 보증된다. 담론 **바깥**에 있는 실재(혹은 대문자 자연)에 관해 이야기하는 것이 별 가치 없다면, 그 이유는 우리가 필연적으로 외관semblance의 층위에 머물기 때문이다. 그것은 우리가 마음대로 말할 수 있다는 것을 의미한다. 다른 한편 **실재**는 모든 것이 가능하지는 않다라는 사실에 의해 나타난다. 여기에서 우리는 라캉의 **실재**가 지니는 다른 중요한 요소를 만나게 된다. 바로 결과물의 실재론과 불가능성의 양식을 묶는 것이다. 이 둘은 함께 다음과 같이 말해질 수 있다. 어떤 것은 그것이 그 어떤 것일 수도 없을 때 (즉 그 자신의 부분들에 있는 것이 불가능할 때) 결과물을 갖는다.

외관의 분절(articulation), —즉 그 자체로 문자와만 연루되는— 외관과 외관의 효과에 대한 대수학적 분절, 이것은 우리가 무엇이 실제인지 지정하는 유일한 기구이다. 실제적인 것은 이 외관, 과학 담론인 이 분절된 외관에 하나의 구멍을 만드는/구성하는(fait trou) 것이다. 과학 담론은 심지어 그것이 외관인지 아닌지 염려하지 않고 전진한다. 중요한 것은 단순히 과학 담론의 네트워크, 그물, **격자**가 정확한 구멍들이 정확한 장소에 나타나도록 만드는 것이다. 그것은 그것의 연역이 도달하는 불가능한 것 이외에 다른 참조점을 지니지 않는다. 이 불가능한 것이 실제적인 것이다. 물리학에서 우리는 단지 하나의 담론적 기구를 통해 실제적인 것이 될 무언가를 목표로 삼는다. 그 기구가 자신의 엄격한 방식으로 자신의 일관성의 한계를 만나게 될 때 말이다.

그러나 **우리에게** 흥미로운 것은 진리의 영역이다. (Lacan, 2006b, 28)

진리, 그리고 정신분석과 과학의 관계에 대해 진리가 암시하는 것, 이 마지막 질문에 대해 말하기 전에 우리 논의의 출발 지점으로 돌아가 보자. 훌륭한 방향성과 단순성을 지닌 메이야수의 최초 질문의 도전을 받아들이지 않고 결론을 내리는 것은 적절하지 않다. 즉, 그 불가능성과 결합된 라캉의 결과물의 실재론은 소위 선조적 진술의 지위에 대해 무엇을 함축하는가? "지구는 45억 년 전에 형성되었다"는 진술은 우리와 상관없이 가능한가? 즉, 이 진술은 사실상 (우리의 계산법과 우리의 방사성 연대측정법에 따른 것이지만) 45억 년 전에 존재했던 특정 **대상**을 지칭하는가?

왜 과감히 대답하지 않나? 이를 정식화하기 위해 매우 흥미로운 이야기를 이용해 보고자 한다. 이 이야기는 정확하게 화석을 중심으로 돌아가며 사변적 차원에서 생각하면 원-화석 개념에 매우 흥미로운 라캉적 비틀기를 제공할 것이다. 메이야수는 자신의 책에서 사실상 어느 정도 이 이야기를 암시하고 있다. 그러나 그것은 완전히 엉성한 힌트로서 상관주의와 어울릴 듯한 부조리를 조롱하기 위한 수사적 주장에 불과하다. 그러면서 이 이야기가 지닌 사변적 잠재력을 완전히 놓치고 있다.

스티븐 제이 굴드Stephen Jay Gould는 "아담의 배꼽"이라는 멋진 글에서 매우 놀랍고 "우스꽝스럽지만" 아주 명쾌한 이론으로 우리의 주목을 끈다. 이 이론은 영국의 유명한 자연주의자 필립 헨리 고스Philip Henry Gosse가 주장한 것이다(Gould, 1985). 고스는 다윈과 동시대인으로, 우리의 흥미를 끈 책(『옴팔로스』)을 1857년에 출간했다. 다윈의 『종의 기원』이 출판되기 딱 2년 전이다. 그는 매우 열성적인 자연주의자로 특히 화석에 관심이 많아서 열심히 연구하고 책을 썼다. 그 당시 갓 생겨난 지질학은 이미 지구의 엄청난 나이에 대한 증거를 수집한 상황이었다. 이는 창세기에 따른 지구의 나이(6천년)와는 전혀 맞지 않았다. 이것이 고스의 최대 딜레마였다. 그는 열성적인 자연주의자일 뿐만 아니라 동시에 신실한 신앙인이었기 때문이다. 그리하여 그의 이론의 핵심은 (성경에 의하면 상대적으로 최근인) 무에서의 창조와 훨씬 나이가 많은 화석의 실제 존재 간의 모순을 풀기 위한 시도에 있다. 그는 꽤 기발한 이론을 만들어냈다. 신은 실제로 6천 년 전에 지구를 창조했지만 미래를 위해서만이 아니라, 소급하여 "과거를 위해서도" 창조하였다. 즉 지구를 만드는 순간 신은 거기에 화석들을 놓아둔 것이다. 이 자기-지우기self-effacing 제스처의 아름다움을 놓쳐서는 안 된다. 신은 자신의 피조물의 흔적, 그리하여 자기 자신의 흔적을 지움으로써 세상을 창조한다. 이는 과학적 탐구에 이롭다. 신학계가 이 이론을 과학계보다 훨씬 더 심하게 거부한 것은 아마도 우연이 아닐 것이다. 『물의 아이들』의 저자이자 고스의 친구 찰스 킹슬리Charles Kingsley 목사는 고스의 책 서평을 부탁받고 다음과 같은 말로 거절했다.

> 내가 진실을 말해 줄까요? 그것이 최선일 겁니다. 당신의 책은 처음으로 내가 의심을 품게 했고, 나는 많은 사람들도 그렇게 될까봐 두렵군요. 당신의 책은 우리가 절대적 창조 사실을 받아들인다면 신은 때때로 사기꾼이 된다(deus quidam deceptor)는 사실을 증명하려는 것 같습니다. 죽은 동물의 뼈인 **척하는** 화석의 경우만을 말하는 것이 아닙니다. 당신이 판다누스 줄기에 새로 낸 상처 자국들과 당신이 새로 창조한 아담의 배꼽 사례에서도 당신은 신을 거짓 말쟁이로 만들고 있어요. 이에 반발하는 것은 나의 이성이 아니라 나의 **양심**입니다. 나는 신께서 바위들에 모든 인류를 위해 하나의 엄청나고 불필요한 거짓말을 새겨 놓았다는 것을 믿을 수가... 없습니다. (Hardin, 1982에서 인용)

실상은 신이 "하나의 엄청나고 불필요한 거짓말을 돌에 새길" 수 없었다는 것이 일치된 의견이었다. 굴드에 의하면 현대 미국 창조론자들 또한 대부분 격렬하게 이 이론을 반대하고 있다. 왜냐하면 이 이론이 "신의 미심쩍은 도덕적 성격에 책임을 돌리기" 때문이다.

우리 논의에서 고스의 이론이 흥미로운 점은 무엇보다도 실재 문제에 관련해서 단순한 선형 시간 이론의 불충분함을 지적해내고 있다는 데 있다. 또한, 고스 이야기를 에워싼 멋진 기이함에 현혹되어 구조적으로 그의 딜레마가 정확하게 메이야수의 것과 동일하다는 사실을 간과해서는 안 된다. 우리는 단지 신의 창조를 인간의 창조(주관적으로/담론적으로 구성되는 자연)로 바꾸기만 하면 된다. 그러면 이상하게도 유사한 질문을 하게 된다. 과학은 우리 자신이 구성하여 (외부로) 상정한 어떤 것만을 연구하는가? 또는 이것은 우리한테 독립적인 외부로서 정확히 우리보다 오래전부터 그 자체로 존재해 왔는가? 라캉식의 답은 이러할 것이다. 그것은 독립적이지만 담론적 "창조"의 바로 그 순간에만 그렇게 **될** 것이다. 즉, (무로부터ex nihilo, 왜 아니겠는가?) 순수한 기표의 발생과 함께, 그 안에서 담론이 결과물을 갖게 되는 현실성의 발생과 함께, 우리는 우리 자신에서 독립적인 물리적 현실성을 획득하게 된다. (이는 우리가 그것에 어떤 영향력도 행사하지 못한다는 의미가 분명 아니다.) 그리고 물론, 이 독립성은 "우리 이전의" 시간을 위해서도 획득된다. 원-화석이나 선조적-진술 대상들의 현실성은 우리와 동시대에 존재하는 대상의 현실성과 전혀 다르지 않다. 이것이 바로 전자도 후자도 우리 사고의 상관물이 아니라, **동질적 연속체라는 현실성에 있는 어떤 단절의 발생의 객관적 상관물**인 이유이다(이 단절은 정확히 기표 그 자체의 발생의 단절일 뿐만 아니라 근대 과학의 단절이기도 하다). 이것이 바로 라캉 이론이 사실상 "변증법적 유물론"인 이유이다. 이 단절은 바로 절대적인 것과 되기의 사변적 동일성이다. 이 둘은 반대되는 것이 아니며, 함께 사유되어야 한다. 어떤 것은 (시간 내에서) **절대적**(무시간적)이 **된다**. 절대적인 것은 필연적이며 **동시에** 우연적이다. 즉 단절/절개 없이 절대적인 것은 존재하지 않는다. 이 안에서 그것은 절대적인 것으로 (즉 "필연적으로 필연적인 것으로" – 그럼으로써 이 재이중화는 담론이 결과를 낳는 공간이 된다.) 구성된다. 그러나 이 단절 자체는 우연적이다.

다른 한편, 메이야수의 제스처는 우연을 유일한 필연으로 절대화하는 데에 있다. 이런 방식으로 그는 어떤 "전부"를 총체화 하는 다음과 같은 구성적 예외 논리에 결국 동의한다: 모든 것은 우연적이다. 이 우연성의 필연성만 제외하고. 이 구성적 예외 논리와는 달리 라캉의 공리는 "필연성이 전부가 아니다'로 표현될 수 있다. 이 공리는 우연을 절대화하지 않지만, 모순이야말로 절대적 필연의 **진리** 지점임을 암시한다.

이리하여 마침내 우리는 정신분석과 과학 사이에 존재하는 중요한 차이에 도달하게 되었다. 라캉은 그의 유명한 에세이 "과학과 진리"에서 부터 그 차이를 진리 문제와 계속 연관시켜 왔다.

> 면밀히 살펴보면 과학에 기억이 없다는 것은 사실이다. 일단 구성되고 나면 과학은 생겨난 우회로를 망각한다. 달리 말해, 정신분석이 진지하게 연구하는 진리의 차원을 과학은 망각하는 것이다. (Lacan, 2006a, 738)

그가 이후 더 구체적으로 설명하듯, 이는 단순히 ("위기"를 해결하는) 막대한 과학적 돌파구를 위한 길을 닦는 과거의 구조, 사건, 심지어 실수에 관한 것이 아니다. 이는 이 각각의 위기가 끼치는 주체의 대가代價에 관한 것이다(라캉은 율리우스 마이어와 칸토어를 언급하고 있다). 그러나 여기에서 말하는 주체는 단순히 이런 저런 새로운 아이디어를 내놓는 이가 아니다. 그것은 과학적 진보를 규정하는 **불연속성**에서 발생하는 것이다. 과학에 기억이 없다면, 과학 진술의 객관적 지위가 그리로부터 발생하는 것에 대한 기억이 없는 것이다. 다시 말해서 이것은 필연적으로 주관적인 과학적 진리에 관한 것이 아니다(혹은 과학적 진술이 누가 왜 어떻게 진술하는지와 무관하게 이루어진다는 주장에 반하는 것에 관한 것이 아니다). 이 "주체의 대가"는, 그것이 망각되지 않았다면 어떻게든 주장의 **객관적** 지위를 바꾸어 놓거나 그에 영향을 미쳤을 어떤 것이 아니다. (기억에서) 떨어져나가는 것은 다만 다음을 의미한다. 즉 모든 중요한 과학의 획기적 발전의 중심에는 연구 대상의 절대적 ("영원한" 또는 무시간적인) 지위를 확립하는 급진적 **불연속성**이 있다. 그리고 주체는 이 불연속성의 이름이다. 같은 에세이에서 라캉은 그것을 이렇게 표현한다. "말하자면 주체는 자신의 대상으로부터 내부적으로 배제된다"(Lacan, 2006c, 731). 정확히 이것이 진리의 차원을 전달하는 주체이며, 정신분석이 "작동하도록 만드는" 것이 바로 이 진리이다.

그리고 이것은 우리가 그림을 약간만 바꾼다면 고스의 이야기로 멋지게 표현할 수 있다. 과학은 현실성을 창조함에 있어 자신의 창조 흔적을 지울 수밖에 없는 신, "기억을 갖고 있지 않은" 신이다. 이것이 바로 "무의식의 주체는 근대 과학의 주체다."가 의미하는 것이다. 바위에 새겨진 것은 하나의 거창한 거짓말이 아니다. 과학이 그 대상을 창조한다는 것은 이 대상이 이러한 창조 행위 이전에 존재하지 않았고, 그래서 "선조적 진술" 혹은 "원-화석"이 단순히 무의미하다는 의미가 아니다. 그것이 의미하는 것은, "원-화석"의 존재의 절대적 특성이 절대적 우연성의 **바로 그 형식**이라는 것이다. 정신분석은 (의미화하는) 창조의 현실성이 무의식이라는 예기치 않은 부가물과 함께 발생한다고 주장한다. 이 무의식은 우연의 존재의 증거이다. 즉 우리에게는 없는 기억의 어떤 것이 진리로서 계속 작동하는 장소인 것이다. 다른 무엇보다도 이 진리가 증언하는 것은 "의미가 있는" 것, 혹은 "참" 혹은 "거짓"이라고 말할 수 있는 모든 것이 그에 의해 창조되는 **절개**이다. 예를 들면 – 그리고 과학 논의로 돌아가 보자면 – 이는 또한 아무리 "뇌가 유연하다" 해도 그 안에 포함된 절개를 지울 수도 피할 수도 없다는 것을 의미한다. 절개는 이와 동일한 "유연성"에 관한 그럴듯한 과학 이론을 만들어낼 수 있는 기표들에 연루되어 있다. 이 절개를 제거한다면 그 이론은 자신의 **실재**를 상실한 채 곧바로 또 다른 Weltanschauung 혹은 "세계관 world-view"으로 떨어지게 될 것이다. 과학의 의미 있는 지시물인 뇌는 단지 우리 머릿속에 있는 고깃덩어리가 아니라 하나의 대상이며, 과학 기구가 그것에 대해 (그리고 그 안에서) 결과물을 얻는 것이기 때문이다. 이것은 "뇌 과학들"이 종종 망각하는, 그리고 무의식의 주체들이 우리에게 상기시키는 바이다.

인간, 동물

이제 "인간적 동물"이라는 철학적 범주로 관심을 돌려 그것이 함축하는 구분법의 종류를 심문함으로써 이어서 탐구해 보자. 철학적으로 말하자면, 인간적 동물에 대한 질문은 늘 이중적 차이에 기반해 왔다. 우선 우리를 인간으로 구별시킨다고 가정된 차이점이 있다(이성, 언어, 도구 사용 등). 처음의 수준에서 이 차이는 어떤 동물 종을 다른 종과 구분하는 여타의 다른 차이와 동일한 것처럼 간주될 수 있다. 이런 관점에서 보면 인간은 동물 왕국 내에서 (적절하게 구별되는) 자리를 소유하고 있다. 즉 인간이 지닌 모든 특수성으로 (그리고 그런 특수성에도 불구하고) 진화 계보에서 다른 동물과 함께 자리하고 있는 것이다. 이것이 1단계 차이이며, 이 차이가 분별적인 (동물) 구조 내에서 우리에게 우리 고유의 자리를 **할당한다**는 의미에서 포함적이라고 불릴 수도 있다.

바로 이 지점에서 까다로운 (그리고 논란이 많은) 질문이 시작되는데, 우리는 이를 다음과 같이 정식화할 수 있을 것이다. 인간적 차이란 다른 종류의 차이인가? 이것은 "인간 예외성"에 대한 질문이다. 이 질문은 보통 자기지시적self-referential으로 (자기-차이self-differential적으로) 제기되는 문제이지, 단순히 구분하는 견지에서 제기되는 질문이 아니다. 우리가 또한 다른 종류의 동물과 다른 어떤 것인지에 대한 질문은 늘 분리를 동원한다. 우리와 동물 간의 분리뿐 아니라, 동물로서의 우리와 다른 어떤 것으로서의 우리 간의 구분, 다시 말해 "인간적 동물"(즉, 기초적인 "동물적" 욕구 차원에서 작동하는)로서의 우리와 그 이상 혹은 다른 존재로서의 우리 사이의 구분이 그것이다. 말하자면, 인간 존재로서 우리는 "전체 존재"로서 동물과 구별되는 것이 아니다. 우리는 어떤 부분은 동물이고, 어떤 부분은 매우 다른, 심지어 완전히 다른 어떤 것이다. 몸/정신 구별은 또한 이러한 배치의 세속적 판본에 있는 원형이다. 이러한 배치에서, 둘째 항[정신]의 탁월함과 우월함은 통상 우리를 동물성과 묶어주는 첫째 항[몸]을 무시하거나 심지어 적극적으로 적대시할 수 있는 자신의 능력에 의해 증명된다.

이런 일반적 프레임 내에 인간의 "동물성"이 무엇을 가리키는가를 떠올리는 두 가지 지배적 방식이 있는 듯하다. 첫째, ("인간적 동물"에서처럼) 동물적인 것은 **길들여지지 않은 과잉**의 모습으로 주조된다. 이런 생각은 무엇보다도 기독교적 상상의 특수한 측면에 근거한다. 기독교적 상상은 그와 동시에 그 과잉의 자율성을 발명하고 그것을 죄로 주조해냈다. 그러면서 소위 우리 안의 다른 것(동물적인 것)에게 그 과잉의 자율성을 "전가"한다. 이는 실제 동물이 행동하는 방식과 별 상관없다. 여기서는 "동물처럼 행동"하는 것은 그런 과잉을 통제, 억제할 수 없는 무능력으로 이해되는 인간의 "약점"을 지칭할 수 있는 것이다. 이것은 억제되지 않고 과도한 향유의 이미지이다.

길들여지지 않은 과잉의 모습과 바로 반대편에는 **어떤 (실재적) 과잉이 결여된 것**으로서의 동물성의 형상이 있다. 내가 보기에 이것은 지배적인 현대의 인간적 동물의 형상이라고 할 수 있을 것이다. 즉 이 형상은 그 자체에 닫혀 있는 유기체적 (그리고/또는 상징적) 체계로서, 전적으로 "합법칙적"이고, "자연 인과성"의 연장적 존재 **이상의** 어떤 것을 할 수 없는 존재이며, 모종의 과도한 초조함, 죽음을-향한-존재(하이데거), 주이상스(라캉), 유랑하는 과잉excès errant에 기초한 진리 능력(바디우) 등에 시달리지 않는다.

이 현대적 형상으로 제일 먼저 떠오르는 사례는 물론 칸트다. 그가 자신의 실천 철학에서 "병리적", 비윤리적 행위들이라고 부른 것은 단순히 "인간적 동물"의 행위들이다. 이들의 행위들은 여하한 거창하고, 과도하거나 "짐승같은" 범죄를 의미하지 않는다. 이런 행위들의 기본적 "범죄"는 오직 (자연 인과성의, 즉 "인간적 동물"의) **법칙에 순응하는**

데 있다. 잘 알려진 예를 들면 이러하다: 우리가 옳은 일을 하더라도 그것을 (신에 대한 두려움을 포함하여) 두려움 때문에 한다면, 우리는 인간적 동물로서 행위하는 것이지, 윤리적 주체로서 행위하는 것이 아니다. 윤리적 주체의 자격을 갖추기 위해서는, 도덕법칙을 따르는 것만으로는 충분하지 않다. 필요한 것은 부가적이고 과도한 "단지 [도덕] 법칙이 그러하니까"이다. 칸트에게는 이것만이 자연 인과성이 아닌 다른 어떤 것이 정말로 작용할 수 있다는 사실을 가리키는 것이다. 다시 말해, 고유하게 인간적인 것, "인간적 인간"은 자연 인과성을 방해하며 도덕법칙 자체의 과도함을 포함하고 있는 과잉의 편에 있는 것이다.

그런데 니체가 (프로이트와 라캉이 주장하는 것과 최소한 어느 정도는 가까운) 또 다른 관점을 제시한다는 것은 별로 놀랍지 않을 것이다. 즉, "인간적 동물"의 문제는 "충분히" 그것이 되어야 할 바에 이르지 못한다는 데 있다. 다시 말해서 인간에게 문제는 그들이 반은 동물이고 반은 다른 어떤 존재라는 것이 아니라, 그들이 반 동물 상태에서 끝난다는 데 있다. [인간에게는] 동물 부분만 있고 이조차도 "완전"하지 않을 뿐만 아니라, 어떤 것이 결여되어있다. 그리하여 그 차이(인간성의 모든 "상부구조")는 이 결여의 지점에서 생겨난다. 그것은 완전한 동물이 되기 위해 이 결여, 이 실패를 가릴 가장으로서, 의복으로서 생겨나는 것이다. 『즐거운 학문』에서 "어떻게 도덕성이 필수적이 되었나"라는 제목이 붙은 문단의 몇 구절을 살펴보자.

벌거벗은 인간은 대체로 보기 민망하다... 식탁 앞에 앉은 가장 쾌활한 동료가

마법사의 심술로 갑자기 옷을 벗은 자기자신을 보게 되었다고 가정해보자. 분명 좌중의 즐거움은 사라지고 좋았던 입맛도 뚝 떨어질 것이다. 우리 유럽인은 옷이라는 가장 없이는 지낼 수 없을 것 같다.

이제 이 "도덕적 인간"이 옷을 차려입는 방식을, 즉 어떻게 그가 도덕 공식과 품위라는 개념 뒤에 숨어 있는지 생각해보자. 우리의 행위들을 의무, 덕성, 공동체 의식, 명예심, 자기-부인의 개념들로서 선의로 숨기는 방법 말이다. 이 모든 것의 이유도 똑같이 충분하지 아니한가? 나는 이 모든 것이 인간의 악의와 악행, 우리 안의 야수를 감추기 위한 것이라고 말하려는 것이 아니다. 반대로 나의 생각은 우리가 부끄러운 모습으로 도덕적 가장을 필요로 하는 것은 **길들여진 동물**로서 존재하기 때문이라는 것이다... 유럽인은 아프고, 역겹고, 불구인 동물이 되었기 때문에 **도덕성으로** 자신을 위장한다... 그는 거의 유산아로 반쯤 생기다 만, 나약하고, 서툰 존재이기 때문이다. (Nietzsche, 1974, 259)

니체는 특정 지리적 장소(유럽)에서 **되어가는** 사람, 그리고 되기에 대해 말하고 있다. 이는 ─여기가 아닌 어딘가, 지금이 아닌 언젠가─ 실재적인 "전체" (인간적인) 대문자 동물이 존재했다는 것을 암시하는 것처럼 보인다... 이러한 관점을 지지하지 않지만, 나는 **반쪽짜리**etwas Halbes, "완성되기" 전에 유산된 동물로서의 "인간"이라는 강력한 이미지만을 차용하고자 한다. 그리고 우리 안의 야수적 동물을 "길들이"거나 감출 목적으로 존재하는 어떤 것이 아니라, 동물로 존재하기의 존재론적 불완전함이라는 이 지점에서 발생한, 혹은 정확히 그곳에 닻을 내린 문화와 도덕성에 관한 이미지를 말이다. 이것은 반은 동물, 반은 다른 어떤 것으로서의 인간 이미지가 아니다. 어떤 것을 결여하고 있는 동물 부분으로 존재하는 인간의 이미지, 그리고 이 결여이자 이 상실 부분을 감추고자 옷(가장)으로서 등장하는 "인간성"의 이미지다. 이 이미지는 단순히 일종의 (저속한) 진화론적 관념을 제시하지 않기 때문에 흥미롭다. 진화론적 관념은 고유한 인간성을, 상실한 유기체적 다리를 대체하는 의족처럼 결점/약점을 보완해주는 보철로 간주한다. 그러나 [앞의] 이미지는 이와 다른 것을 제시한다. 즉, 상실한 부분을 [보완하는 것이 아니라] 감추고, 옷을 입는 것이다. 말하자면, 이 공백을 (인공 다리나 기관처럼) 제거하거나 보충하지 않고, 이 공백 **위와** 공백 **주위에서** (대문자 동물의 비존재 주위에서) "인간성"을 발명하고/생산하는 것이다. 반수半獸는 옷을 차려입는다. (반수와 옷 사이에는 직접적 연속성이 없고, 환원불가능한 간극이 있다). 그리고 이제 이 옷 자체가 (더 나아가) 발전, 인간성과 궁극적인 과잉의 발명이 발생하는 **장소**가 된다.

(라캉) 정신분석은 인간적 동물에 관한 이 논쟁에서 다음과 같이 니체의 생각을 어느 정도 공유한다: 즉 인간에게는 완전히 작동하며 자립적인 동물 독립체로 이해되는 "인간적 동물"은 없다. 혼자 남겨지면 생존이나 자기보존을 위한 일종의 자동조종 장치를 장착한 동물, 인간성 제로 단계("인간적 동물")는 **존재하지 않는다.** 이로부터 한 인간이 마침내 분화하여 더 고상하고 고유하게 인간적인 열망과 성취를 향해 오르는 유사-중립적 토대로서의 제로 단계 인간(동물)은 없다. 인간적 동물은 반만 완성된 동물, 즉 기대되는 작동/기능을 하지 못하는 동물이다. 장점(인간에 있는 동물보다 많은 것)은 단점(인간에 있는 동물보다 못한 것)의 자리를 차지한다.

가장 일반적 층위에서, (본능과 다른 것인) 충동에 대한 정신분석 이론은 유기체적 기능, 욕구, 욕구의 만족이라는 이 가정된 제로 단계에서 작동하는 일탈을 개념화한 것이다. 그런데 앞선 장들에서 강조하였듯이 (그리고 다른 데서 더 정교화했듯이),5 충동(과 충동의 대상) 개념은 자연적 욕구로부터의 일탈에 관한 개념이 아니라, 다음과 같이 인간 욕구 자체의 본성을 새롭고도 놀랍게 조명하는 어떤 것이다: 즉, 인간에 있어서 하나의 욕구의 어떤 만족이라도 원칙적으로 또 다른 만족의 발생을 허용한다. 이는 그 자체를 추구하고 반복함에 있어 독립적이고 자기-영속적으로 되는 경향이 있다. 내부로부터 그것을 분열시키는 이 과잉 요소가 전혀 없는, 절대적으로 순수한 자연적 욕구는 존재하지 않는다. 충동은 생물학적, 유기체적 욕구와 기능에서 완전히 분리될 수도 없고 (왜냐하면 충동은 그런 욕구와 기능의 영역 내에서 유래하며, 그 안에서 거하면서 시작되니까), 단순히 그런 욕구와 기능들로 환원될 수도 없다.

충동들의 독립적인 삶과 자율적 논리는 더 나아가 다른 사물들, 생각들, 대상들과 결합한다. 이와 같이 욕구를 넘어선 이런 만족, 쾌를 넘어선 쾌, 이것을 라캉은 향유(주이상스)라고 부른다. 그가 "동물"과 "인간" 간의 차이를 위치시키는 곳이 바로 여기이다. 그는 가령 "한 동물이 규칙적으로 먹는다면 분명 공복의 향유를 알지 못하기 때문일 것이다"라고 말한다(Lacan, 2011, 54).

이것은 또한 라캉과 하이데거의 Sein-zum-Tode, 죽음을-향한-존재가 관계하는 지점이다. 하이데거에게 죽음을 향한 존재는 인간의 차이를 규정한다. 이는 중요한 동시대 철학 논쟁에 대한 고유한 라캉적 개입으로 여겨질 수 있다. 하이데거의 죽음을 향한 존재에 있어 죽음의 지위는

왓 이즈 섹스?

무엇인가? 죽음이 근본적으로 사소하지 않다면, 이는 단순히 죽음에 대한 우리의 자각과 관계/태도가 모든 차이를 만들고 고유의 형이상학적 차원을 열기 때문이다. 이를 아주 간단히 말하면, 죽음 때문에 우리가 어떤 존재이고 어떻게 사는지, 무엇을 하는지가 중요해진다. 이런 맥락에서, "죽음을 향한 존재," 보다 일반적으로 말해서, 동시대 철학의 인간 유한성에 대한 주제를 단순히 인간을 지지 동물과 동등한 존재로 환원시켜버리는 병적 강박 상태로 해석하는 것은 잘못이라는 지젝의 지적은 옳다. 즉, 그것을 인간이 궁극적으로 인간 특유의 방식으로 "불멸성"을 획득하도록 허용하는 고유의 형이상학 차원을 보지 못하는 것으로서 해석하는 것은 잘못이다. 이러한 종류의 해석은 칸트의 중대한 돌파에 관해 하이데거가 지적한 결정적 대목을 무시한다. 칸트의 이런 돌파는 인간 존재들이 궁극적으로 참여할 수 있는 특수한 "불멸성"을 위한 바로 그 공간이 인간 자신의 유한성 및 죽음의 가능성과의 독특한 관계로 인해 열린다는 데에 있다. 그리하여 (이 "유한성"과 죽음을 향한 존재라는 주제에 있어) 중요한 것은 그것이 "불멸성"이라는 특별히 인간적인 방식을 부인한다는 것이 아니라, 오히려 그것이 우리로 하여금 이 "불멸성"이 바로 인간 유한성이라는 특수한 방식에 근거하고 있다는 것이다 (Žižek, 1999, 163).

이러한 질문과 관련할 때, 하이데거가 정식화한 후기 칸트 관점에 라캉이 속한다는 것은 분명하다. 전환(그리고 이 전환과 더불어 하이데거와 관련한 아주 중요한 차이점)은 다른 지점에서 발생한다. 그것을 정식화하는 가장 단순한 방식은 아마도 다음과 같을 것이다 : 하이데거에게 **죽음**(인간 특유의 불멸성의 근거가 되는 바로 그 인간 유한성의 양태)에 의해 점유된 구조적 장소가, 라캉에게는 향유, 주이상스의 실재가 된다. 여기에서 라캉의 핵심은 극도로 정확하면서 동시에 지대한 영향력을 발휘한다: 즉, 인간 특유의 차원의 공간을 여는 것은 단지 죽음(의 가능성)을 향한 우리 태도만이 아니다. (가령 행위의 가능성은 존재의 실정적 질서의 인과성으로, 즉 이러저러하게 쾌를 계산하는 것으로 환원될 수 없다). 오히려 최초에 가능한 죽음에 대해 다른 태도를 취하게 되는 것은 우리가 향유라는 (원하지 않은) 부분 내에 위치하고 있다는 사실에 있다. 죽음 그 자체는 즉자적으로는 죽음 자체에 대한 "드라마틱한" 관계의 가능성을 포함하지 않는다. 이 관계는 오직 주이상스가 개입할 때만 "드라마틱"하게 된다.

> 삶과 죽음의 대화는... 향유가 삶과 죽음의 평형 상태에 개입하는 순간부터 드라마틱해진다. 매우 중요한 지점, 말하는 존재가 나타나는... 지점은 자기 자신의 몸과의 이러한 방해받는 관계이며, 이것이 주이상스라고 불린다. (Lacan, 2011, 43)

여기에서 라캉이 말하고자 하는 것은 다음과 같이 요약될 수 있겠다. 삶과 죽음의 관계는 언제나 이미 그 안으로부터 방해받고 복잡해지지 않으면 정말 진부하거나, 정말 진부한 것이 될 것이다. 매우 기초적인 수준에서, 주이상스, 즉 "자신의 몸과의 방해받는 관계"로서의 향유는 다음과 같은 사실을 나타낸다: 즉, 향유는, 모든 몸의 기본적 욕구들의 만족을 향유로 오염시키고 가미함으로써, 삶과 욕구 충족의 (가정된)

직접성 내에서 중대한 격차décalage를 도입한다. 이 격차 때문에 사태들은 정상적 혹은 자연적이라고 가정되는 것과 다른 경로를 취할 수 있는 것이다. (다시 떠올려보자. "어떤 동물이 규칙적으로 먹는다면, 그것은 분명 배고픔의 향유를 알지 못하기 때문이다.") 주이상스는 동물적 삶의 (예정된) 순환을 깨고 우리를 형이상학으로 인도한다...

그리하여 여기에서의 핵심은 단순히 인간에게 향유가 단지 "자연적" 욕구와 자기보존 추구보다 **강할** 수 있다는 것이 아니다. 핵심은 향유가 근본적으로 자연적 욕구의 바로 그 본성을 수정하며, 그것을 내부에서부터 분열시킨다는 데 있다. 우리는 더 이상 기본적인 (자연적) 핵심과 그로부터의 일탈이라는 이미지를 다루는 것이 아니다. 일탈(과 그것의 의미화하는 지지물)은 인간의 **자연**이다. 이것이 몸/정신의 고전적 구분을 허무는 것이다. 이는 정신의 존재를 단순히 부정하거나 정신이 (곧바로) 몸에서 연역될 수 있다고 주장함으로써가 아니라, 몸속에 있긴 하지만 완전히 있지는 않은 어떤 것에서 정신이 연역될 수 있다고 주장함으로써 성립한다.

라캉의 초기 관점과 다른 이와 같은 생각에서, 이런 방식으로 "몰래 자신을 들여오는" 주이상스는 전혀 스펙터클하지도 않고, 여하한 대담한 위반을 일컫는 것도 아니다. 라캉이 잉여-향유plus-de-jouir 개념을 만든 것은 이 마지막 핵심을 강조하기 위한 것이었다:

그런 이유로 나는 여기서 발생하는 것을 "잉여 주이상스"라고 설명하지만 어떤 위반을 강요하거나 저지르는 것이 아니다. 청컨대 이 모든 허튼소리에 대해 이 악물고 참으시라. 분석이 보여주는 것은, 만일 그것이 무언가를 보여주다면 … (중략) 정확히 우리가 결코 위반하지 않는다는 사실이다. 숨어 다니는 것은 위반이 아니다. 반쯤 열린 문을 바라보는 것은 그리로 들어가는 것과는 다르다… 여기에는 어떤 위반도 없다. 단지 주이상스와 다르지 않은 어떤 것의 난입, 그 장으로의 추락인 – 하나의 잉여가 있을 뿐. (Lacan, 2007, 19-20)

그러나 이 "겸손한" 판본에서조차 향유는 우리를 "인간적 동물"이라는 등록부에 돌이킬 수 없이 감금하는 폐쇄로서의 유한성이 아니다. 여기에서 라캉의 관점은 "향유, 고통, 죽음에 대한 우리 육체적 노출"에 대해 말하는 바디우의 관점과 달라진다(Badiou, 2009, 1). 외려 향유는 예기치 않게 (우리 몸의) "장으로 추락하는" 어떤 것으로서, 이 동물을 방해하고, 다른 현실성에 눈뜨게 하고, 형이상학(혹은 정치)에 눈을 뜨게 하며, 온갖 이상하고 "인간적인" 혹은 비인간적인 것들을 하게 만든다. 이 점을 정확하게 말하는 또 다른 구절이 있다:

사실, 잠든다는 것은 무슨 의미인가? 그것은 나의 영역에 있는 것, 외관, 진리, 향유, 잉여-향유를 멈추는 것을 의미한다. 이것이 잠의 역할이다. 동물이 잠자는 모습을 본 적이 있는 사람이라면 이를 알 수 있다 –[잠에서] 중요한 것은 몸과 그 자체, 즉 쾌락(le jouir)과의 관계에서 작동하는 모호성을 유예하는 것이다… 우리가 잠들었을 때, 몸은 스스로를 싸서 공처럼 만다. 자는 것은 방해받는 것이 아니다. 향유가 방해한다. 우리는 보통은 방해받지만, 우리가 잠들었을 때는 방해받지 않기를 기대할 수 있다. 이것이, 잠에서부터는, 잠을 제외한 모든 것이 사라지는 이유이다. 더 이상 외관, 진리, 잉여 향유–이 모든 것은 관련되어 있고, 그러므로 동일한 것이다–의 문제는 존재하지 않는다. 그러나, 프로이트가 우리에게 말해주었듯이, 기표는 우리가 자는 동안에도

계속 작업한다. (Lacan, 2011, 217)

그리고 여기, 이 마지막 언급에서, 프로이트 고유의 꿈의 문제와 기표의 작업이 꿈속으로 몰래 들어오는 향유의 문제가 제기된다. 향유는 궁극적으로 우리를 방해하는데, 심지어 우리가 깊이 잠들어 공처럼 몸을 말고 있을 때조차도 우리를 꿈 내부로부터 깨운다. 이러한 방해 작용이 바로 햄릿의 유명한 독백에 나오는 "걸림돌rub"이다.

> 죽는 것은 자는 것...
> 그뿐 아닌가.....잠들면 끝난다지 않는가
> 육신이 물려받은 가슴앓이,
> 수많은 타고난 충격들이.
> 이것이야말로 열렬히 바라마지 않을
> 결말이 아니던가. 죽는 것은 자는 것...
> 자는 것... 아마도 꿈도 꾸겠지, 아 그게 걸림돌이다.
> 이 필멸의 굴레에서 벗어났을 때
> 죽음이라는 잠 속에 어떤 꿈이 들이닥칠지 몰라
> 망설이게 되는구나. 그러니
> 길고 긴 삶의 재앙을 감내할 밖에.

이 문제를 만드는 것, 우리가 몸서리치며 주저하게 만드는 것은, 죽음(에 대한 생각)이 아니라, 삶의 잠 속에서와 같은 방식으로 죽음의 잠에서 우리에게 출몰할 지도 모를 것(에 대한 생각)이다. 우리를 두렵게 하는 것은 죽음의 잠 속에서조차도 어떤 것이 찾아와 우리를 방해하고 사로잡아 우리를 내버려 두지 (않지) 않는 것이다... 정확히 이런 의미에서, "죽음충동"(정신분석에서 이런 차원을 위한 개념적 명칭안)은 죽음을 목표로 하는 어떤 것이라기보다 가정된 죽음 자체의 항상성으로부터의 이상한 일탈이다. 이것이 지젝의 표현대로 그 용어를 **언데드**로 만드는 것이며, 이는 충동 개념을 이야기할 때 아주 적합한 표현이다. 또한 우리는 생명과 죽음 그 자체로는 단지 동일한 순환의 부분들이라고 말할 수도 있겠다: 즉 생명으로서 생명은 죽음에서 벗어나는 것도, 죽음의 반대편에 있는 것도 아니다. 오히려 생명은 다른 수단들을 통한 죽음의 연속이다.6 혹은, 생이 죽음에서 벗어나는 것이라 하더라도 그것은 단순한 벗어남이다. 그러나 보다 중요한 [결과를 낳는] 일탈은 일탈로부터 일탈하기로서 발생하며, 이는 제3의 과정을 생산한다: 즉 생명에서 생명이 벗어나는 것은 단순히 죽음을 생산하는 것이 아니라, 생과 죽음 모두에 출몰하며 죽지 않는undead 어떤 것으로서의 "죽음충동"을 생산하는 것이다. 생명이 그저 단순한 죽음의 기이한 연장, 자신의 기이한 우회로라면, 이 우회로 내에서 나타나는 또 다른 하나의 우회로, 생명 자체의 잠을 방해하는 또 다른 일탈, 즉 주이상스 혹은 충동이 없기 때문이다.

그러나 이 모든 중요한 강조점들에는 여전히 모종의 문제점이나 모호함이 수반된다. 왜냐하면 충동(과 그것의 구성적 일탈)을 **인간적 예외**를 구성하는 것으로 둠으로써 우리는 또한 충동 개념 안에 있는 본질적인 어떤 것을 상실하는 것처럼 보이기 때문이다. 이 문제를 보다 잘 규정하기 위해, 다른 면에서 문제가 많은 프로이트의 Trieb에 대한 첫 번역을 소환해보자: 이는 영어로 "instinct", 프랑스어로 "instinct"인데 나중에 각각 영어 "drive"와 프랑스어 "pulsion"으로 대체되었다. 문제가 많음에

도 불구하고 이 초기 번역은 실재적 문제를 가리킨다. 그리고 당연하게
도 라캉도 이 사실을 잘 알고 있었다.

> "Trieb"이라는 단어가 정신분석의 어리석음 속에서 떠맡은 모호성에 주목하
> 자... 분석 담론에서 이것의 유용성을 위해서는 성급하게 그것을 "본능
> (instinct)"으로 번역하지 말았어야 했다. 그러나 결국, 이 손해는 이유 없이
> 발생하지 않는다. 그리고 오랫동안 나는 이 번역의 문제적 성격을 강조해
> 왔지만, 그럼에도 불구하고 우리는 그것에서 이익을 얻을 수 있다. (Lacan,
> 2007, 16)

초기의 이런 "잘못된" 번역들은 프로이트를 잘못 이해한 결과일 뿐만
아니라, 실재적 어려움의 결과일 수 있다. 실로 "instinct"와 "drive" 두
번역 모두에서 불가피하게 상실되는 어떤 것이 있는 듯하다. 프로이트가
발견하여 명명한 Trieb은 보통 "동물적 본능", 즉 자기보존을 목표로
하는 일종의 타고난 생존적 자동조종장치라는 의미의 "본능"이 아님은
분명하다. 그리고 이런 차이를 지적하는 것은 중요하다. 그러나 다른
한편, 단순히 충동이 "자연/본성"이나 "동물성"과 여하간에 아무 관계
가 없는 **완전히 다른** 어떤 것이라고 말한다면, 그리하여 그것을 "인간적
예외"에 대한 (정신분석적) 매개로 만든다면, 우리는 또한 요점을 놓칠
위험이 있다. 이로 인해 너무 멀리 가서 가장 어렵고 중요한 지점을
건너뛰는 일이 발생할 수 있기 때문이다. 이 지점이란 무엇인가? Trieb
(또는 주이상스)이 분명 이도 저도 아니고, 대문자 동물도 대문자 인간도
아닌 것은 사실이다.

충동의 위상학은 사실상 두 가지 방식으로 이해될 수 있다. **인간에게 있어** 유기체적 욕구(대문자 동물을 조종하는)로부터의 일탈은 독특해서, 인간의 차이일반, 예외일반을 구성하는 것은 독특성으로서의 이런 일탈로 이해될 수 있다. 이것이 표준적 해석일 것이다. 그러나 이러한 입장에서 급진적으로 더 나아간 또 다른 해석도 가능하다. 이 다른 해석에서 ─충동의 존재로서─ 인간은 (유기체) 자연의 일부도, 자연의 예외(혹은 그 사이에 있는 어떤 것)도 아니라, **자연에 내재적인 불가능성, 교착이 그 자체로 분절되는 지점**이 된다. 이러한 관점에서 인간과 동물의 차이는 매우 특이한 것이 된다: 즉 "인간의 차이"(혹은 특이성)은 그것의 **타자**(동물일반)가 존재하지 않는다는 사실(즉 동물일반이 그 자체로 비일관적이고 생존이라는 일종의 순전한 자동조종의 힘으로 환원불가능하다는 사실)을 증명한다. 로렌조 키에자는7 최근에 "동물 섹슈얼리티" 문제와 관련하여 라캉의 초기와 후기 간에 발생하는 중요한 전환에 주목하였다. 『세미나 1』에서 라캉은 동물 섹슈얼리티를 효율적으로 딱 들어맞는 열쇠와 열쇠구멍으로 규정하는 데 주저하지 않는다. 이는 정확히 대문자 동물이 존재함을 함축한다. 다른 한편, 『세미나 19』에서 라캉이 경고하는 바, 우리가 생물학적 예외로서 벗어났다고 생각하는 것, 즉 완벽하게 이분-일의적인 재생산적 상보성이라는 "상정된 동물 모델" ─ 우리에게 성적 관계에서 중요한 것의 충분한 모델이 되는 것처럼 보이는 교미에 대한 동물이미지"─이란, **우리가** 상상적으로 동물을 "관찰하는" "영혼의 판타지fantasme animique"의 부대 효과에 불과하다는 것이다(Lacan, 2011, 96-98).

그러나 이 말이 인간과 동물 (섹슈얼리티) 간의 차이가 단순히 사라짐을 의미하는가? 꼭 그런 것은 아니다. 여전히 우리는 주이상스가 특수하게 인간적인 어떤 것을 지칭한다고 주장할 수 있다. 그러나 이 특수하게 인간적인 것은 동물의 삶에서 작동하는 일반적 비일관성을 두드러지게 하는 것에 가깝다. 그것은 (수학적 의미에서) 이 비일관성의 '한원소 집합singleton'*이다. 우리는 다음과 같이 말할 수 있다. 동물 섹슈얼리티는 단지 비일관적이지만(이것이 인간 섹슈얼리티와의 공유 지점이다), 주이상스는 이러한 모순을 유일한 원소로 포함하고 있는 집합과도 같은 무엇이다. 다시 말해서, 우리를 동물과 구분해주는 것은 우리가 **공통적으로 가지고 있을** 부정성 뽑아내기single out이다. 이것이 모든 차이를 만드는 것이다. 이 뽑아내기는 기표와 기표의 논리와 더불어 발생한다. 이러한 관점에서 인간은 동물의 예외가 아니며, 단순히 동물도 아니다. 오히려 인간은 바로 일관적인 존재자로서의 동물이라는 바로 그 관념에 제기하는 의문 부호이다. 인간은, 문자 그대로, 대문자 동물이 존재하지 않음의 살아 있는 증거인 것이다.

그러나, 이러한 주장을 더 급진적인 것으로 만들 수 있다. 이런 주장을 "자연" 혹은 물질적 현실성 그 자체로 확장하여, 자연법칙의 과정(혹은 그 규범)으로부터의 일탈이 (그 과정에서 유래하는) 인류와 동연적이 아니라 현실성과 규범 그 자체에 대해 구성적이고 "현실성의 불완전한 존재론적 구성"이라고 지젝이 부른 것과 동일한 것이라고 주장함으로써 말이다. 말하는 존재는 (유기체) 자연의 일부도, 그것의 예외(또는 그

---

* 한 개의 원소로 된 단위집합(unit set).

사이의 어떤 것)도 아니다. 말하는 존재는 그것의 **실재**(말하는 존재 자신의 불가능성, 교착의 지점)이다. 말하는 존재는 존재론적 교착의 실제적 존재다. 그리하여 중요한 것은 인간이 자연과 그 법칙에서 일탈함으로써 구별되지 않는다는 것이다. 인간은 (나머지 자연의 전부를 구성하는) 예외가 아니라 자연이 자신의 불가능성을 포함시킴으로써(만) **존재하는** 지점이다.

여기서 "자연 규범"(가령 단순한 본능, 욕구와 욕구의 만족의 동종성, 훨씬 광범위한 생물학적, 화학적, 물리적 법칙까지)은 자연의 "불완전한 존재론적 구성"에 대해서는 부차적이다. 그러나 이는 규범이나 법칙이 실제로 존재하지 않는다는 것이 아니며, 그런 법칙들이 그 자체 카오스적이고 불완전한 자연을 인간이 길들이고 인식하는 방식에 불과하다는 것을 의미하지도 않는다. 불완전한 존재론적 구성이란 카오스와 동의어가 아니다. 내가 밝히려는 요점은 이와 다른 것이다: 즉 자연 그 자체는 카오스적이지 않으며, (과학적 의미에서) "합법칙적"이다. 그러나 이 "합법칙성"은 자연 자체의 내적 적대, 모순, 혹은 "불완전성"을 구조화하는 것에 다름 아니다. **그것은 그것의 형식 자체다.** 이런 의미에서 자연법칙은 정확히 대문자 자연의 비존재성을 통해 존재한다. 그리하여 이러한 관점에서, 갈릴레이 물리학이 실제로 다음과 같은 주장과 더불어 출발하는 것은 우연이 아니다. "대문자 자연은 존재하지 않는다"(즉, 의미로 가득한 전체로서의 대문자 자연은 존재하지 않는다). 대문자 자연의 합법칙성(생물학적 법칙을 포함하여)은 비일관적인 자연의 타자가 아니라, 엄밀하게 말해서 대문자 자연의 비존재성을 지닌 존재다.

충동 개념을 소개함으로써 이렇듯 다소 대담한 사변에 도달하게 되었다. 또한 충동(특히 "죽음충동")이라는 정신분석적 개념이 분명히 가장 원대한 철학적 운명 - 라캉주의 철학자들뿐만 아니라, 가령 들뢰즈와 같은 철학자에게도 - 을 지니고 있음은 분명 우연이 아니다. 성이 존재론적 질문들에 깊이 도달하여 그 질문들을 중요하게 다시 만드는 작업을 하는 것은 정확히 충동 개념 덕분이다. 프로이트가 자신의 글 「쾌락원칙을 넘어서」에서 처음 죽음 충동 개념을 도입했을 때, 그는 이미 거칠고 매우 논쟁적인 사변들로 간주되는 것 속으로 과감하게 모험하고 있었다. 바로 그런 이유로 우리가 면밀히 주목하고 숙고할 필요가 있는 사변들 말이다.

죽음충동 I : 프로이트

라캉주의 철학자들 사이에서 죽음충동 개념은 매우 중요하고도 집요한 부분이어서 다양한 개념적 논의들에서 핵심 지점으로 나타난다. 이 개념이 가리키며 명명하는 것에 대한 많은 설명(과 사례들)에도 불구하고, 여전히 이 개념을 둘러싸고 많은 혼란이 있다. 당연하게도, 정신분석에 관해서라면 이 개념이 작업 현장에서 중요한 것으로 존재하고 또 여전히 그러하다는 사실에서, 이런 혼란이 대부분 유래한다. 프로이트의 다른 관념들이 더 발전가능한 개념의 변화를 멈추고 완전히 정립되고 고정된 것은 아니지만, 죽음충동은 모종의 개시적이고 근본적인 정박지를 상실하고 있는 것 같다. 이유는 매우 단순한데, 프로이트가 「쾌락원칙을 넘어서」에서 죽음충동Todestrieb이라는 용어로 처음 도입한 것이, 정확하게 "우리"(나는 스스로를 이 개념으로 주로 작업하는 라캉주의자들 중 하나로 생각한다)가 그 용어로 의미하는 바는 아니기 때문이다.

예컨대 프로이트는 여기서 처음으로 자신이 죽음충동이라고 부를 것에 관한 가능한 기원들을 추측하고 있다:

> 생명의 속성들은 우리가 그 본성을 개념화할 수 없는 어떤 힘의 작용에 의해 무생물적 질료에서 어느 땐가 나타나게 되었다... 그때까지 무생물적 기체였던 것에서 생겨난 긴장은 자신을 없애려 분투했다. 이런 식으로 최초의 본능(Trieb)이 생겨나게 되었다. 바로 무생물적 상태로 되돌아가려는 본능 말이다 (Freud, 2001b, 39; 국역본: 지그문트 프로이트, 『정신분석학의 근본개념』, 윤희기, 박찬부 옮김, 2011, 310쪽, 이하 프로이트, 2011, 쪽수로 표기하며 번역은 일부 수정함).

여기서 가정된 본래의 항상적이고 긴장없는 상태를 다시 얻으려는 이 "본능", 혹은 충동은 프로이트가 죽음충동이라고 부르게 될 것이다. 다음은 지젝이 죽음충동에 관해 말한 것이다:

> 분명 죽음충동이 의미하는 바, 살아있는 유기체의 가장 근본적인 경향은 긴장 상태를 유지하고, 완전한 항상성의 상태를 획득한 최종적인 "완화"를 회피하는 것이다. "쾌락원칙의 너머에 있는" 것으로서의 "죽음충동"은 긴장상태를 끊임없이 반복하려는 유기체의 바로 그 고집이다. (Žižek, 2004, 24)

그러나 이러한 지젝의 주장이 단순히 (좋게 말해) "오해"나 (최악의 경우) "의도적 날조"가 아니라, 사실 처음 인용문에서 두 번째 인용문으로 나아가는 정신분석적 (프로이트적) **논리**가 존재함을 주장하는 것이 중요하다. 이 장에서 나는 프로이트의 아주 흥미롭고 복잡한 글인 「쾌락원칙을 넘어서」(그는 이 글을 1920년에 썼다.)의 몇몇 부분들을 면밀히 독해하면서 이 논리의 개요를 보일 것이다. [프로이트의] 이 글은 결코 "선형적"이지도 않고, 분명히 프로이트의 입장의 몇몇 중요한 전환들에 연루한다. 나는 프로이트가 죽음충동 개념을 도입함으로써 가장 놀라운 사변적 반성을 감행했던 글의 중반에서 시작하려 한다. 이 부분들은 아주 중요하게 봐야 하는데, 이 부분들이 최초로 죽음충동 개념을 도입하기 때문일 뿐만 아니라, 생명 개념에서 어떤 종류의 존재론적 일관성 혹은 근거를 박탈하면서, 우리의 생명에 대한 (그리고 생기론의) 자연스러운 이해를 아주 흥미롭게 "해체"하고 있기 때문이다. 거기서부터 나는 프로이트 글에 있는 몇몇 전환들과 모순들을 보이며 따라갈 것이다. 그러면서 죽음충동에 관한 다른 관념을 구성하면서도, 이 글의 다른 지점들, 특히 그가 계속 회귀하는 입장의 전환들과 의심들에 함축되어 있는 것을 보여주고자 한다. 나는 죽음충동에 대한 진정한 정신분석적 개념이 실상 프로이트가 자신의 죽음충동에 관한 관념과 거의 대립되는 것으로 본 현상, 즉 섹슈얼리티(그가 "생충동"이라고 보았던 "성적 충동")와 관계되어 있음을 논의할 것이다. 그리고 우리가 프로이트의 죽음충동에서 라캉의 죽음충동개념으로 이행하는 논리의 열쇠를 발견하는 것은 정확히 섹슈얼리티에 근거해서임을 보일 것이다.

거두절미하고 「쾌락원칙을 넘어서」의 이 길고 가장 흥미로운 구절을 살펴보자.

만일 우리가 모든 생명체는 **내부적** 이유로 죽는다는 것 – 다시 한 번 무기체가 되는 것– 이 예외 없는 경험이라는 점을 받아들인다면, 우리는 "**모든 생명체의 목적은 죽음이다**"라고 말하고, 또 더 과거를 생각해보면 "**무생물적인 것이 생명체보다 먼저 존재했었다**"고 말하지 않을 수 없을 것이다.

생명의 속성들은 우리가 그 본성을 개념화할 수 없는 어떤 힘의 작용에 의해 무생물적 질료에서 어느 땐가 나타나게 되었다... 그때까지 무생물체였던 것에서 생겨난 긴장은 자신을 없애려 분투했다. 이런 방법으로 최초의 본능(Trieb)이 생겨나게 되었다. 바로 무생물적 상태로 돌아가려는 본능 말이다. 그때 생물체가 죽는 것은 쉬운 일이었다. 그 생명체의 과정은 아주 짧았을 것이고, 그것의 방향은 그 어린 생명의 화학적 구조에 의해 결정되었으리라. 그러므로 오랫동안 아마도 생물체는 끊임없이 새로 만들어지고 쉽게 죽어갔을 것이다. 그러다가 결정적인 외부의 영향이 바뀌고, 여전히 살아남은 생명체가 자신의 생의 본래 과정에서 더욱 더 갈라져 나와서, 죽음이라는 자신의 목적에 도달하기까지 더 복잡한 우회로를 만들었어야 했다. 보수적인 본능들에 의해 충실히 계속되는, 죽음으로 에둘러가는 이 경로는 그러므로 오늘날 우리에게 생명 현상의 모습을 보여줄 것이다. (Freud, 2001b, 39; 국역본: 프로이트, 2011, 310쪽)

여기서 프로이트는 무엇을 말하고 있는 것인가? (모든 살아있는 것은 결국 죽고, 내부적 요인으로 죽는다는) 결과적 관점에서 보자면, 죽음은 삶의 가장 근본적인 목표로 나타난다. 프로이트는 죽음충동의 일차적 성격을 (생명 그 자체에 내재한 충동으로서) 제시하고 있다. 또한 보수적인 본능들을 이런 근본적 충동으로부터의 우회를 강화하는 힘들로 규정한다. 그러므로 "생 본능"(혹은 자기-보존 본능)은 일종의 긍정적(이고 자연스러운) 생명의 힘이 아니라, 생명의 일차적 충동인 죽음충동과 관련해서는 **이차적인** 형성물이다. 이는 우리의 자연스러운 지각에 있어서는 오히려 놀라운 반전이다. 이러한 프로이트의 관점에서, 삶을 긍정하고 보존하는 데에 어떤 본래적이고 자연스러운 것도 존재하지 않는다. 생 본능은 (자동조타석의) 자동장치이지만, 존재론적으로 일차적이지 않다. (여기서 프로이트에게 존재론적으로 일차적인 것은 말 그대로 "죽음을-향하는-존재"이다.) 생 본능들은 "지식"(노하우)의 형태이며, 죽음(충동)이라 불리는, 즉 생명에 함축된 근본적 부정성으로부터 **이런 우회를 보존하는** 데 필수적이다. 죽음충동은 일종의 생명의 근본적이고 **존재론적인 피로** 그 자체이다. 그것은 화려하고 생기넘치는 모든 형태의 생명 아래에 면면히 흐르고 있지만, 이런 생명의 형태들의 대립이 아니라, 이런 형태들 모두에 존재한다.

이런 사변은 이상하게 들리지만, 너무 빨리 일축되어서도 안 된다. 생명의 본래적인 **힘**이나 "의지"가 존재한다는 자동적(이지만 문제적이고 심지어는 공상적)인 전제를 문제삼으면서, 프로이트는 훨씬 흥미로운 가설에 근거를 놓을 수 있었다. 그가 말한 바는 기본적으로 다음과 같다. 생명은 우연적이며, 살기를 **원하는** 어떤 (신비로운) 의지는 존재하지 않는다. 우리가 "생명적 힘들"이라고 생각하는 것은 생이라 불리는 우연(들)의 되풀이의 과정에 있는 본능들이다. 그것들은 이런 되풀이의 경로를 어떻게 보호(보존)하는지 "알고 있다." 그러나 어떤 것도 **원하지** 않으며 어떤 것도 목표로 하지 않는다.

여기서 프로이트가 말하고자 하는 것은 생본능과 죽음본능 사이의 싸움이라는 수사(그가 어떤 지점에서는 그렇게 말하기도 한다)와는 꽤 다른 것이다. 이런 수사는 마치 두 원칙들이 서로 싸우는 양, ("살려는 의지"와 "죽으려는 의지"라는) 독립적인 두 힘들이 존재한다고 암시한다. 그러나 프로이트가 위의 구절에서 말하려는 바를 면밀히 살펴보면 이런 수사는 **타당하지 않다.** 여기에는 어떤 투쟁도 없다: 생명은 죽음으로 가는 우회로이며, 보존본능들은 이 경로의 포장도로이다. 보존본능들은 죽음과 함께하며 죽음과 구별될 수 없는 것이다. 그것들은 어떤 것도 "원하지" 않고, 죽음과 "싸우지도" 않는다. 그것들은 단지 무생물로 가는 이 특별한 우회로를 작동시키려는 자신의 일을 할 뿐이다. 엄밀히 말해, 이 보존본능들은 **이 경로를 유지하는** 일을 하는 것이지, 단순히 "생명을 유지하는" 일을 하는 것이 아니다. 프로이트는 이 지점을 더욱 분명히 하고 있다:

> 이런 관점에서 볼 때, 자기-보존본능, 권력본능, 지배본능들의 이론적 중요성은 크게 감소한다. **이런 본능들은 부속/부분**(component[partialtrieb]) **본능이며, 유기체가 죽음에 이르는 자신만의 길을 따를 것을 확보해주고** 유기체 자체에 내재하는 것들 외에는 무기적 존재로 돌아가려는 어떤 가능한 길도 차단해주는 기능을 한다. (Freud, 2001b, 39; 국역본: 프로이트, 2011, 311쪽)

이런 관점에 의하면, 자기-보존 본능들은 생명의 근본적 목적(죽음)을 – 심지어 잠정적으로라도– **변화**시키지 않으며, 단순히 그것에 **시간성**을 도입할 뿐이다. 이런 시간성의 양태란 본질적으로 **반복**이다. 보존본능들은 획득된/설정된 생명의 경로들을 반복한다. 이 본능들이 (외부적 요인에 의해) 그 경로들을 변경시키도록 강요받지 않는 한 말이다. 만일 경로들이 변경된 경우, 보존본능들은 수정된 경로들을 반복하는 경향이 있고, 우리는 이것을 변화, 발달, 새로운 형태의 생산을 재촉하는 본능으로 잘못 지각한다. 어떤 것도 이런 종류의 변화를 **재촉하지** 않는다. 그런 본능은 없다.

그렇다면 생명이란 무엇**인가**? 우리가 이런 프로이트의 숙고를 받아들이고 따르며 그 함축을 말한다면 말이다. 생명에게는 그 자신의 어떤 근거나 원천도 없다. 생명은 무생물에 **어쩌다 생긴** 어떤 것, 무생물에서 일어난 하나의 우연이다(아마도 그 자체의 내재적 모순 혹은 불일치 때문에 일어났으리라). 생명은 단순히 무생물의 타자가 아니다. 그것은 무생물의 중단, 방해이며, 그 안에서 나타나는 틈이다. 혹은 또 다른 사변적 관점에서 보자면, 생명은 내재적인 간극에 특이하고 분리된 형식을 제공하며, 이 간극 때문에 무생물은 단순히 자신과 일치하지 않는 것이다.

위대한 유물론자들을 따라서, 그리고 현실에 대한 인간중심주의적 (혹은 "상관주의적") 시각을 깎아내리기 위해서, 누군가는 무생물이 생명에 무관심하다고, 그것은 생명이 출현하기 오래전부터 이미 존재했었다고, 그리고 생명이 멸하더라도 오래도록 존재하게 될 것이라고 말하고 싶을 것이다. 그러나 앞에서 본 숙고들은 우리가 한 걸음 더 나아가도록 요청한다. 우리가 살건 죽건 (무생물적) 우주가 무관심하다고 말하는 대신에 (그리고 우주의 관점에서 보자면 우리 존재는 전혀 중요하지 않다고 말하는 대신에), 우리는 우리 자신을 훨씬 덜 예외적인 존재로 만들 하나의 가능성을 고려할 것이 요청되어야 하는 것이다: 즉 우리는 **무생물 자체**의 단순한 도착이자 이상한 쾌인 것이다. (프로이트도 논의 했던 "대양감"을 불러일으키면서) 우주라는 위대한 전체 혹은 순환의 통합적이고 조화로운 부분을 구성한다는 의미에서가 아니라, 우주의 틱이나 경련을 구성한다는 의미에서 말이다.

생명은 그저 무생물의 꿈이다. 더 정확히 말해, 생명은 무생물의 **악몽**(무생물의 악몽 같은 방해공작)이다. 왜냐하면 무생물은 그저 내버려 둬지기를 원하기 때문이다. 이런 의미에서, 죽음충동은 하나의 충동이 아니라 생명의 근본적인 **정동**으로서의 존재론적 피로라고 말할 수 있겠다. 그러나 그것은 피로함으로 필연적으로 경험되거나 "느껴지는" 것이 아니다. 그것은 일종의 생명의 "객체적 정동"으로 나타난다.[8]

지금까지 우리는 프로이트가 자신의 글 중반부에서 논했던 것들을 보아왔다. 이제 그 글의 처음으로 가서, 프로이트가 "쾌락원칙"이라고 불렀던 것의 일차적 성격에 관한 자신의 생각을 (재)확인한 부분을 보자:

> 정신분석이론에서 우리가 주저없이 가정할 수 있는 것은, 정신적 사건들이 취하는 과정은 쾌락원칙에 의해 자동적으로 통제된다는 것이다. 말하자면, 우리는 그런 사건들의 과정이 항상 불쾌한 긴장에 의해 작동되고, 그런 과정이 향하는 것은 그 최종 결과가 긴장의 완화, 즉 불쾌를 피하고 쾌를 생산하는 것과 일치하도록 하는 것이라고 생각한다... 우리는 쾌와 불쾌가, 마음에 존재하지만 어떤 방식으로도 "묶이지" 않는 흥분의 양과 관계시키기로 했었다. 또한 그것들을 불쾌가 흥분의 양의 **증가**에 상응하고 쾌가 그 양의 **감소**에 상응하는 방식으로 관계한다고 규정했었다. (Freud, 2001b, 7-8; 국역본: 프로이트, 2011, 269-270쪽)

이 구절에서 분명한 것은, 프로이트에게 "쾌락원칙"은 쾌락주의적으로 쾌를 추구하고 얻으려 노력하는, 적극적으로 희열과 만족을 찾으려는

왓 이즈 섹스?

것을 말하는 것이 아니라는 점이다. 쾌락원칙은 기본적으로 (긴장과 흥분으로부터의) 완화를 추구하는 것, 항상성의 상태에 이르려는 "긴장 완화"를 가리키는 것이다. 만일 우리가 프로이트의 이 시작하는 구절들을 우리가 했던 더 앞선 논의에 연결시킨다면, 항상성의 경향을 지닌 "쾌락원칙"이, 어떻게 사실상 프로이트의 사변 중 나중에 나타나는 것 ─ 모든 생명이 무생물적인 것으로 돌아가서 (무생물적 질료에서) 생명 발생에 의해 유발되는 긴장을 감소시키려는 근본적 경향에 관한─ 의 **정신적 판본**이 되는가 하는 점은 분명해진다.9 이런 정확한 의미에서, 역설적으로 들리겠지만, 프로이트가 처음에 도입한 죽음충동은 사실 "쾌락원칙"의 또 다른 이름인 것이다. 그리고 그가 계속하여 어떻게 (생명의 보존에 관계하는) "현실원칙"이 우리로 하여금 근본적 원칙으로서의 쾌락원칙에서 예외를 만들도록 하는지에 관해 설명할 때, 그는 정확히 자신이 나중에 생충동과 죽음충동의 관계를 논의하는 맥락에서 사용하는 우회로라는 동일한 이미지를 사용하고 있다.

> 자아의 자기-보존이라는 본능의 영향 하에서 쾌락원칙은 현실원칙으로 대체된다. 현실원칙은 궁극적으로 쾌를 얻기 위한 의도를 버리지 않는다. 그럼에도 불구하고 그것은 만족의 지연, 만족을 얻는 수많은 가능성들의 폐기, 쾌를 향해 멀리 에둘러가는 길로서 불쾌에 대한 잠시간의 인내를 요구하고 실행에 옮긴다. (Freud, 2001b, 10; 국역본: 프로이트, 2011, 273쪽)

이것이 정확히 우리가 앞에서 논의했던 모습이다: 즉, 생명은 무생물의 일종의 형이상학적/초물리적 쾌(항상성)로 나타나는 것의 방해이자 잠정적 지연이다. 생명/현실원칙은 죽음을 지연하는 것, 그것에 함축되어 있는 쾌락원칙을 지연하는 것이다. 쾌락원칙은 −우회와 잠정적 지연에도 불구하고− 생명의 근본적 목적/원칙으로 남게 되는 죽음충동과 그 의미상 동일하다... 모든 생명에 존재하는 것으로서, 쾌락원칙과 죽음충동([여기서는] 무생물로 돌아가려는 경향) 사이에 만들어질 수 있는 직접적이고도 **세밀한 맵핑**이 존재한다. 그리고 자기-보존본능들이 죽음충동에 대립되는 것이 아니라 죽음충동의 내재적 우회들일 뿐인 것처럼, 현실원칙은 쾌락원칙의 대립이 아니라, 그 쾌락원칙의 에두르는 연장으로 기능한다. 엄밀히 말해 여기서 포착할 수 있는 "쾌락원칙의 **너머**"는 없다. 그러므로 우리가 기대했던 것과는 반대로, "쾌락원칙 너머"에 대해 논하는 것에 상응하는 것, 그럼으로써 프로이트로 하여금 애초에 이 에세이를 쓰게 만든 것(즉, 사람들이 어떤 **분명하게 불쾌한** 경험에 매달리고 반복하는 현상)에 상응하는 것은 프로이트의 죽음충동에 대한 (본래) 관념이 아니다.

진정한 대립은 오직 다음 단계, 즉 프로이트가 −죽음충동이 유일한 충동이라는 가설로 작업한 후− 성적인 것과 동일시한 "참된 생 본능들"이라고 불렀던 것을 도입할 때 나타난다. 이제 (자기-보존본능들과 달리) "성충동들"은, 쾌락원칙과 무생물로 회귀하려는 그 원칙의 근본적인 목표가 지배하는 삶과 죽음의 순환을 벗어나는 것으로 보이는 유일한 충동들이다. 이 성충동들은 (최소한 어떤) 흥분과 긴장에서 번성한다. 생물학적으로 말하자면, 이 충동들은 생의 "끝없는" 연속에 관계되며, 그것의 "긴장"으로 유지된다. 또한 우리가 재생산(서로 다른 두 세포의 결합)에 대해 말하건, (모든 다양한 형태의) 사랑에 대해 말하건, 혹은 (예술과 같은) 모든 위대한 승화에 대해 말하건 간에, 이 충동들은 자신의 방식을 버리고 어떤 **대타성**, 차이, **타자** (혹은 최소한 타자의 향취)를 수용한다. 다른 한편, (프로이트적 의미에서) 쾌는 타자가 필요없다. (타자로서의) 타자는 오히려 쾌에게 방해가 되기 때문이다... 성충동들은 쾌락원칙에 **반하는** 것이 아니라, 쾌락원칙을 정지시키는, 우선적 **원칙으로서의 쾌락 원칙을 무효화하는 것**처럼 보인다. 성충동들은 피로의 반대인 듯하며, 성충동 자체의 추동적인 힘과 논리를 지니는 것 같다. 우리가 염두에 둬야 할 아주 중요한 것은, 이것이 단순히 **생명**의 추동적인 힘이 아니라 생명 **내부에서** 일어나는 특이한 어떤 것의 추동적인 힘이라는 점이다. 그러므로 "성충동들"과 "생충동들"의 단순한 동일시는 오도하고 있는 셈이다. 왜냐하면 성충동들은 오히려 (그저) 생이기 보다는 생에 있는 생 이상의 (혹은 생 이하의) 어떤 것을 가리키기 때문이다.

　이 부분이 프로이트가 (생명의 유일한 충동은 죽음충동이라는 가설을 탐구한 후에) 자신이 **이중적** 관점이라고 부르는 것을, '**생충동들 혹은 성충동들**'과 '**죽음충동들**' 사이의 분명한 대립(에로스와 타나토스 사이의 대립으로 빠르게 요약될 수 있는 대립)으로 설정하고 있는 곳이다. 죽음충동들은 우리가 지금까지 논의한 것(생명의 근본적이고 객체적인 정동으로서의 피로)에 상응한다. 반면 성충동들은 이런 목적 및 논리와 **갈라진다**. 그리고 다른 방향으로 작동한다. 즉 성충동들은 그저 죽음의 지연, 죽음으로 가는 생명의 경로의 우회가 아니다. 그것들은 현실적 변화를 만드는/도입하는 우회들이며, "새로운" 어떤 것을 생산한다. 그것들은 심지어 (개별 유기체의 죽음의 값을 치르면서까지 종의) "잠재적 불멸성"을 만들기도 한다.

그러나 이런 이중적 관점 또한 지속되지 못할 것으로 판명된다. 그리고 이런 관점을 약화시키고 복잡하게 만드는 것은, 단순하게 말하자면 다음과 같다. 섹슈얼리티는 "생본능들"의 관념 하에 포괄될 수 없다는 점이다. 만일 섹슈얼리티가 하나의 "생본능"에 상응한다면, 정신분석은 존재하지 않을 것이다. 왜냐하면 정신분석의 주요 발견들 중 하나는, 분명 인간 섹슈얼리티를 지도하는 근본적인 원칙(혹은 법칙)은 없다는 점이기 때문이다. 더구나 생명의 연속을 **목표로** 하는 (우리 안에 있는) 어떤 것, 그리고 그 생명의 무생물로의 귀환을 목표로 하는 어떤 것이라는 생각은 엄밀한 의미의 충동Trieb 관념에 상응하는 것이 전혀 아니다. 충동 자체는 훨씬 흥미롭고 복잡한 개념이며, 분열과 반복, 잉여 만족과 일정한 압력에 연루되어 있다. 이 지점에서 프로이트가 언급했던 융을 잠깐 참조하자면, 프로이트는 다음의 사실을 생각해낸 것 같다. 즉 충동들("생충동"과 "죽음충동들")의 이중성은 리비도를 사실 "중립적이고", 탈성화된 기체라고 생각하는 것의 이면이라는 것이다. 프로이트는 융이 "성급한 판단을 내리면서" 리비도라는 단어를 '본능적/충동적 힘Triebkraft' 일반을 뜻하는 것으로 사용했다고 말한다.10 이는 분명 프로이트 자신이 융과 갈라지는 지점에서 중요한 것이다. 즉 중립적이고 일차적인 기체가 차후에 서로 다른 충동들, 즉 리비도라 불리는 "커다란 전체"의 부분들로 나뉘고, 기본적으로 그것이 두 가지의 (상보적) 원칙들을 구성한다는 견지에서, 융은 리비도를 탈성화시킨 것이다... 다른 한편, 프로이트의 근본적인 생각은 섹슈얼리티를 탈기체화하는 것이었다. 즉 성적인 것은 고유하게 기술되거나 규정되는 어떤 원칙이 아닌 것이다. 그것은 그러한 제한이나 한계설정의 바로 그 불가능성이다. 그것은 생물학적, 유기체적 욕구 및 기능들과 완전히 분리될 수도 없고 (왜냐하면 그것은 유기체적 욕구 및 기능의 영역 안에서 기원하며, 거기서 거주하면서 시작되기 때문에), 또 단순히 그런 욕구 및 기능으로 환원될 수도 없다. 성적인 것은 인간 생의 분리된 원칙이나 영역이 아니며, 바로 그 때문에 그것은 인간 생의 모든 영역에 거주할 수 있는 것이다. 궁극적으로 그것은 "생명/삶"의 내재적 모순일 뿐이며, 결국 자기-증명적 성격을 상실하는 것이다.

글의 이 지점에서 융을 언급한 것은 프로이트에게 이것을 상기시켜주며, 사실상 그의 논의의 방향에 새로운 바람을 불어넣는 것으로 보인다. 이제 **오직 성충동들만** 존재한다(혹은 모든 충동들은 성적이다)는 가설의 방향으로 나아가보자. 프로이트는 리비도적 충동들 이외에 다른 충동들을 보여주는 것은 정신분석적 결과물에서는 없고, 리비도적 충동들은 곧 성적이라고 말하고 있다. 이제 프로이트는 "일원론"으로 향하고 있으나, 융이 주장한 바의 종류(기체-리비도 일원론)는 아니다. 프로이트는 내가 적대, 모순, 혹은 분열의 일원론(특이성)이라고 부르는 것으로 향하고 있다. 그는 이런 적대와 분열을, 우리가 앞에서 보았듯이 꽤 단일적인 "그의" 죽음충동의 기반이 아니라 성충동들 자체에 기반하여 인식하고 있다. 예를 들면, 사랑-대상은 그 자체 사랑과 미움으로 나뉠 수 있다. 혹은 라캉이 날카롭게 정식화하듯이, "나는 당신을 사랑해, 그런데 설명할 수는 없지만 나는 당신보다는 당신 안에 있는 어떤 것 – **대상**

α—을 사랑하기 때문에 나는 당신을 불구로 만들 거야'(Lacan, 1987, 263).

프로이트는 이제 과학이 우리에게 알려주는 모든 것은 오직 성충동들만 존재한다는 사실에 이르게 될 것이라는 자신의 확신을 다시 말한다. 더 정확히 말해, 오직 성충동들만이 우리가 앞선 (항상적) 단계로 돌아가는 것이 아닌 다른 어떤 곳으로 가게 만든다는 것이다. 이것은 더 집중해서 말하자면, (피로의 양상이지만 엄밀한 의미의 충동은 아닌 것으로 보이는 "무생물의 자기력"과는 달리) 오직 성충동들만이 충동이라는 단어의 그 이해 가능한 의미에서 우리를 "추동"한다.

프로이트는 리비도 자체의 성적 "본성"에 대한 자신의 중심 테제를 재확신하면서, 이 글의 후반부에 오직 성적 **충동들**만 존재한다는 가설로 작업한다. 거의 알아차릴 수 없지만, 그러므로 그 관점은 (다시) 드라마틱하게 전환되었다. (쾌락원칙으로서의) 죽음충동의 일원론에서부터 우리는 에로스와 타나토스의 이원론(즉 성충동들과 죽음충동들의 이원론)으로 이동하고, 거기서 다시 성충동들의 일원론으로 이동한 것이다.

지금 이것이 기체의 "일원론"이 아니라 기체가 하나-임이 되는 것을 방해하는 분열이나 장애물의 "일원론"을 함축한다고 말하는 것이 어떤 의미인가? 무엇보다도, 성충동들은 더 이상 단순히 생충동들로 간주되지 않는다. 왜냐하면 그것들은 생명과 죽음의 바로 그 분열을 반복 혹은 재생산하기 때문이다. 성충동들과 함께 죽음은 자신의 영속화를 조건지으면서 생에 **내속된다.** (그리고 생에 내속된—간단히 말해—이 부정성[이 "마이너스"]이 정신적 생의 바로 그 장소가 된다. 그 **정신적** 생이 무의식과 동연적인 한에서.)

프로이트는 성화된 생명 **내에서** 죽음의 반복은 세포의 수준[11]과 성적 재생산에 관련된 개체의 수준 둘 모두에 있다고 지적한다.

라캉은 이를 다음과 같이 설명한다.

우리는 성 구분이 대부분의 생명체들에게서 발견된다는 점에서 종의 생존을 보증하는 것임을 알고 있다... 그 종이 개체의 형태로 생존한다고 말해보자. 그럼에도 불구하고 하나의 종으로서 말이 생존함은 각각의 말은 일시적이고 죽는다는 의미를 지닌다. 그러므로 성과 죽음의 연결, 성과 개체의 죽음의 연결은 근본적임을 알 수 있다. (Lacan, 1987, 150)

라캉은 종종 성화의 중심에서 죽음의 이러한 함축으로 되돌아가서 재확인한다. 때로는 "죽음"이라는 바로 그 말로, 그리고 또 때로는 성적 재생산에 연관되는 더 형식적인 언어인 "감소" 혹은 "상실" (예를 들면, 그가 두 염색체 집합들의 합을 언급할 때)로 그리한다.

성적 재생산과 함께 죽음은 생명에 내속하게 된다. 죽음은 단순히 (무생물로 돌아가는 것과 같은) 생명의 목적이나 마지막 목표가 아니라, 생명의 내재적 부정성, 내부적 전제이다. 이것이 정확하게 죽음충동에 관한 (라캉의) 또 다른 관념이 그 형태를 갖추기 시작하는 데에서 핵심이다. 이러한 자기자신 안의 분열은 – 앞으로 우리가 보게 될 것처럼 – 아직 엄밀한 의미의 죽음충동에 이르지는 않지만 말이다.

그러므로 프로이트의 죽음충동 개념에서 라캉의 죽음충동 개념으로의 전환을 이해하는 데 있어서 중요한 것은, 섹슈얼리티에 대한 (프로이트적) 개념(과 그것의 무의식과의 관계)이다. 모든 것을 고려할 때 오직 성적 **충동들**만 존재한다(혹은 충동들은 정의상 성적이다)라는 프로이트의 주장과, "모든 충동은 잠재적으로 죽음충동이다"라는 라캉의 말 사이에 있는 "잃어버린 고리"는 간단히 다음과 같다: 죽음은 성적 충동들의 바로 그 중심에 잠복해 있는 것이다. 성충동들의 목적으로서가 아니라, 그 성충동들에 함축되어 있고 그 충동들에 의해 반복되는 부정적 크기 혹은 마이너스로서 말이다. 이제 라캉의 죽음충동 개념을 프로이트의 글에 기반하여 재구성해보자.

우리는 프로이트가 보존본능들(자기-보존본능들)에서 작동하는 **반복**이라고 생각한 것에서 시작할 수 있을 것이다. 이때 자기-보존 본능들은 획득된/설정된 생명의 경로(죽음으로 가는 경로에 설정된 우회로)를 반복한다. 본능들은 (우리가 알고 있듯 생명의 현상들을 구성하는) 죽음으로 에둘러 가기를 반복한다.[12] 이제 엄밀한 의미의 죽음충동을 (일종의 무생물의 자기력인) 무생물로 회귀하려는 근본적이고 편재하는 경향으로 생각하는 대신에, 우리는 그것을 이런 "보존적" 반복 속에서 발생하는 다른 (종류의) 반복에서 기원하는 것으로 생각해야 한다. 즉 **반복 속의 반복**. 말하자면 보존적 반복 안에서 우연하게 생산되는 어떤 (부분적이고 본외의extracurricular) 만족의 반복 말이다. 이것은 프로이트가 「섹슈얼리티에 관한 세 편의 에세이」에서 섹슈얼리티와 성충동들을 연역하는 방법과 매우 잘 들어맞는다. 즉 그것들은 작동과 만족의 과정, 서로 다른 유기체적 기능들의 과정에서 일어나는 잉여적인 만족/흥분이다(음식에 대한 욕구를 만족시키는 과정에서 일어나는 유명한 "구강 쾌락"처럼). 이 잉여는 긴장의 외부적 원인이 아니라 내부적 원인이며, 일정한 압력의 원인이다. 또한 역설적으로, 이런 잉여에서 기원하는 충동은 그런 긴장/흥분을 낮추거나 무화시키는 것을 목표로 하는 것이 아니라, 반대로 그것을 계속 반복하는 것을 목표로 한다. 나아가 이 우연적인 "본외적" 만족은 어떤 종류의 완화와도 일치하지 않는다. 왜냐하면 그것은 욕구의 만족이 아니고, 그러니까 이런 욕구에 의해 일어나는 긴장의 "진정"이 아니기 때문이다. 여기에서 그 동학은 매우 다르다. 왜냐하면 만족은 선존재하는 욕구에 대한 답이 아닌데도 만족이 일어나기 때문이다. 여기에서 답은 문제에 선행한다. 그리고 잉여 흥분의 완화를 생산하는 만족 대신에, 만족(과 만족의 반복)은 사실상 .더 한 **흥분**을 생산하고 **발생시킨다**. 이러한 잉여 만족의 반복은 이런 의미에서 (긴장을 낮추는 원칙으로서의) 쾌락원칙에 반하는 것이지만, 죽으려는 어떤 불투명한 의지 때문이 아니라, 예측불가능한 파생물로서 생명 그 자체 내에서 일어나는 부가적 충동 때문이다.

그러나 ―그리고 이것이 중요한 것인데― 우리는 이런 프로이트적 설명을 일종의 (죽음)충동의 **선형적** 발생을 주장하기 위한 것으로 간주해선 안 된다. 이런 주장에서 (죽음)충동은 단순히 유기체적 욕구를 만족시키는 데서 나오는 직접적 부산물로 생겨나는 것일 뿐이다. 그러나 **잉여 만족 그 자체는 아직 충동의 자격을 갖추지 못한다**. 동물들이 자신의 욕구를 만족시킬 때 어떤 잉여 만족을 경험한다는 것은 생각될 수 있는 것이긴 하다. 그러나 그것이 부분 대상(혹은 충동의 대상)으로 기능하기 위해서는, 이 만족이 동시에 존재의 의미화하는 체계에 연루된 부정성 혹은 간극의 대상적 체화(대상-대리)로 기능하기 시작해야 한다.

결국 이것이 죽음충동 **개념**의 전체적 요점이다. 라캉이 "모든 충동은 잠재적으로 죽음충동이다"라고 말했을 때 의미했던 것이 바로 이것인 것이다. 즉 죽음충동은 (부분)충동들 중 하나가 아니라, **모든 충동들 내에 있는** 하나의 능동적인 분열 혹은 일탈을 가리키는 것이다. 죽음충동은 다양한 부분충동들이 그 주위를 순환하는 부정성을 가리키며, 그런 의미에서 이 부분충동들은 죽음충동을 공통으로 지니고 있다. 이것은 그 충동들 그 자체에 내재한 분열이지, 단순히 유기체적 기능으로부터 갈라지는 충동의 분열과 같은 것이 아니다. 한편으로는, 잘 알려진 바 열거가능한 모든 종류의 부분 잉여 만족들에 연관된 충동들이 존재한다(구강, 항문, 시각 충동). 그러나 또한, 특이한 리듬과 비틂을 주는 순수하게 분열적으로 박동하는 부정성으로서의 충동도 있다. 예컨대, 세미나 11권에서 라캉은 부정성 (상실 혹은 간극) 그 자체를 표지하는 대상 a와 대상 a들의 모든 형태들 사이의 차이를 강조하고 있다. 전자는 그 충동이 그 대상 a의 주위를 순환하며, 후자는 "단순히 그것의 대리들, 그것의 형상들이다"(Lacan, 1987, 198). 그 충동들이 반복하면서 목표로 삼는 것은 단순히 (잉여) 만족이 아니라, 오히려 오직 잉여 만족을 반복함으로써만 반복될 수 있을 뿐인 이 부정성/중단이다. 이것이 정확히 충동을 "성감대의 순전한 자가-성애"와 구별시켜주는 것이다(Lacan, 1987, 179).

다시 말해, 충동의 대상인 대상 a는 항상 필연적으로 이중화되어 있다. 즉, 대상 a는 **공백**(존재의 질서에 있는 간극)**에 들러붙어 있는** 잉여만족이다. 말하자면 대상 a는 공백이자 공백의 "딱딱한 껍질"이다. 또한 그런 이유로 부분 대상들이 공백의 "대리물들"로 기능하게 되는 것이다. 그리하여 우리는 충동의 진정한 대상이 단순히 잉여만족(대상으로서의 향유나 만족)이 아니라, 그 만족에 "들러붙어" 있는 부정성이며 그 만족에 의해 반복된다고 주장할 수 있게 되는 것이다.

이것을 다른 방식으로 공식화하기 위해서, 우리는 이 충동을 가지고 사실상 그저 하나가 아니라 두 서로 다른 분열들(혹은 일탈들)을 다루고 있다는 점을 명심해야 한다. 최초에 유기체적 욕구들과 기능들을 만족시키는 과정에서 생산된 잉여 만족에 연루된 분열이 존재한다. 유기체적 기능이 작동하고 만족시키는 데에 연루된 반복은 잉여적이고 예측불가능한 만족을 생산하고, 그러면서 또 다른 반복, 즉 이 잉여 만족을 반복하는, 반복 속의 반복의 충동이 된다. 그리고 이 충동은 그것이 이제 이 둘 모두를 지배한다는 의미에서 유기체적 욕구보다 더욱 강해질 수 있다. 이것은 가령 폭식의 경우에서 중요한 것으로 보인다. 음식을 소비하는 과정에서 생산되는 잉여 만족 ─유기체적 욕구와 관계하는 잉여─ 은 (구강쾌락 등) 유기체 기능을 탈규제할 뿐만 아니라, 이런 배치의 인과성을 전도시킨다. 만일 그 잉여가 처음에는 음식에 대한 유기체적 욕구를 만족시키는 것의 부산물이라고 한다면, 음식에 대한 유기체적 욕구의 만족이 이제는 잉여 만족을 반복하는 것의 부산물이 되는 것이다. 그리고 이것[잉여만족의 반복]은 이제 생명을 해치는 것으로 (긴장을 낮추는 데 반하는 것으로) 기능한다. 그것이 생명을 파괴하길 원하기 때문이 아니라, "그것"이 향유하기를 원하기 때문이다. 실상 이것은 충동의 대상의 발생의 한 측면을 설명해준다. 즉 대상-음식이 있고, 그 다음에 대상으로서의 만족이 있는 것이다.

그러나 이것이 전체도 아니고 유일한 분열도 아니다. 이것이 잉여 만족의 발생은 설명하지만, 그러나 이 잉여 만족이 **어떤 이유로** 그와 같은 "전복적인revolutionary" 효과를 가져올 수 있는지, 그리고 사물의 질서의 완전한 전도(혹은 최소한 유기체적 기능에 대해 충동의 상대적 자율성)에 이를 수 있는지는 설명하지 못한다. 또한, 폭식을 단순히 잉여 만족에 대한 지칠 줄 모르는 추구로 이해하는 것은 너무 단순할 것이다. 왜냐하면 우리는 또한 이런 추구가 무슨 다른 (상징적인) 요구를 충족시키는지 물어야만 하기 때문이다. 그러므로: 잉여 만족은 어떤 이유로 사물의 질서의 완전한 전도에 이르는 그러한 효과를 지닐 수 있는가? 제시된 대로, 답은 다음과 같다: 왜냐하면 충동의 구조가 이 잉여 만족과는 다른 (그리고 더 한) 어떤 것, 즉 부정성을 함축하고 있기 때문이다. 이 부정성 주위로 잉여 만족이 순환하고, 이 부정성이 충동(의 구조)을 원억압과, 즉 **내장된 부정성**과 관계시킨다. 이 부정성은 존재의 "실정적인positive" 존재론적 질서와 함께 전달되는 것이다.

그러므로 우리는 충동의 대상은 "대상으로서의 만족"이라는 자크-알랭 밀러Jacques-Alain Miller의 테제를 보완해야 한다. 그러자면 만족이 그저 단순히 만족을 위한 만족으로서가 아닌, 오직 이 부정성에게 실질/내용body을 주기 때문에, 만족이 **대상**이 된다는 (충동의 대상으로서 기능하기 시작한다는) 점을 분명히 해야한다. 다시 말해, 만일 충동이 (우리가) 잉여 만족을 반복하기를 원한다면, 이것은 그것이 원하는 것은 오로지 향유하는 것뿐이기 때문이 아니다.

충동은 (우리가) 즐기기를 원치 않는다. 초자아가 (우리로 하여금) 즐기기를 원한다. 초자아(와 그것의 문화)[13]는 우리를 충동의 부침들의 빌미로 만들면서, 또한 충동을 추동하는 부정성에 접근하지 못하도록 적극적으로 막으면서, 충동을 만족(향유)의 문제로 환원시킨다. 즉 – 그리고 이점이 중요한데 – 만족(을 위한 만족)은 충동의 목표가 아니라 그것의 **수단**이다. 이 점이 "죽음충동"에 대해 심히 충격적인 것이다. 즉, 충동이 우리를 죽인다 해도 그것은 오직 즐기기를 원한다는 것이 아니다. **이 충동이 즐기기를 의미한다 하더라도**, 그것은 오직 사물의 질서에 있는 이 부정성, 간극을 반복하기를 원한다는 것이다. 향유는 수단인 반면, 그 "목표"는 존재의 바로 그 중심에 있는 결여의 반복이다.

여기에 연결된 다른 중요한 지점이 잉여만족 (혹은 향유)와 섹슈얼리티 사이의 관계에서 중요하다. 성화 그 자체(성적 재생산, 그리고 거기에 함축된 죽음/부정성)는 아직 우리가 엄밀한 의미에서의 섹슈얼리티라고 부를 수 있는 것에 이르지 못한다. 엄밀한 의미에서의 섹슈얼리티는 성화와 성적 재생산과 연루된 "마이너스", 그 부정성이 충동의 위상학과 관련된 부분대상들에서 하나의 실정적 존재를 얻게 된다는 것으로 더 나아가야 한다. 이런 부분대상들은 그저 "대상들로서의 만족"만이 아니라, 동시에 그런 부정성의 형상들 혹은 **대리들**로 기능한다. 우리가 **성화에서 엄밀한 의미의 섹슈얼리티**(말하는 존재들의 섹슈얼리티)로 나아가는 것은 오직 바로 이 이중적 운동을 통해서이다.

이것을 설명하는 다른 방법은 다음과 같다. 모든 충동이 성적이지만, (하나의 전체로서) 성적 충동은 존재하지 않는다. (섹슈얼리티는 총체화하는 기능이 아니다. 그것은 충동들을 총체화하는 것이 아니다). 하나의 전체로서의 "성적 충동"은 존재하지 않으며, 섹슈얼리티는 오직 한 가지, 즉 정확히 이 "마이너스" 혹은 공백만 공통적으로 지니고 있는 "부분대상들"의 연합에 의해 추진된다. 그 부분대상들을 "결속시키는" 것은 후자[마이너스, 공백]다. 그것들을 "결속시킨다"는 것은 이 공백이 서로 다른 부분대상들을 목표로 하는 동시에 모든 부분충동들이 그 주위를 순환하는 간극을 구성한다는 의미에서 그러하다. 그리고 이런 서로 다른 다형적인 부분 만족들이 **성적**이라고 불린다는 사실을 증명하는 것이 바로 이 공통적인 간극인 것이다. 부분충동들은 단순히 (각각의 충동들과 함께 자신의 부분대상 주위를 순환하는) 하나의 **중립적**이고 파편화된 다수성이 아니라, 부분충동들이 공통적으로 지니고 있는 부정성에 의해 "비틀어져" 있는 것이다. 즉 이 부정성이 충동들에게 굴곡을 주는 것이다. 이 부정성이 각 충동들의 "부분"이며, 모든 충동들 안에 있는 하나이자 동일한 것이다. 그럼으로써 충동의 이중적 고리가 되는 것이다. (다음의 다이어그램은 라캉의 1987에서 가져온 것임.)

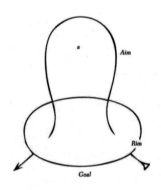

프로이트가 「쾌락원칙을 넘어서」에서 행한 고찰들을 다시 보면, 우리는 다음과 같이 결론을 내릴 수 있을 것이다. 그러므로 결국 무생물로 회귀하려는 생명의 근본적 목적을 궁극적으로 전환시킬 수 있는 것은, 역설적이리만치 정확하게 바로 죽음충동이다. 평범함 너머, 일상의 일들 너머로 뻗칠 수 있는 공간을 열어젖히는 것이 바로 죽음충동인 것이다. 우리는 프로이트가 자기-보존본능을 어떻게 설명했는지를 다음과 같이 보았다. "[자기-보존 본능들은] 부속/부분component[partialtrieb] 본능이며, **유기체가 죽음에 이르는 자신만의 길을 따를 것을 확보해주고**, 유기체 자체에 내재하는 것들 외에는 무기적 존재로 돌아가려는 어떤 가능한 길도 차단해주는 기능을 한다." 우리는 이제 죽음충동이 정확히 유기체 자체에 내재하는 **것들 외에** 무기적 존재로 회귀하려는 길들을 닦는 (그리고 추동하는) 것일 수 있다고 말할 수 있다. 유기체는 죽는다. 그러나 그것은 유기체보다 오래 사는 것들(피조물들)이 존재한다고 말하는 이데올로기적 혹은 종교적 구절 그 이상의 무엇이다. 그리고 우리가 죽음충동 개념을 위치시켜야 하고, 충동의 이중성이라는 관념을 버릴 것을 주장해야 하는 것이 정확히 이 지점이다. 오직 유일하게 죽음충동만 존재한다. 그러나 그것은 (우리가) 무생물로 회귀하기를 원하는 파괴적 경향들의 견지에서 설명될 수 없다. 그것은 정확히 (유기체 자체에 내재한 것과는 다른 방식의) **죽음으로 가는 대안적 경로**들을 구성하는 것으로서 설명될 수 있는 것이다. 죽음충동은 우리가 **다르게 죽을** 수 있음을 가능하게 하는 것이다. 그리고 결국 이것이 중요한 것이며, 이것이 생의 피로에서 벗어나는 것일 것이다. 즉 영원히 사는 능력이 아니라, 다르게 죽는

능력인 것이다. 우리는 심지어 저 유명한 베케트의 말을 빌려 죽음충동
의 모토를 다음과 같이 공식화 할 수 있을 것이다. 다시 죽고, 더 잘
죽으리니! Die again, die better!

경험 밖의 외상

지금까지 했던 죽음충동에 관한 논의에서, 우리는 「쾌락원칙을 넘어서」
의 중요한 측면 하나를 빠뜨렸다. 그것은 프로이트가 처음에 이 에세이
를 쓰면서 질문한 문제, 즉 반복의 문제, 특히 어떤 특수한 외상적 사건을
반복하는 강박의 문제 말이다. 분석이 신경증 치료에서 자주 조우하는
것 외에도, 프로이트는 일상적 삶과 다른 이런 현상의 다양한 사례들을
제시하고 있다. 프로이트는 우리가 간혹 모든 인간관계가 동일한 결과를
낳는 사람들을 마주치게 된다고 말한다. 가령, 어떤 자선가는 일정 시간
이 흐른 후 자신의 모든 피보호자들로부터 분노로 버림받는데, 그 각각
의 피보호자들은 서로 얼마나 달랐던가. 혹은 자신의 모든 우정이 친구
들의 배반으로 끝나는 남자. 혹은 자신의 일생동안 계속 누군가를 사적
이든 공적이든 큰 직권을 가진 위치로 끌어올리고 얼마 후, 그 자신이
그 직권을 무너뜨리고 그를 새로운 사람으로 갈아 치우는 사람. 어떤
이의 연애는 모두 동일한 단계를 거치며 동일한 결과를 낳는다(국역본:
프로이트, 2011, 289쪽). 또한 포르트-다(가버렸다-여기있다)라는 이름으로
악명높아진 사례도 있다. 포르트-다 라는 말은 아이가 실패를 멀리 던졌

다가 다시 가져오기를 반복하며 노는 것을 보고 사용됐던 말이다(국역본: 프로이트, 2011, 279-280쪽). 심지어 더욱 흥미로운 것은, 주체가 자신이 영향을 미칠 수 없는, 그러나 그가 동일한 숙명의 반복을 그 안에서 조우하는, **수동적인** 경험을 하는 듯 보이는 경우이다. 세 명의 남편들과 연달아 결혼한 여성의 사례도 있다. 남편들은 모두 결혼 이후 곧 병석에 눕게 되었으며 그 여성은 모든 남편들의 임종까지 간호했다(국역본: 프로이트, 2011, 289-290쪽)... 심지어 꿈의 수준에서도 그러한데, 꿈들이 가정상 쾌락원칙에 의해 완전히 지배되고 "소망 성취"에 의해 유도되는데도, 정신분석은 특정 외상적 사건을 반복하는 놀라운 강박을 발견해왔다.

반복강박 때문에 정신분석에 나타나는 기본적인 문제는 다음과 같다. 만일 우리가 – 프로이트가 했던 것처럼 – 쾌를 극대화하거나(여기서 쾌는 "긴장의 완화"로 규정된다) 불쾌를 최소화하는 것을 목표로 하는 쾌락원칙의 일차적 성격에서 시작한다면, 반복강박의 현상은 이런 쾌락원칙의 틀과 모순된다. 도대체 왜 어떤 이는 분명히 불쾌한 경험을 강박적으로 반복하게 되는 것인가?

프로이트의 설명은 다음과 같다. 우리가 반복의 기원에서 발견하는 것은 외상적 사건의 억압이다 – 반복은 기억하기의 장소에서 나타난다. 우리는 우리가 기억할 수 없는 것을 반복하기 때문이다. 그러므로 반복은 근본적으로, 구체적이면서 기원적으로 외상적인 사건 혹은 경험의 (다양한 "변장"으로 나타나는) 반복이다. 프로이트가 이런 설명의 얼개를 고수했지만, 그럼에도 불구하고 그것이 몇몇 문제점들과 아직 답이 없는 질문들을 남겨두고 있음을 그도 또한 알고 있었다. 그리고 그는 이 문제들로 계속해서 돌아왔다. 이 문제에 있어 프로이트를 사실상 매우 흥미롭고 생산적으로 읽기 위해서는, 위의 도식을 복합적으로 만들면서 반복을 새로운 관점으로 보는 또 다른 전환이 필요하다. 몇 가지 중요한 차이들에도 불구하고, 이런 읽기들은 모두 하나의 지점에서 합의에 이르고 있다. 최근에 레이 브라시에Ray Brassier가 부정성과 허무주의를 다루는 맥락에서 재차 지적한 바, 즉 반복강박이 반복하는 것은 어떤 외상적인, 따라서 억압되는 경험이 아니라, **처음부터 경험으로 결코 등록될 수 없는** 어떤 것이다. 반복되고 있는 외상은 경험의 지평 외부에 있(고 오히려 경험을 구성하는 요소이)다. 이것을 강조하는 것이 절대적으로 중요하다. 외상은 실제적이지만 경험적이지는 않다. 그리고 이것은 실제적인 것 대對 상상적인 (환상화 된) 것에 대한 문제 (혹은 양자택일) 때문에, 말하자면 물질적 현실과 정신적 현실(환상) 사이의 구분 때문에 거의 소모되어버린 기존 틀의 논쟁을 전환시킨다.[14]

브라시에는 정확히 「쾌락원칙을 넘어서」의 그 부분, 즉 프로이트가 죽음충동을 "무생물로의 회귀"와 관계시키는 부분에 기반하여 읽고 있다. 프로이트 또한 실재론적 방법으로 무생물들이 살아있는 것 이전에 존재했었음을 강조하고 있기 때문에, "시초의 상태"이자 생명의 "목표"인 비유기체는 단순히 생명의 전개에 내적인 조건으로 이해될 수는 없다. 비유기체의 현실성이 단순히 유기체적 존재의 기능/작용function만이 아니듯이, 죽음충동의 현실성은 단순히 생명의 과거 혹은 미래의 기능/작용만은 아닌 것이다.

왓 이즈 섹스?

그러므로 죽음에 의해 추동되는 반복은 마치 죽음이 생명 혹은 의식에 의해 경험되는 것들의 이전의 상태였던 것처럼 죽음을 반복하는 것이 아니다. 왜냐하면 반복을 추동하는 외상은 정확히, 체험되거나 의식적으로 포착될 수 없는 것이기 때문이다. 외상은 실제적임에도 불구하고, 외상의 현실성은 유기체의 생으로 측정될 수 없다. 그것이 의식의 자원들에 상응할 수 없는 것처럼 말이다. 그것은 오직 유기체의 기능장애로서만, 혹은 의식의 방해물로서만 등록될 수 있을 뿐이다. 그리고 반복되는 것은 바로 이 기능장애, 이 방해물이다. 따라서 외상을 (재)경험하려는 강박이 존재하는 이유는, "기원적인" 외상적 사건이 경험되었기 때문이라기보다는 그것이 오직 무의식에 등록되었기 때문이다. 그러나 그것은 다만 체험되지도 않고 경험되지도 않았던 어떤 것으로 재-경험될 수 있을 뿐이다. 왜냐하면 외상은 생과 경험의 말소를 표지하기 때문이다. 그럼에도 불구하고, 경험이 그 자체 말소할 수 없다는 사실은, 단순히 경험의 작용으로 구성될 수 없는 외상의 현실성을 가리키는 것이다. (Brassier, 2007, 236)

근본적으로 "외상적 경험"은 정확히 경험이 아니라, 소위 우리의 경험의 바로 그 조건에 내장되어 있으며, 우리가 (그 단어의 강한 의미에서) "외상적"인 것으로서 결과적으로 경험하게 되는 것의 그 조건을 구성하는 어떤 것(부정성 혹은 "상처")이다.15 외상의 객관성(우리의 "정신적 삶"으로부터 독립적임)은 우리가 "정신적 삶"을 가지게 되는 (그리고 어떤 것을 "외상적"이라고 경험하게 되는) 바로 그 조건이다. 이것은 정신분석에 대한 말라부의 비판과 관련하여 중요한 지점이다(Malabou, 2007). 정신분석에 대한 말라부의 비판은 정신분석이 실제적인 것으로서의 외상을 생각할 수 없고, 오직 (필연적으로) 심리적으로 매개된 것으로

만 외상을 생각할 수 있다는 점에 있다. 이에 대한 가장 단순한 대답은 다음과 같다: 만일 모든 외상이 "심리적으로 매개되어" 있다면, 그것은 정확히 바로 이 **매개**가 "외부로부터 오기" 때문에, 즉 이 매개가 우리로부터 독립적인 실재와 관계하기 때문이다. 매개는 우리를 실재와 분리시키는 스크린이 아니다. 그것은 그 자체 이런 실재에 참여한다. 또 이렇게 말할 수도 있겠다 : 매개는 외상(실제적인 것으로서의 외상)이다. 심리학적 의미에서 외상적인 상처가 아닌, 우리 두뇌와 몸을 단순히 직접적으로 손상시킨 상처들도 물론 존재한다. 그러나 특정 상처가 또한 (심리학적 의미에서) "외상적"인 것으로 기능할 것인가 하는 문제는, 다른 "상처", 엄밀히 말해, (우리의 신체적 경험으로 시작하는) 우리 경험 외부에 있는 또 다른 하나의 "상처"에 의존해 있다. 왜냐하면 그것이 경험의 구성과 함께 하는 것이기 때문이다.

브라시에로 돌아가자면, 그는 프로이트의 이 에세이의 한 구절을 언급하면서 자신의 독해를 더욱 입증하고 있다. 그 구절에서 프로이트는, 생물과 무생물에 관한 우리의 이전의 논의와도 관계된, 유기체적 개별화의 발생에 대해 아주 흥미로운 사변을 감행하고 있다. 프로이트의 사변에 따르면, 원시적인 유기적 소수포vesicle(즉, 작은 주머니, 세포, 방울, 혹은 속이 빈 구조물)는, 자극의 과도한 유입에 대비하여 보호 장벽을 세우기 위해 자신의 부분을 희생시킴으로써, 외부 자극이 끊임없이 그리고 잠재적으로 치명적으로 쏟아지는 것을 여과할 수 있게 된다. 그리하여 그것은 유기체 내부와 비유기체적 외부 사이의 확정적 분리를 가져오게 된다. 그러므로 유기체 내부와 비유기체적 외부 사이의 분리는 원시적 유기체 자신의 부분의 죽음이라는 희생을 치르고 획득되는 것이다(국역본: 프로이트, 2011, 296쪽). 브라시에는 다음과 같이 말한다:

> 그러므로 개별화된 유기체의 생명은 이러한 원생적(aboriginal) 죽음이라는 값을 치르고 획득되며, 그에 따라 유기체가 최초로 자신을 비유기체적 외부와 분리시킬 수 있게 된다. 그럼으로써 유기체의 개별화를 낳는 이런 죽음은 성적 재생산뿐만 아니라 유기체의 계통발생의 가능성을 조건짓는다. 결과적으로 이 죽음은 유기체에 선행할 뿐만 아니라, 유기체가 재생산을 하고 죽을 수 있게 하는 전제조건인 것이다. 만일 반복강박으로서의 죽음충동이 유기체의 생명을 추동하는 기원적이고 원시적인 원동력이라면, 이것은 반복이라는 모터 −반복하는 심급− 가 유기체적 개별화의 원생적 외상의 흔적이기 때문이다... 죽음충동은 이런 절단의 흔적이다. 묶는 것을 가능하게 하는 **묶이지 않는**(unbound) 초과로 남아 있기 때문에 결코 성공적으로 **묶이지**(집중되지) **않을** 절단 말이다. (Brassier, 2007, 237-238)

이것이 중요한 지점이며, 우리는 이 지점으로 다시 돌아올 것이다. 이것은 생명과 죽음(유기체와 비유기체, 생물과 무생물) 사이의 구별과 관계된 세 번째 요소를 분리한다. 그리고 이 요소에서 죽음충동을 "발견한다." 생의 반대인 죽음이 존재한다. 그러나 또한 바로 이런 대립의 전제조건이 되고, 그 대립에 앞선 죽음이 존재한다. 달리 말해, 죽음충동은 생명과의 관계와 죽음과의 관계 모두에서 탈구된다. 그것은 무생물로 돌아가려는 불투명한 의지가 아니라, 그 자체로는 **경험될** 수 없는 외상의 흔적이다. 왜냐하면 그것은 어떤 경험보다도 앞서있기 때문이다. 그것은 상실로 지각될 수 (경험될 수) 없는 시원적 상실("마이너스")이다.

그리고 이러한 의미에서 이런 외상에 "심리학적인" 것은 없다. 죽음충동이라는 프로이트의 기원적 "감소"가 사실상 어떤 유사한 배치와 관련된다는 것을 떠올려보자: 즉, 무생물에서 생명으로 통하는 길은 (항상적 상태의) 상실과 연루하지만, 어느 것도 (어느 누구도) 상실을 상실로서 **경험**할 수 없다. 생명이 생명으로 될 때, 생명은 이미 (무생물의) 항상적 상태의 상실 위에 구성되어 있다. 생명은 결코 이런 상실을 겪지 않는다. 프로이트가 분명하게 말하지 않은 이런 관점에서 보면, 상실로 결코 경험될 수 없었던 죽음충동의 기원에 상실이 존재하는 것이다... 오직 이런 관점에서만 "생명은 무생물로 **회귀하길** 원한다"고 말하는 것이 이해될 수 있다. 왜냐하면, 엄밀히 말해, 무생물(그것이 언젠가는 알았었던 상태인)로 회귀하길 원한다고 말할 수 있는 것은 오직 (방해받은) 무생물이기 때문이다. 그러나 다른 한편, 생명은 돌아갈 곳이 없다. 정확히 생명이 결코 소유한 적은 없으나 그럼에도 불구하고 상실했던 것으로 돌아가는 것을 제외하고 말이다. 다시 말해 생명이 돌아갈 곳은 없다. 생명이 생명으로 되게 한 (내장된 것으로서의) 그 결여와 함께하는 것을 제외하면 말이다.

그러나 이런 중요한 강조에도 불구하고, 브라시에는 (긴장의 완화로서의) 쾌락원칙을 일차적 원칙으로 두는, 고전적인 프로이트식 도식에 여전히 머물러 있다. 브라시에의 성실한 프로이트적 독해에 의하면, 반복강박은 원생적 외상과 관계된 (흥분의) 묶이지 않은 초과를 제어하는 일을 한다. 그 원생적 외상이 그 자체로 결코 **경험될** 수 없었음에도 불구하고 말이다. 그러므로 반복강박은 "방어에 대한 외상적 파괴 때문에 풀려버린 흥분의 초과를 성공적으로 묶기Besetzung, 점령위해 요구되는 불안을 정신이 동원하려고 애쓰는' 기제로 설명된다. "'쾌락원칙의 너머'에 있는 것은 바로 이 묶기이다'(Brassier, 2007, 234). 다시 말해, (억압을 포함하여) 보통의 방어기제 – 쾌락원칙의 등록 내에서 과잉된 흥분을 여전히 제어할 수 있는– 가 더 이상 작동하지 않을 때, 불안은 이 묶기의 작업을 수행하기 위한 최후의 방책으로서 나타나는 것이다. 이 경우에 묶기는 "쾌락원칙 너머에서" 일어난다. 그리고 (불쾌한 경험에 대한) 강박적 반복의 역할은 이런 불안을 일으키는 것이다. 불안의 불쾌한 특징에도 불구하고, 불안은 여전히 (심지어 더 큰 불쾌displeasure에 대한) 방어인 것이다. 그리고 이런 극단적인 방어를 제공하는 반복은 궁극적으로 여전히 긴장의 완화로서의 쾌락원칙에 복무하고 있는 것이다 – 그것은 쾌락원칙 자체의 역설적 연장이다. 그리고 그때 죽음충동도 존재한다. 그렇지 않다면, 우리는 죽음충동 자체와 이런저런 (경험적인) 외상적 경험을 **반복하려는 강박** 사이의 구분이 필요하게 될 것이다. 요컨대, 우리는 죽음충동을 반복과 분명하게 분리해야 할 것이다. 브라시에의 작업의 이 마지막 방향에서 하나의 해결을 보여주는 것은, 그가 반복 자체를 흥분의 초과와 분리시키고 그것들을 말하자면 두 대립적인 측면으로 놓는 것으로 유도되었다는 것이다: 즉, 초과(혹은 죽음충동)는 어떤 경험에도 앞서는 원생적 외상의 흔적이며, 경험적으로 외상적인 경험을 반복하려는 강박은 이 초과를 제어하고 "묶기" 위해 불안을 일깨우는 **수단**인 것이다. 그러나 그러면 이것은 (죽음) 충동 자체가 본질적으로 반복에 관계되지 않음을 함축하는 것이 될 것이다. (또한 이러한 설명에

4장 객체–탈지향 존재론

서는, 원생적 외상이 불쾌한 경험을 반복함으로써 소환되는 불안에 의해 묶여져야 할 "묶이지 않는 [흥분의] 초과"로 어떻게 되고 또 어떻게 그렇게 나타난다는 것인지가 분명하지 않다.)

이러한 고찰과 어려움들은 이런 문제들에 대한 프로이트의 독해에 있어 라캉과 들뢰즈의 놀라운 근접성을 확인하는 데 훌륭한 출발점이 될 수 있다. 이 근접성은, 어떤 지점에서 이들의 경로가 분명히 갈라지고 있음에도 불구하고 꽤 오래 지속된다. 이들이 갈라지는 지점은 죽음충동의 가능한 "존재론"의 문제에서이다.

죽음충동 II: 라캉과 들뢰즈

이 문제에 있어 라캉과 들뢰즈가 공유하는 중요한 개념적 변화는, "긴장완화"의 원칙으로 간주되는 쾌락원칙이 근본적이고 일차적인 원칙을 구성한다는 테제를 강력히 거부하는 것이다. 결과적으로 이들은 또한 죽음충동을 항상성의 경향("무생물로의 회귀")과 관계시키는 가능성을 거부하고, 그럼으로써 그것을 일차적인 쾌락원칙에 — 최후의 심급에서 — 종속시키는 것 또한 거부하고 있다.

들뢰즈가 프로이트 용어인 (쾌락으로서의) "에로스"와 (죽음충동으로서의) "타나토스"를 풍부하게 사용하고 있음에도 불구하고, 그는 이것들을 두 경쟁하는 원칙들로 이해하지 않고, **죽음충동의 우선성**을 분명하게 긍정하고 있다. 즉, 이 두 가지는 결코 동일한 차원에 있을 수 없는 것이다. 죽음충동에 대한 이러한 긍정은 소위 "생기론자"로서의 들뢰즈 때문에 우리를 더욱 놀라게 한다. 그러나 그에 대해서는 어떤 모호성도 없다. 그는 『차이와 반복』의 서론에서 죽음충동에 대한 철학적으로 가장 흥미로운 점을 전개시키는데, 거기서 그는 죽음충동이란 "초월적 원칙이며, 쾌락원칙은 오로지 심리학적일 뿐이다"라고 명시적으로 주장한다(Deleuze, 1994, 16).[16] 또한 말하기를, "에로스는 반복되어야 하고 오직 반복을 통해서만 체험될 수 있다는 점에서, 반면에 (초월적 원칙으로서의) 타나토스는 에로스에게 반복을 주는 것이라는 점에서, 에로스와 타나토스는 구분된다"(ibid., 18). 다시 말해, 에로스는 오직 타나토스 혹은 죽음충동의 (현상하는 것의) 논리의 부분일 뿐이며, (일차적 원칙이기는커녕) 다른 하나의 상호보완적 원칙의 지위를 지니지 않는다. 죽음충동은 근본적(이고 유일한) 원칙이며, 어떤 종류의 긴장의 완화 혹은 "열반으로의 회귀"와도 관계없다.

라캉은 (죽음충동을 "초월적"으로 주장하는) 들뢰즈가 주장하듯 칸트적 방향으로 향하지 않고도, "모든 충동은 잠재적으로 죽음충동이다"라고 주장하면서 들뢰즈와 아주 유사한 방식으로 충동들의 이중성에 반대한다(Lacan, 2006c, 719). 라캉은 또한 그가 프로이트에게 남아 있는 아리스토텔레스적 형이상학의 잔여물이라고 생각했던 것에 대해서도 반대한다. 그는 다음과 같은 생각을 거절하고 있는 것이다. "만일 쾌락이 유일한 주장이라면 아무것도 증명하지 못할 그 원칙으로 일차적 과정을 지지하는 것은, 진드기가 개의 거죽에 매달리듯 영혼에 매달리고 있는 형국이 될 것이다. 아리스토텔레스의 윤리학이 아니라면 다른 무엇이 프로이트가 쾌와 관계시켰던 저 유명한 긴장의 완화겠는가?"

라캉과 들뢰즈 둘 모두는, "긴장의 완화"의 원칙으로서의 일차적 원칙
이라는 생각을 학문의 "자연스럽게 발생하는 형이상학"을 포함하는 특
정 철학적 형이상학의 유산으로 생각한다. 프로이트 또한 예외일 수 없
다. 그 자신이 이런 자연스레 발생하는 형이상학을 손상시켜 깎아내리는
것들을 최초로 지적하고 있음에도 불구하고 말이다. 이런 보다 정확한
의미에서, 이 지점에서 나타난 라캉과 들뢰즈의 프로이트에 대한 "수정"
은, 긴장을 완화시키는 본래적 경향성에 대한 주장을 단순하게 받아들이
는 것이 아니라, 사실상 프로이트의 정신에, 프로이트의 발견들 및 통찰
들에 훨씬 가깝다.

그러나 그렇다면 들뢰즈와 라캉이 말하고 있는 죽음충동(과 그것의
우선성)은 무엇인가? 그것은 공격, 파괴, 죽음에 대한 어떤 불투명한 **의
지** 혹은 경향성의 우선성은 분명히 아니다. 죽음충동 개념을 그것의 반
복과의 내재적 연결 때문에 받아들였던 들뢰즈는, 반복 속에서 다름 아
닌 기원적 **긍정**affirmation의 장소를 본다. 그 때문에, 그에게 있어서, 진정
한 문제는 다음과 같다: "심리적 삶의 가장 부정적인 요소들을 한데 모으
는 것으로 보이는 죽음에 관한 주제가 어떻게 그 자체로, 반복을 긍정하
는 지점의 가장 긍정적인 요소, 초월적으로 긍정적인 요소일 수 있는
가?"(Deleuze, 1994, 16). 죽음충동은 확실히 파괴와 죽음에 대한 것이 아니
다. 그것은, 니체가 거부했던 긍정들, 즉 언제나 어떤 것에도 "예스"를
말하는 당나귀의 긍정들과는 다른 견지에서 **긍정**을 보길 원한다면 우리
가 사유해야 할, 복잡한 개념이다. 들뢰즈에게, 죽음충동은 참된 긍정의

특권이다. 그 긍정이 그 자체로 **"선별적**selective**"**이며, 부정성의 단순한 (그리고 어리석은) 대립이 아닌 한에서 말이다. 라캉에 대해 말하자면, 그도 – "라멜라"라는 형상을 도입하고 있는 『세미나 11권』의 유명한 구절처럼 – 죽음충동을 그가 "파괴할 수 없는 생명"이라고 불렀던 것과 관련짓고 있다(Lacan, 1987, 198). 둘 모두 주장하는 바, 죽음충동은 생명과 죽음 사이의 단순한 대립과 관련하여 생각될 수 없다. 왜냐하면 죽음충동은 정확히 이러한 대립이 허위임을 보이고 그것을 최초의 자리에 (재) 배치하기 때문이다.

라캉과 들뢰즈가 공유하는 다른 핵심적인 지점은 불규칙적으로 "떠도는 초과"(묶이지 않은 잉여 흥분)와 반복 사이의 관계에 관한 것이다. 그들 둘 모두, (흥분의) 초과가 반복과 독립해서는 (그리고 반복에 앞서는 것으로서는) 어디에도 존재하지 않으며, 오직 정확히 반복 자체 안에서 그리고 반복 자체를 통해서만 존재한다는 점을 주장한다. 반복은 그저 (원생적 외상과 관계되어) 묶이지 않은 초과를 묶을 수 있는 불안을 일으키도록 고안된 수단인 것만이 아니다. 그것은 또한 역설적으로 반복을 통한 불안에 의해 "묶이는" 초과를 "생산하거나" 초래하는 것이기도 하다. 흥분의 초과는 오직 그것을 묶으려고 분투하는 반복을 통해서만 존재하며, 그러므로 **반복 자체의 바로 그 핵심에 있는 분열을** 가리키고 있는 것이다. 이것이 아마도 가장 어려울 테지만, 죽음충동과 잉여 흥분과 관계하는 그들의 반복 개념의 가장 중요한 측면이다.

들뢰즈의 작업에서, 이런 역설은 반복 그 자체가 양면적이라는 그의 복잡한 존재론에 의해 설명된다. 모든 경험적이고 구체적인 반복과 함께 다른 어떤 것이 마찬가지로 관건이 되고 (반복)된다. 바로 차이 그 자체, **순수 차이** 말이다. 반복은 어떤 것(하나의 "대상")을 반복할 뿐만 아니라, 차이 자체도 반복한다.

순수 차이는 모든 개별적 차이와 함께 스스로를 반복한다. 그리고 우리가 다르다고, 유사하다고, 혹은 동일하다고 말할 수 있는 사태들이 존재하는 것은 오직 순수 차이로서의 이러한 반복을 통해서만, 반복과 관계해서만 가능한 것이다.17 이런 이유로 반복을 동일한 배치의 반복이라는 협의로만 이해할 것이 아니라, 마찬가지로 각양각색의 차이들에서 작동하는 어떤 것으로서도 이해해야 하는 것이다. 중요한 것은, 그 "어떤 것"(즉, 순수 차이)은 매우 다양한 형식들 속에서 반복될 수 있지만, 그것은 이러한 형식들의 외부에 있거나 독립적으로 존재하지 않는다는 점이다. 순수 차이는 독립적으로 존재할 수 없으나, 동시에 그것이 반복하는 요소들로 단순하게 환원될 수도 없다. 그것은 그 요소들의 내재적이고 구성적인 차이이다. 직접적으로 또한 반복을 죽음충동에 관계시키는 들뢰즈의 좀 더 길고 결정적인 구절을 들자면 다음과 같다:

> 죽음은 물질적 모델과는 전혀 관계없다. 반대로 죽음본능은 가면이나 의상과의 관계에서 이해될 수 있다. 반복은 자신을 구성하는 가운데 자신을 위장하는 것이며, 자신을 위장함으로써만 자신을 구성하는 것이다. 반복은 가면들 아래에 있는 것이 아니라, 하나의 가면에서 다른 가면으로 만들어진다. 마치 하나의 구별점에서 다른 구별점으로, 하나의 특권적 순간에서 다른 특권적 순간으로, 변이형들과 더불어 변이형들 안에서 형성되는 것이다... 가면들은 다른 가면들을 제외하고는 어떤 것도 가리지 않는다. 반복되는 최초의 항은 없다...

왓 이즈 섹스?

위장 자체로부터 추상되고 추론되는, 아무것도 가리지 않은 반복은 존재하지 않는다. 위장하기와 위장되기는 동일한 것이다. 정신분석에서 결정적 국면은 프로이트가 몇몇 지점에서 유아기의 실제 사건들이 궁극의 위장되는 항들로 설정되었을 것이라는 가설을 포기했을 때이다. 이런 포기는 모든 것이 이미 가려지고 위장되는 죽음본능에 침잠된(immersed) 환상의 역량으로 대체하기 위함이었다. 요컨대, 반복은 그것의 본질에 있어서 상징적이며, 상징들이나 시뮬라크르들은 반복 자체의 문자이다. 차이는 위장의 방법으로, 그리고 상징의 질서로 반복 속에 포함되는 것이다. (들뢰즈, 1994, 17; 국역본: 질 들뢰즈, 『차이와 반복』, 김상환 옮김, 민음사, 2004, 60쪽, 이하 들뢰즈, 2004, 쪽수로 표기하며 번역은 일부 수정함)

마지막 부분은 브라시에의 주장의 들뢰즈 판본이다. 즉 반복의 경험적인 외상적 **원본**은 존재하지 않는다. 반복되는 것은 어떤 외상적인 것이 아니고, 그러므로 억압된 **원본적** 경험이 아니다. 들뢰즈는 이를 더 밀고 나가서, 반복**으로** 유도하는 어떤 종류의 인과성도 거부하고 있다. 그리고 반복을 하나의 절대적인 시초로 두고 있다. 이로써 그는 프로이트의 주장을 바로 전도시키고 다음과 같이 말한다. "우리가 억압해서 반복하는 것이 아니라, 우리가 반복하므로 억압한다. 더욱이 — 동일한 사태에 이르는 데— 우리는 억압하기 때문에 위장하는 것이 아니라 우리가 위장하기 때문에 억압한다. 우리는 반복의 결정적 중심 덕분에 위장하는 것이다"(ibid., 105; 국역본: 질 들뢰즈, 2004, 239쪽).[18] 외상적인 잉여는 오직 반복 **안에서** 그리고 반복에 **의해서** 생산된다. 오히려 반복(과 그것이 필연적으로 도입하는 초과 혹은 잉여 대상)은 억압의 원인이지 그 반대는 아닌 것이다.

이런 밀도 있는 사변을 풀자면, 죽음충동에 관한 초기의 논의로 돌아가는 것이 유용할 것이다. 그와 함께 우리도 또한 충동의 대상의 두 측면들과 관계하는, 두 분열된 혹은 두 종류의 차이를 다루고 있었음을 기억하자.

한편으로, 충동의 대상은 욕구의 대상과 다르며, 자신만의 논리를 따르는 또 다른 잉여 만족에 연루된다. 다른 한편, 이 "대상으로서의 만족"은 그 자체 이미 (혹은 또한) 얼굴 없는 부정성의 대표, "형상"이나 "대리"이다. 이 얼굴 없는 부정성이 다름 아닌 결코 상실로서 등록할 수 없는 "불가능한 상실", 개별자의 외상이 아닌 "원생적 외상"이다. 그러나 이것이 개별자의 외상은 아니지만, 말하는 존재들에 있어서, "원억압"의 개념에서 중요하며 그러므로 무의식의 개념에서 중요한, (기원적으로) 상실된 기표, 내장된 상실과 함께 하는 것이다.

우리가 이것을 들뢰즈 (그는 놀랄 것도 없이 "원억압 개념"을 강하게 지지한다)[19]와 연관시킨다면, 우리는 모든 차이들과 더불어 스스로를 반복하는 그의 차이 개념이 정확히 충동의 이러한 위상학을 가리키고 있다고 말할 수 있을 것이다. (반복의 핵으로서) 순수 차이는 들뢰즈가 가장 긍정적이고 생산적인 "힘"이라고 했던 이러한 부정성이다. 그리고 우리는 이미 이전 장에서 이 부정성이 정신분석에서 어떻게 "결속하는unifying" 특이성으로 생각될 수 있는지를 살펴봤다: 즉, 가정상 기원적으로 자유롭고 카오스적인, 파편화된 (경험적) 충동의 다수성은 **이미** 어떤 "결속하는" 부정성의 **결과**이다. 즉 이런 다수성은, 충동들이 그 주위를 순환하면서 충동들을 충동들로 만드는 간극의 결과인 것이다. 그러나 이 근본적인 부정성은 – 다시 말하자면 – 들뢰즈의 "일의성univocity" 개념과 놀랍도록 닮아있다는 아주 특수한 의미에서 "결속하기"이다.

들뢰즈는 그가 여기서 문제가 되는 근본적인 부정성을 사유하는 데 사용하는 두 가지 묵직한 개념들을 갖고 있다. 바로 차이(『차이와 반복』에서 개념화된 근본적이고 개별화하는 차이)와 『의미의 논리』에서 중요한 역할을 하고 있는 "균열crack, fêlure"이 그것이다. "균열"의 견지에서 이 통일하는 부정성을 개념화하는 것은 덜 알려지고 덜 논의되고 있으며, 그것이 오히려 현재의 맥락에서 다시금 상기해야 할 이유가 된다.

들뢰즈는 피츠제럴드의 소설인 『무너져 내리다The Crack-Up』(프랑스어로 La Fêlure로 번역됨)의 균열fêlure 개념을 도입하여, 그로부터 고유한 개념으로 만들고, 졸라에 관한 자신의 논의에서 그것을 더욱 확장시켜 발전시키고 있다. 그는 졸라에 대해 논의하면서 – 중요한 자리매김인 – 『의미의 논리』를 결론짓고 있다. 들뢰즈는 다음에 오는 졸라의 『인간짐승La Bête humaine』의 놀라운 구절을 자신의 시작 지점으로 가져온다.

그 가족은 실제로는 꽤 정상이 아니며, 구성원 모두가 어떤 결점(fêlure)을 가지고 있었다. 특정 시기에, 그는 이런 유전적 오점(fêlure)을 분명히 감지할 수 있었다. 그의 건강이 나쁜 것은 아니었다. 그것은 그저 그가 어렸을 때 마른 몸에 시달리게 했던 발작에 대한 신경과민과 수치였을 뿐이다. 그러나 그의 존재에 있는 불안정성이라는 발작들, 균열들(cassures)이나 구멍들 같은 평형상태의 상실이 있었다. 그의 인간성은 모든 것을 뒤틀어버리는 짙은 안개 속에서 그 구멍들 밖으로 조금씩 새어나가는 듯했다.[20]

들뢰즈는 먼저 균열이, 유전병적 요소가 몸을 표지하면서 통과하는 길을 가리키는 것이 아님을 신중하게 강조한다. "유전은 균열을 통해 통과하는 것이 아니다. 그것은 균열 자체 **—지각 불가능한 틈 혹은 구멍이다."²¹** 유전은 균열을 통해 통과하지 않으며, 통과하는 것은 균열(틈, 구멍)이다. 그는 나아가 이 "웅장하고" "장대한" 유전을 그가 "작은" 유전이라고 부르는 것과 구분한다. 우리가 통상 이 용어로 의미하는 바는 다음과 같다: 결정된 어떤 것의 전달, 동일한 것의 "복제/재생산"으로서의 전달. 그것들이 결코 서로에게로 환원되지는 않지만, 매우 밀접하게 관련되어 있다. 이 관계를 상상하는 한 방법은 (다시 졸라를 따라서) 그 균열과 그것의 주변들 사이의 관계에 관한 것일 것이다. 균열 주변에 퍼져있는 것이 졸라가 기질, 본능, 왕성한 식욕이라고 부르는 것이다. 들뢰즈는 "본능들"(과 그것의 대상들)이라는 관념으로 균열의 신체적("경험적") 외양을 가리킨다.²² 균열은 어떤 신체적 외양이 없이는 그저 "분산된 잠재성"으로만 있을 뿐이다. 그리고서 그는 두 차원들 사이의 관계에 대해 아래와 같이 공식화 할 것을 주장한다. 이것은 그가 『차이와 반복』에서, 라캉의 충동의 위상학에 관한 논의뿐만 아니라, (순수 차이/존재로서의) 반복과 그것의 가면(외양) 사이의 관계를 보여주는 방식을 반향하고 있다.

만일 본능들이 오직 균열의 가장자리에서만 형성되고 자신들의 대상을 발견하는 것이 참이라면, 균열은 자신의 과정을 반대로 밀고 나가고, 자신의 연결망을 뻗칠 것이며, 방향을 바꾸고, 본능들과 관계하는 각각의 신체 속에서 활성화될 것이다. 그리고 그 본능들은 그것을 위해 길을 내며, 이따금씩 그것

왓 이즈 섹스?

을 약간씩 고치고, 넓혀나갈 것이다... 이 두 질서들은 서로 단단히 결합되어 있다. 마치 어떤 고리가 더 큰 고리 안에 있는 것처럼. 그러나 이 둘은 결코 혼동되지 않는다.23

이것이 들뢰즈가 충동의 위상학에 연루되는 두 질서, 두 차원과 관계하여 주장한 배치이다. 즉, 얼굴 없는 부정성으로서의 균열은 스스로를 각각의 충동의 대상과 함께 반복하고, 이 대상을 (대상으로서) 바로 그 반복 내에서 구성한다. 균열과 부분대상은 서로 다르지만 결코 분리할 수 없는 충동의 두 차원들이다.

충동에 대한 라캉적 개념 및 위상학과의 근접성은 심지어 『의미의 논리』의 다음 구절에서 더욱 눈에 띄게 된다.

균열은 죽음을 가리키고, 이런 공백이 **죽음-죽음본능**이다. 본능들은 큰 소리를 내고 소음을 만들거나 떼지어 돌아다니겠지만, 이 더욱 심층적인 침묵을 가릴 수도 없고, 숨길 수도 없다. 이 침묵으로부터 본능들이 나오고 본능들이 회귀한다. 즉 죽음본능은 **단순히 다른 본능들 중의 한 본능이 아니라**, 모든 본능들이 그 주변으로 모여드는 균열 자체다. (Deleuze, 1990, 326; 국역본: 질 들뢰즈, 『의미의 논리』, 이정우 옮김, 한길사, 2009, 506쪽, 이하 질 들뢰즈, 2009, 쪽수로 표기, 번역은 일부 수정).

이것은 실로 라캉의 『세미나 11』에서 바로 나온 듯이 보인다.24 죽음본능(죽음충동)은 충동들 중 하나의 충동이 아니고, 충동들이 그 주변으로 모여드는 바로 그 균열이다. (이런 이유로 라캉이 "모든 충동은 잠재적으로 죽음충동"이라고 말할 수 있는 것이다.) 각각의 부분 충동 (혹은 그것의 대상)은 이 균열의 반복이다. 반대로, 반복은 이 대상을 대상으로서 구성한다.

　이는 또한 라캉이 섹슈얼리티와 그 (언제나) 부분적인 충동들 사이의 관계를 논하는 맥락에서 매우 흥미로운 지점이다. 현상학적 관점에서 고려되는 섹슈얼리티는 몇몇의 서로 다른 부분 충동들로 구성되어 있는 것으로 보이고, 섹슈얼리티는 이 부분충동들에 다소간의 성취된 결속 unification을 제공한다. (그리고 이것은 기본적으로 그 문제에 대한 프로이트의 관점이다.) 우리가 라캉적 관점에서 ─ 그리고 우리는 분명히 여기서 사변적 차원에 있는데─ 이 부분에 추가해야 할 것은, 우리는 또한 부분충동들에 앞서는 것으로서의 성화를 볼 수 있다는 점이다. 일종의 일차적 기체로서가 아니라, 정확하게 충동들이 그 주변으로 "모여드는" 구멍/균열로서 (이런 의미에서 실재로서) 말이다. 라캉이 성적 ("성기적") 충동은 없음을 어떻게 강조했는지 우리는 이미 보았다. 즉, (다양한 성적 "행위"로서의) 섹슈얼리티는 그 자신의 근본적인 결여의 지점에서 나타난다. 이 차원을 고려하면, 섹슈얼리티는 충동들을 "결속"하지만, 충동들을 얼마간의 (성적 행위의) 일관적인 전체 속에서 결속함으로써가 아니라, 정확하게 충동들이 그 주위를 순환하고 계속해서 회귀하게 되는 균열로서 결속하는 것이다. "성적인 것"은 서로 다른 충동들이 공유하(고 반복하)는 "균열"을 가리킨다. 이런 차원을 받아들이면, 섹슈얼리티는 실로 죽음충동의 동의어인 것이지, 에로스가 타나토스에 대립하듯 죽음충동에 대립하는 것이 아니다. (그리고 규범성 ─ 문화적으로 미리 정해진 규범적 섹슈얼리티─ 은 이 균열의 지점에 개입한다. 규범성의 일차적 목표는 부분충동들의 기원적 이질성을 통일하고 "길들이는" 것이 아니라, 오히려 **모호하게** 만들고 동시에 이 기저의 균열과 그것의 "생산성"을 **착취**한다.)[25] 이것이 또한 라캉의 섹슈얼리티와 성차 논의에 대한 비판이 통상적으로 놓치고 있는 지점이다. 라캉 정신분석은 (보수적인) 규범을 촉진하는 것이 아니라, 이 규범을 먹여 살리고 그것을 계속 작동시키는 사태를 노출하려는 것이다. 이 사태는 단순히 충동들의 카오스적인 다수성이 아니라, "체계 내의 균열"이다. 그것은 또한, 만일 우리가 성 정체성들의 각양각색의 다양성이 존재한다는 생각을 받아들인다면, 인간 섹슈얼리티에 형태를-주는in-form 균열이 단순히 사라질 수 있다고 생각하는 것은 옳지 않음을 주장하는 것이다. 라캉적 관점에서, "성적 정체성"은 그 용어상 모순이다. 상당히 비판을 받는 정신분석의 '둘'에 대한 "편애"(또한 그것이 "**둘이 아님**"이라는 형태를 띠고 있을 때도)는 성적 재생산의 생물학(이나 해부학)에서 오는 것이 아니라, 이런 재생산에 있어서 **문화 내에서 뿐만** 아니라 생물학에도 **빠져있는** 것으로부터 오는 것이다. 달리 말해, 그것은 성관계가 "그럼에도 불구하고 현실을 구성하는 환상들로 자양분을 공급해주는 인간의 현실에서는" 전혀 "맞지 않다"는 사실에서 온다는 말이다(Lacan, 1999, 113).

그리고 – 아마도 이는 이미 놀랍지 않은데 – 들뢰즈가 "균열"에 대해 논의할 때, 그는 또한 그것을 성화와 연결시키고 있다. "**어떤 것들**"(체세포들, 유기체의 신체를 형성하는 생물학적 세포들)과 대립되는 것으로서의 성화 말이다. 그는 " '**원시배아**germen'가 균열이며 유일한 균열이다"라고 쓰고 있다(Deleuze, 1990, 322). 그 "배아" – 말하자면 생식세포들, 성적 재생산에 연루되는 요소들 - 은 틈fêlure의 바로 그 사례이다.

『차이와 반복』에서 들뢰즈가 반복의 동력이 (반복하기의) 불가능성이 아니라는 점을 어떻게 단호하게 주장하고 있는지는 물론 잘 알려져 있다. 반복을 추동하는 것은 실패, 결여, 결함이 아니다. 반복 외부에는 아무것도 존재하지 않으며, 반복이 반복을 추동한다. 반복 그 자체가 "일차적" 원동자이며 동력이다. 그러나 우리는 이런 들뢰즈의 입장을 "부정성"과 "결여"에 반대하는 것으로 너무 성급하게 이해해서는 안 될 것이다. 우리가 죽음충동에 관한 그의 숙고(와 전유)에서 살펴봤다시피, 사태는 더욱 복잡하고 훨씬 흥미롭다. 오히려, 요점은 이 특이한 "부정성"(균열, 구멍)이 그에게는 긍정의 일차적 장소라는 점이다. 반복은 그 자신을 반복하는 구멍/결여이며, 그렇게 하면서, 반복은 그 주위에 있으며 그것과 관계하는 것을 반복한다. 혹은, 다르게 말하자면, 반복은 절대적 의미로 간주되는 부정성이다. 즉 어떤 것과의 관계에서 부정성이 아니라, 기원적 부정성, 거기에 존재하면서 분화되고 비교되고 실패했다고 말해질 수 있는 것을 스스로 생산하는 부정성이다. 또한 이렇게도 말할 수 있겠다. 들뢰즈는 이 부정성 그 자체를 기원적인 실정적/긍정적 힘positive force - 부정성(과 차이)의 이차적 관념과 대립되는 - 으로 간주하고 있다. 그리고 이제 전체 문제는, 결국 어떻게 이 "나쁜" 부정성을 "좋은" 부정성과 분리하는가 하는 점이 된다. 라캉과 들뢰즈 사이에서 어떤 더욱 중요한 차이들이 나타나기 시작하는 것은 바로 이 문제와 관련해서이다.

그러나 이 마지막 지점을 들여다보기 전에, 우리는 이미 라캉과 관련한 또 하나의 중요한 차이를 여기에서 판별할 수 있다. 이것은 부정성 개념과 그것의 들뢰즈적 "번역"인 가장 긍정적인 **힘**과 관련한다.

라캉의 관점에서, 반복을 "동기화하는" 어떤 것이 **있다**. 그리고 이 어떤 것은 정확히 하나의 불가능성이다. 이것이 아주 정확하고 구체적인 의미에서 이해될 필요가 있지만 말이다. 예를 들면, 그것은 어떤 것이 자신의 독특한 특이성 안에서 "반복되는 것이 불가능하다"는 것을 함축하는 것이 아니다. 오히려 그것은 반복되는 것의 **비존재**를 함축한다. **그것을 반복하는 것은 불가능하다. 왜냐하면 그것은** 통상적 의미에서 **거기에 존재하지 않기 때문이다.** 이것은, 반복되는 것이란 이전에 일어났던 일이 무엇이든 방해하는, 기원적인 외상적 경험이 아니라, (그가 실재와 연관지었던) **방해 그 자체**라는 이론의 라캉적 판본이다. 그리고 이로써 우리는 이 책에서의 나의 주장을 전개하는 데 있어 매우 중요한 지점으로, 뿐만 아니라 고유하게 정신분석적인 (라캉적) 개념인 "묶이지 않은 잉여", 즉 향유로 돌아갈 수 있다. 나는 향유가 비존재적("기원적으로 누락된") 기표의 장소에서 나타난다고 주장했었다. 이 비존재적 기표는 ─자신의 바로 그 비존재성와 더불어─ 의미화 하는 연쇄의 논리에 영향을 끼치며, 특정 방법으로 "그 논리를 기울인다decline." 그리고 그것은 (다른) 기표들에 붙어있는 향유의 도움으로 기울인다. 향유는, 존재론적으로 존재하지 않는 것에 대한, 즉 누락된 ("기원적으로 억압된") 기표에 대한, (유일한) "존재", "기체"이다. 그리고 이 향유는 **차이의 기표들을** (그것들을 연합하는) **특정 질서 내에 연결시킴으로써** 기원적 부정성을 반복하는 "접착체"이다. 내 생각에, 이것은 또한 브라시에의 통찰에 함축되어 있는 것이기도 하다. 그의 통찰에 의하면 "**묶일 수 없는** 초과는 묶는 것을 가능하게 [하는 것이다]"(Brassier, 2007, 238).

그러므로 특정하게 존재하는 의미화 연결들(증상들) 혹은 의미화의 복합체들("형성물들")은 하나의 가장이며, 기원적 부정성이 그 가장 밑에서 스스로를 반복한다. 뿐만 아니라 그것들은 무의식의 주체와 관련한 그것의 —다소 환상적이고, 향유로 가득찬— 대리표상들이다. 말하자면, —정신분석에 있어서— 대리표상과 향유의 결합nexus은, 묶이지 않는 초과(향유)와 관련된 **제3의** 요소로서의 기원적 부정성(그것을 원초적 억압, 하나-덜, 마이너스, 틈, 균열이라고 부르는)이라는 바탕에 대하여 생각되어야 한다. 라캉은 이 틈, 이 제3의 것을 자신의 실재 개념으로 강화한다. (그리고 그것을 "새로운 기표"가 종국에 개입할 수 있는 지점과 관련시킨다.)

다른 한편, 유사한 삼각구도 위상학에서 시작하는 들뢰즈는, 일자의 이중적 운동으로 그것을 무너뜨리는 경향이 있다. 틈 혹은 균열은 그 자체, 다른 의미화 가면들 혹은 "가장들"과 함께 나타나는 묶이지 않는 초과의 순수 운동이 된다.

그러므로 정신분석에 있어서, 근본적 부정성(하나의 "마이너스")과 초과 잉여(-향유) 사이의 차이가 있다. 이때 이 초과 잉여(-향유)는 부정성의 장소에서 발생하며, 이 부정성이 **하나의 특정 질서에서** 나타날 때 함께하는 기표들을 연결하고 "접착함으로써" 기원적 부정성을 반복한다. 그러나 들뢰즈에게 초과/잉여는 **직접적으로**, 다양한 가장들 속에서, 그리고 다양한 기표들이나 상징들과 더불어 스스로를 반복하는 부정성

(틈, 대문자 차이)의 순수 생산적 초과이다. 기원적 부정성은 곧바로 "실정적"이고 "생산적"인 운동 혹은 힘("충동")**으로 존재한다.** 이는 또한 "내재성의 평면"이 기본적으로 가리키고 있는 것이기도 하다. "동일한 것이 위장하고 위장되기도 한다." 여기서 – 반복하기 위해– 사라지는 것은 정확히 기원적 부정성과, 부정성의 장소에서 발생하면서 특정 질서에서 기표들을 묶는, 그 잉여 사이의 차이이다. (이 특정 질서는 필연적으로 개별적 역사의 우연들에 의존한다.)

들뢰즈가 "실현된 존재론"이라고 부를 것에 있어, 남아있는 모든 것은 대문자 차이 그 자체(순수 차이, 이것과 저것의 차이는 아닌)이다. 이 차이는 그것의 일의성에 있는 존재로서의 순수한 존재이다. 그리고 그것은 순수 **운동**이나 마찬가지이다. 마치 fêlure, 즉 "균열"이 결국 틈이 아니라 순수 운동이나 힘이듯이. **위상학적** 비유에서 **동역학적** 비유로의 이러한 전환은 들뢰즈에게 실로 중요하다. 즉, 존재와 외양의 위상학적 비-일치, 그것들의 **틈**은 대문자 차이의 순수 **운동**인 존재일반으로 "액화된다liquefied."

존재와 외양의 차이(비-일치)를 존재일반 자체의 순수하게 분화/차이화하는 운동으로 "액화"함으로써, 들뢰즈는 이 차이 속에서 스스로를 계속 반복하는 **실재**를 없애고 있다. 최소한 이것이 라캉적 입장일 것이다. **실재**라는 개념과 함께 라캉은 차이들의 배치 내에 함축되어 있지만 비가시적인 동시에 그 차이들과 더불어 반복되는, 그 틈, 균열에 개념적 지지물을 제공하고 있다. 라캉은 그것을 그것의 비가시성에서 끌어내서, 정신분석이 어떤 최소한의 일치를 그것에게 제공하는 입장에 있음을 주장하는 것이다.

들뢰즈는 이런 **실재**를 존재론화 해서, 그것을 존재로서의 실제적 **존재**로 만들려는 방향으로 나간다면, 라캉에게 본질적인 것은 이 양자[존재로서의 **존재**와 **실재**]를 확실히 분리시키는 것이다. 이와 같이 라캉이 **존재**와 **실재**를 분리시키는 것은, **존재**가 실재적이지 않음을 함축하는 것이 아니다 ─실재는 엄밀히 말해 술부가 아니다. 정신분석적 존재론과 같은 것에 대해 라캉이 의구심을 가졌다는 점은 잘 알려져 있다. 라캉은 자신만의 존재론을 발전시키려는 마음이 전혀 없다. 그러나 그 이유가 존재론이 ([칸트의] 초월론적 전회 이후) 무의미하며, 필연적으로 "형이상학적"일 수밖에 없다는 라캉의 확신에서 비롯한 것은 아니다. 실상은 그와 반대이다. 정신분석학이 존재론적인 질문과는 전혀 상관이 없다고 생각하길 항상 거부했던 사람이 있다면, 그는 라캉이다. 오히려 그의 요점은, (존재로서의 존재에 관한 학문으로서) 존재론이라는 바로 그 관념이, 내재적인 모순/불가능성의 자리를 차지하며 표지하고 있는 부가적인 개념 (즉, **실재**)에 의해 확장되어야 한다는 것이다. 그리고 주체는 이런 **모순**의 효과인 것이지, 존재의 파생물이 아니다. 실재가 있기 때문에 주체가 있다.

이것이 라캉과 들뢰즈가 점점 더 결별하는 지점처럼 보인다. 즉, 들뢰즈에게 실재론은 급진적 탈주체화를 함축한다면, 라캉에게 주체화(의 효과)는 환원불가능한 실재의 바로 그 사례 (혹은 증거)이다.

이와 관련하여 소위 들뢰즈적 기반들에 근거하고 있는 "신유물론들"에서,26 주요한 철학적 전선(주요 전쟁터)은 보통 주체에 대한 문제라는 선상에 있다. 신유물론들과 관련된 대부분의 개념적 명제들은 (담론적이라거나 초월적인 쇠창살로 가정된) "주체로부터 벗어나는 것"임과 동시에 (새로운 존재론들의 풍경으로부터) "주체를 얻어내는" 것이다 — 혹은 적어도 이런 풍경의 특히 중요한 국지적 지점이 아닌 것에 주체를 귀속시키면서 말이다.

여기서 내가 제기하고 싶은 질문은 단순히 다음과 같다. 주체가 없는데도 진정한 유물론이 될 수 있는가? 예를 들어 라캉에서 우리가 발견하는 것과 같은, 주체라는 강력한 개념 없이도? 중요한 것은, 비록 신유물론들이 소위 말해 "언어적 전회", 즉 구조주의와 후기구조주의라는 명칭이 붙은 모든 것들을 거부하는 지점에서부터 출발했다고 하더라도, 신유물론들은, "주체"가 철학적 개념 바구니에 들어 있는 썩은 사과라는 바로 그런 확신을 구조주의나 후기구조주의와 사실상 공유하고 있다는 점이다. 라캉이 (후기)구조주의의 맥락에서 눈에 띄는 이유 중 하나는 정확히 그가 이런 관점에 굴복하지 않기 때문이다. 이를 간단하게 표현하자면, 언어, 담론, 혹은 구조가 일관성 있는 존재론적 범주들이라면, 주체는 존재하지 않을 것이라는 말이다.

그러나 우리의 방식을 이런 문제들에까지 작업하기 위해서, 더욱 단순한 지점에서부터 출발하도록 해보자. (실재론으로서의) 유물론의 정의들과 이미지들 중 하나는 다음과 같다. 기만적이고 근거없는 이상들과 이상화들이라는 비판과는 반대로, 유물론은 제 발로 서 있는 것처럼 보이는 날 것의 현실, 꾸밈없는 현실, 물질적 진리, 혹은 사물의 토대를 드러내려고 한다. 지젝으로부터 빌려온 사례로서 마르쿠스 아우렐리우

스Marcus Aurelius의 『명상록』에서 인용한 것을 보자:

식탁 위에 놓여 있는 구운 고기와 음식을 보고 갑자기 깨닫게 된다. 이것은
죽은 생선, 저것은 죽은 새, 이것은 죽은 돼지. 이 고급스런 포도주는 포도의
즙이고, 자주색 로브는 조개 피로 염색한 양털이군. 성행위라는 것은 페니스를
잠시 부비고, 찰나의 경련 끝에 쏟아내는 한 줌의 희뿌연 액체인 것을.
지각이 그런 것이다. 사물에 달라붙어 그것을 꿰뚫고 들어가서 그런 사물들이
실제로 어떤 것인지를 보는 것이다. 그것이 우리가 언제나 해야 하는 것이다
─우리 인생을 통틀어 사물들이 우리에게 믿음을 요구할 때, 그것들을 벗겨서
있는 그대로 보게 되면, 말하자면 그것의 외피에 들러붙어 있는 전설을 벗겨버
리게 되면, 그것들이 얼마나 부질없는 것인지 알게 되리라.27

이렇게 본다면 유물론은 이런 의미가 될 것이다. 현실에 붙어 있는 환상
을 벗겨버리면 그것은 대단히 다른 어떤 것으로 변하게 된다. 마르쿠스
아우렐리우스가 설명한 묘책은 상상적인 것의 거품을 터뜨려서 우리로
하여금 있는 그대로의 현실과 대면하도록 강제하는 것이다. 지젝은 이런
전략의 또 다른 사례를 덧붙이는데, 그것은 가톨릭 신자에게 육신의 죄
를 범하지 않도록 경계하는 일 말이다: 말하자면, 관능적인 여성의 신체
로 유혹받을 때, 몇 십 년 지나면 그런 몸이 어떻게 변할지 상상해보라.
혹은 그보다 지금 현재도 그 살갗 아래 무엇이 있는지 상상해보라. 날
것의 살과 뼈, 체액들, 반쯤 소화된 위 속의 음식들과 배설물들...

달리 말하면, 숭고한 육신과 섬뜩한 육신이라는 한 쌍에서, 유물론자
의 관점은 섬뜩한 몸의 편에 서 있는 것처럼 보인다. 냉철한 관점은
아름답고 기만적인 외양 아래에 있는 추한 물질적 실재를 폭로하고 있

왓 이즈 섹스?

다... 이런 관점을 확실하게 뭉개버린 지젝의 방식에, 동일한 문제로 가는 또 다른 가능한 경로를 덧붙이고 싶다. 그런 기술description의 단순한 항들 (숭고 대對 섬뜩) 그 자체가 이미 이 개념의 핵심에 문제가 있다는 점을 그대로 드러내고 있다. 나는 이것을 두 단계로 드러내 보여주고자 한다.

(1) 실재론적 유물론의 냉철한 효과라고 가정된 것은 사실상 이 실재론 자체에 있는 균열/간극을 가리키는 것이다. (아무런 장식 없는) "있는 그대로의" 대문자 현실은 — 직접적으로든 혹은 간접적으로든 — 이 모든 배치들 내에서 추하고 섬뜩한 것으로서 나타난다. 달리 말해보자. 이 대문자 현실이 우리로 하여금 "정신을 차리게" 만들려면 (환영에서 깨어나도록 하려면), 있는 그대로의 현실보다 **좀 더 많은 것**을 지각해야 한다. 즉, 상당히 주관적인 일련의 정동들 — 반감, 혐오감과 같은 것들이 투여되어야 하는 것이다. "있는 그대로"의 현실에 다다르기 위해서는, (주관적인/주체의) **잉여**가 필요해진다(혹은 생산되어야 한다). 하지만 이런 잉여나 과잉이야말로 정확히 "있는 그대로의 현실"로 환원될 수 없다. (부패하는 육신은 혐오의 정동을 유발하거나, 적어도 우리의 욕망을 즉각적으로 사라지게 만든다는 사실은, 숭고로 나타나는 것이나 마찬가지로 [우리의] 환상의 창문에 의해서 매개된다.)

(2) 하지만 — 이것이 두 번째 단계인데 — 위와 같이 말하는 것이, 사물들 자체의 벌거벗은 물질적 현실을 발견하려고 (결코 성공한 적은 없지만) 애쓰는 소박유물론과는 반대로, 우리가 어떤 물자체에 대한 접근불

가능성 및 "항상 이미" 작동하고 있는 주관적인 것에 의한 물자체의 필연적 **매개**를 단순히 방어하고 있는 것이 아니다. 오히려 여기서 관건은, 그리고 여기서 주장할 수 있는 것은, 주관적인 모든 환영과 투여를 벗겨낸 "벌거벗은"의 현실(즉 주체와는 독립적으로 존재하는 그런 현실)과 "항상 이미" 주관적인/주관화된 (혹은 주체가 구성한) 현실 사이의 대립에 기초한 것이 아닌, 다른 종류의 유물론이다. 왜냐하면 이러한 양자대립은 잘못된 것이거나, 혹은 진정으로 "유물론적인 것"이 아니기 때문이다. 우리가 그 물자체에 다다를 수 있는 것은 오직 이런 과잉을 통해서만 (이 과잉을 통해 현실의 왜곡을 따라가야만) 가능하다. 왜냐하면 그 물자체가 이미 모순적이기 때문이다.

가장 단순한 형태로 이 테제를 말하자면 우리는 다음의 가능성을 고려해야만 한다. 즉, 현실이라는 것이 현실 자체 "위에 드리운" 환원할 수 없는 과잉과 더불어 드러나는 것이라면, 그때 이런 과잉은 (혹은 현실 자체와의 비-일치는) 단순히 혹은 다만 주관적인 왜곡일 뿐만 아니라, 이런 현실 자체에 내재된 분열 혹은 모순을 가리키는 것으로도 간주되어야 한다. 이점을 어떻게 하면 설득적으로 주장할 수 있을까? 그것은 정확히 주체라는 특수한 개념을 논의함으로써 가능할 것이다. 그리고 그런 주체 개념은 주체와는 무관한 현실의 존재를 긍정하는가 혹은 부정하는가라고 질문하는 토론장을 전환하는 것으로 시작해서, 다른 종류의 관점, 즉 다음의 두 가지 명제를 확증하고 결합하는 관점으로 이동할 때 가능할 것이다. (1)주체와 무관하게 존재하는 (즉 주관적인 매개나 혹은 구성과는 무관한) 현실이 실제로 있다. (2)주체 (이 개념의 가장 강력한 의미에서 과잉 그 자체로서 주체성의 구조)는 정확히 우리에게 주체와는 독립된 현실에 접근하도록 해주는 바로 그것이다.

우리가 주체와 주체의 왜곡/잉여를 간단히 제거해버린다면, 우리는 정말로 "중립적인 현실"에 이를지도 모른다. 하지만 실제로 우리는 중립성의 어떤 형식 **말고는 아무것도** 얻을 수 없을 것이다. 그리고 문제는 바로 이 지점에 있다. 만약에 현실이 중립적이지 않을 뿐만 아니라 내재적인 불가능성과 모순으로 쪼개져 있다고 한다면? 혹은 보다 정확히 말해서, 중립성 자체가 중립적인 것이 아니라, 주관적 부과, 규범적 "중립화"를 이미 함축하고 있다면? 그런 경우 주관적 과잉성이 현실의 모순들과 씨름할 가능성으로 뿐만 아니라 진리에로 우리를 더 가까이 데려다줄 것이다.

이것이야말로 "우리에게서 독립적인" 있는 그대로의 현실이라는 개념으로 작동하고 있는 실재론의 문제다. 이 문제는 우리를 부분으로 구성하고 있는 그 현실로부터 우리가 결코 면제될 수 없다는 식의 그런 단순한 문제가 아니다. 또한 우리는 반성적으로 우리의 왜곡을 결코 제거할 수 없을 뿐만 아니라 이런 방식으로는 순수하고 독립적인 현실에 결코 도달할 수 없다는 문제도 아니다. 문제는 그보다 심오하고 훨씬 더 근본적이다. 즉, 우리 자신과는 무관하게 존재하는 현실은 **주체**인 "우리에게 의존할 때라야만" 나타나거나 가시화된다. 그것은 존재가 우리에 의해 야기되고 구성된다는 의미가 아니다. 현실 자체가 갖고 있는 내재적 부정성/모순이 이런 현실의 부분으로서 주체의 형식 속에서 나타난다는 것을 의미하는 것이다. (다른 사물들과는 달리) 주체는 현실의 모순의 **객관적인** 구현이다. 이점이야말로 라캉 유물론의 핵심일 것이라고 생각된다: 물론 나 자신은 나와는 무관하게 존재하는 사물에 의해서 주체로서 결정된다. 하지만 주체의 위치 혹은 주체화는 사물들이 나를 결정하는 구체적이고 특이한 방식일 뿐만 아니라, 또한 동시에 나를 결정하는 바로 그 사물들에 연루된 역설/모순의 주체화이기도 하다. (객체화-주체화 혹은 주체를 통한 객체화로서만 이 역설/모순은 "즉자적으로" 존재한다.)

　이것이 함축하는 바를 다음과 같이 공식화할 수 있겠다: 즉, 우리는 객관적 현실의 특정 측면들에 도달할 수 있으나, 오직 주체의 환원불가능성을 고집함으로써만 그러하다. 그것은 객체-지향적 존재론의 여러 판본들과 관련한 유물론, 즉 주체는 단순히 또 다른 객체 — 다른 객체들 중의 하나의 객체, 자신만의 구체적 특성을 지닌 객체— 임을 주장하는 유물론에서 본 것과 같은, 성급하고 경솔한 주체 자체의 객체화에 의해서가 아니다.**28** 만일 주체가 단순히 객체들 중 하나의 객체에 불과하다면, (강한 철학적 정신분석적 의미의) 주체 개념은 필요 없을 것이다. "사람person" (혹은 "인간")이라는 어휘로 충분했을 것이다. 주체는 그저 객체들 중의 한 객체가 **아닌** 객체를 일컫는 말이다. 이것이 전체적인 요점이다. 그렇다고 해서 이런 진술이 우리로 하여금 깃발에다 "주체의 특권을 타도하라! 주체의 예외적인 위상을 타도하라!"고 적도록 유도하면서 자기를 제한짓는 겸손함에 대한 즉각적 공격을 도발할 필요는 없다. 그렇게 하면 우리는 — 다른 많은 사물들 중에서도 — 이런 종류의 민주적 평등주의 프로젝트를 고취시키는 그런 존재론의 정치적 차원을 위태롭게 만들 것이기 때문이다.

그러므로 내가 옹호하고자 하는 보다 강력한 테제는 다음과 같은 것이다. 즉, 주체는 단순히 많은 대상들 가운데서 단지 하나의 대상이 아니다. 주체는 또한 객체들로서의 객체들 바로 그 존재 안에서 작동하는 모순, 적대라는 존재의 형식이다. 주체는 다양한 대상들이 나타나는 현실의 막다른 궁지/모순이 바로 그 동일한 현실 안에 존재하는 방식을 가리키는 것이다. 주체는 객체들 가운데 존재하지만, 객체들의 내적인 적대의 가능한 객관화에 접근할 수 있고, 객체들의 현실에 주체가 각인할 수 있는 지점으로써 거기에 존재한다. 정확히 그런 의미에서, "객체들의 민주주의"(즉, 모든 객체들은 존재론적으로 동일하며, 모든 것은 동일하게 우리가 주목할 가치가 있다)라는 좋게 들리는 테제가, 사실상 (그리고 꽤 "주관적으로") "있는 그대로의" 현실을 혼란스럽게 만드는, 즉 적대하는antagonistic 것으로 간주될 수 있다. 주체는 겸손하고 겸허하게, 무한한 현실 속에서 특별히 두드러진 장소가 아닌 데로 물러나서, 현실을 중립적이고 그 자체로는 본래 문제가 없는 (혹은 적어도 현실의 문제적인 속성을 다룰 수 없는) 것으로서 생산하며 현실의 분열을 효과적으로 감추게 되는 것이다. 이와는 반대로, 우리는 주체를 존재/형식으로 인식할 수 있다. 특정한 난점(실재)의 한 존재/형식으로, 그리고 그 난점에 대한 "반응response"으로 생각할 수 있다. 이런 반응은 그야말로 주관적/병리적인 것이 될 수도 있겠지만, 이런 반응이 전적으로 주체 고유의 병리로 환원될 수는 없다. 그런 반응은 또한 주체와 더불어 (가능한 보편적 방향의) 실재를 운반하기 때문이다. 그때 실재는 어떤 방법으로도 -즉자적으로는- 접근할 수 없지만 주체의 바로 그 형상figure을 경유하는 것이다. 그런 이유로, 주체를 이 우주의 거의 무의미한 지점에 (비)겸손하게 위치시키면, 우리가 처음에 평등적 존재론의 기획을 전개하게 만들었던 바로 그 "부정의"(비대칭, 모순)를 급진적이고 진지하게 사유할 가능성을 우리가 우리 자신으로부터 뺏는 것이 될 것이다.

(라캉적) 주체는 단지 사유하는 주체일 뿐만 아니라, 또한 무엇보다도 사유에 접근가능한 특정한 모순을 만드는 것이다. 주체는 이런 모순들이 "사유의 문제"로 출현하는 바로 그 방식이다. 그리고 이와 같은 특수한 "사유의 문제"가 없이는 **유물론**에 대해 말하기가 힘들어진다. 이 말을 달리 표현하면: 종종 "상관주의" 판본으로 오해되는 라캉의 제스처는, (지식과 존재의) 인식론적이고 존재론적인 차원들의 단락short circuit을 그것들이 공통으로 지닌 부정성이라는 형식으로 도입하는 데 있다 (지식의 결여는 존재의 결여에 속한다) -그리고 (무의식의 주체로서의) 주체 개념은 정확히 바로 이 국면에 위치하는 것이다.

그런 이유로, 가령 -이것이 핵심인데- 우리가 모순없이 어떤 것을 사유할 수 없다 해도, 우리는 (모순을 불가능성, 혹은 사유로의 접근불가능성으로 인정하고 받아들이면서) 이런 불가능성으로부터 물러나지 말아야 하는 것이다. 물러날 것이 아니라, 반대로 우리는 모순과 불가능성을 **사유에 접근가능하도록 '존재'하는 바로 그 실재로서** 간주해야 한다. 나는 논리적 역설, 공식화의 교착이 어떻게 사유가 실재를 사유하는 지점들로 **존재하는가**를 이미 강조해왔다. 이 점이야말로 라캉이 가장 강력하게 확신한 것이었다. 역설이나 모순을 사유한다는 것은 매혹으로 그것을 쳐다보는 것이 아니다. 마치 **절대적인 것**의 일종의 신비한 계시인 듯 그것을 쳐다보는 것을 의미하지 않는다. 그것은 정확히 그것이 말하는 바 – 그것을 **사유하기** – 를 의미하는 것이다.

그러므로 아마도 이것이 유물론의 훌륭한 공식일 것이다: 유물론은 모순을 사유함으로써 전진하는 사유하기이다.[29] 이것이 정신분석을 유물론적 이론(이자 실천)으로 만들어주는 것이다: 즉, 그것은 세계를 주체에서 독립적인 것으로 사유하려는 것이 아니라, 문제/난제/모순을 사유하는 데서 출발한다.

주체의 문제를 탐구했으니, 이제 라캉과 들뢰즈의 이론이 가장 근접했을 때 어떻게 하여 서로 갈라지게 되었는가라는 이전의 논점으로 되돌아가보자. 반복이라는 핵심적인 문제와 관련하여, 둘 모두가 공유하는 근본적인 개념적 토대에 따르면, 스스로를 반복하는 것은 "**하나-더** One-plus"라는 용어로 정식화될 수 있다: 즉, **하나-더**란 어떤 것(식별할 수 있는 존재자) 더하기 잉여이며 이것이 반복을 투여하고 추동한다. 들뢰즈는 이 **더하기**를 절대적인 차이의 운동으로, 그리하여 존재의 실재와 곧장 동일시한다. 이것이 들뢰즈의 근본적 이원성의 기원이자 반복에 의해 성취되는 그것의 (단순한) 역전인 것이다. 시각적으로 말하자면, "더하기"에 의해 추동되는 **하나-더**의 반복은 정확히 이 두 항("하나"와 "더하기") 사이에서 – 원심력의 도움을 받아서 – 결국에는 분화해야 한다. 그것은 둘 사이의 연결을 끊어야 하며 어떤 실체화된 존재라는 **하나** (혹은 어떤 특수한 차이, 그러므로 동일성)를 순수 운동의 특이성으로서의 대문자 존재 (혹은 대문자 차이)의 득실로 내놓는다. 이런 방식으로 반복은, 말하자면 **"스스로를 몰아내고"** 무거운 짐으로부터 자신을 분리 시킨다. 예를 들어, 이것이 들뢰즈가 니체의 영원회귀를 읽어내는 방식 이기도 하다. "'영원회귀의 수레바퀴는 차이에 기초한 반복의 생산이자, 반복에 기초한 차이의 선별selection이다"(Deleuze, 1994, 42; 국역본: 질 들뢰 즈, 2004, 114쪽). 반복과 차이 사이의 연결을 고려해본다면, 여기서 관건은 대문자 차이의 내적 분화(혹은 "추방")로서의 반복이라고 말할 수 있겠 다. 이것은 무슨 의미인가? 반복되는 것은 차이의 순수한 부정성으로부 터 나온다. 반복에서 차이는 이미-언제나 어떤 것 (말하자면 유비, 유사 성, 동일성의 범주들 하에 오는 어떤 존재자)이다. 동시에 이 반복 자체는 **"원심력"**이며, 이 원심력은 이 동일한 반복 내에서 어떤 것으로 "물화"되 는 그 차이의 모든 것들을 추방한다(ibid., 297; 국역본: 질 들뢰즈, 2004, 620 쪽). 말하자면 반복은 유비, 유사성, 동일성의 범주 아래 출현하는 모든 것을 추방한다.

이렇게 볼 때 가장 급진적 형태로서 반복의 원심력은, 그러므로 반복 의 핵심에 차이를 도입할 뿐만 아니라 이 차이를 "실현한다." 반복은 반복으로부터 반복 자체를 뽑아냄으로써, 차이를 생산하는 반복의 기제 로부터 **새로운** 것을 뽑아냄으로써, 차이를 실현하는 것이다. 들뢰즈 식 으로 말하자면 이것은 개념-기획concept-project으로 기술될 수 있을 것이 다. 개념-기획이란 **실현된 존재론**에 대한 기획과 다름없는 것이다. "그러 나 유일하게 실현된 존재론 – 다시 말해 존재의 일의성 – 은 반복이 다"(Deleuze, 1994, 303; 국역본: 질 들뢰즈, 2004, 631쪽). 차이는 유일하고 기원적인 존재이지만, 동시에 차이는 (여전히) 실현될 필요, 즉 **반복될** 필요가 있으며, 그러므로 존재와 그것의 사유의 역사를 구성하는 모든 형이상학적이고 변증법적인 부담으로부터 분리될 필요가 있는 것이다. 이런 과업은 반복 자체의 "원심력"에 의해 성취될 수 있고, 그리하여 내가 앞에서 "좋은" 부정성과 "나쁜" 부정성으로 지칭했던 것 사이의 분리를 초래하게 될 것이다. "좋은" 부정성의 승리는 – 말하자면, 들뢰즈식의 실정적인 술부의 전체 계열의 승리 (수평적으로 리좀적인 것 대對 수직적이고 위계적인, 또는 실정적 과잉으로서의 부정성 대對 결여로서 부정성, 또는 다수 대對 하나, 유목적인 대對 정태적인, 다른 대對 유사한 혹은 동일적인, 예외적인 대對 일상적인... 등) – 이른바 반복 그 자체의 힘 속에 각인된다. 그런 이유로, "실현된 존재론"은 **정치적 기획**과 대단히 흡사한 것처럼 보이게 된다. 혹은 보다 정확히 말하자면 정치 없이도 가능한 어떤 것과 유사하게 보인다. 왜냐하면 그것이 자신의 과업을 존재론에게 양도했기 때문이다.

지난 몇 십 년 전, 엄밀한 의미의 정치가 쇠퇴(정치를 결과를 내놓는 사유로서 생각하는 것의 쇠퇴)는 "윤리"의 부상으로 인한 것이었다. 윤리학의 (철학적 사회적) 성공은 정치보다 정치를 더 잘 수행할 수 있다는 약속과 연계되었다. 급부상한 윤리적 담론은 자신을 그런 식으로 제시했다. 말하자면 새로운 윤리학이 낡은 정치를 대체한다는 것이다. "적대"와 "계급투쟁" "해방" 그리고 "정치"와 같은 개념들은 "관용", "타자에 대한 인정" 그리고 스스로 부과한 정치적 올바름의 규칙으로 폭넓게 대체되었다.[30] 2000년대 초반에 시작된 지난 경제적, 정치적 위기 때문에,

이런 "정치로서의 윤리"의 한계들은 현저하게 드러나게 되었고, 정치로서의 정치 개념이 다시 무대에 오르기 시작했다. 동시에 우리는 소위 새로운 존재론들과 새로운 유물론들의 놀라운 급부상을 목격했(고 여전히 목격하고 있)다. (전적으로 그런 것은 아니지만 꽤 들뢰즈의 영향을 받은 것들이다.) 그리고 신존재론들과 신유물론들은 역설적이게도 한참 전에 윤리학이 만들었던 것에게 대단히 유사한 약속을 함으로써 발전하고 있다. 즉, 정치보다 정치의 과제를 더 잘 실행할 수 있다는 약속 말이다. "존재론"이라는 단어의 방대한 사용(과 인기)는 이런 점에서 징후적이다. 이와 같은 새로운 존재론들을 기술하는 용어들은 헤아릴 수도 없이 많다. "객체들의 민주주의" 또한 그런 용어들 중 하나다.

그렇다면 라캉의 개념적(이고 실천적인) 작전은 어떻게 다른가? 들뢰즈가 반복에 기초한 차이의 **선별**에 관해 말하고 있을 때, 라캉은 반복을 끝장낼 새로운 기표의 **생산**에 관해 말한다. 비록 두 사람 모두 "선별"을 강조하기는 하지만, 말하자면 반복/차이 자체의 핵심에 있는 어떤 것과 관련된 **분리**를 강조하기는 하지만, 중요한 분기점은 이런 분리가 발생하는 방식과 그런 분리가 (새로움으로서) 생산하는 것의 본성에 있다. 라캉에게, (하나-더의) 반복하는 존재자 내에서의 분리를 초래할 수 있는 것은 반복 자체의 원심-선별적 힘이 아니다. 이런 분리는 분석과정에서 생산되는 제3의 항을 통해서만 오로지 가능하다. 즉, 그 제3의 항이 (분석과정에서 "생산"의 장소에 위치하는) **새로운 기표인 S1**이다. 이 기표가 새로운 종류의 **하나**이며, 이 하나는 (신경증이나 일상에서) 반복되는 **하나**와는 다른 것이다. 저 반복되는 하나는 **하나-더**, 즉 기표와 향유의 복합체이다. 이 복합체에서 우리는 의미화 연쇄와 그것의 내재적인 격변의 차원에 있게 된다. "의미화 연쇄"라는 표현이 가리키는 것은 다음과 같다. 한 기표는 결코 홀로가 아니며 **잠재적으로**virtually 다른 모든 기표들과 ─ 그 연쇄를 구성하는 결여(**하나-덜**One-less)를 경유해서 ─ 연결되어 있고, **현실적으로**actually 잉여-향유가 반복을 통해 이 연결을 현실화했던 ("접착시켰던") 곳들과 연결된다. 왜냐하면 구체적인 상황에서 다른 하나들(기표들)을 묶어주고 연결시켜주는 것이 정확히 이 잉여이기 때문이다. 그와 달리, 정신분석은 어떤 다른, 자립적인 하나의 생산으로 이끈다. 바로 [들뢰즈의 하나들이 아니라] **단독적 하나로서의 하나** 말이다.

> S1에서 관건인 이 **하나**는, 말하자면 주체가 분석의 이상적인 지점에서 산출한다. 이 **하나**는 반복에서 관건인 하나와는 달리, 단독적 **하나**[Un seul]로서의 **하나**이다. 존재하면서 모두 동일한 가치를 지닌 그 모든 차이들 가운데 존재하는 그 차이는, 그것이 무엇이든, 오로지 하나만 있으며, 그것이 차이이다. (Lacan, 2011, 165)

이것은 같은 세미나(...ou pire)에서 라캉이 세부적으로 정교화했던 주요한 또 다른 개념을 지칭하기도 한다. 즉 라캉이 *Il y a de l'Un* 이라고 쓰고 있는 것 말이다(좀 더 줄여서 *Y a de l'Un* 심지어 *Yad'lun* 으로 약칭하기도 한다). 번역하자면 "(얼마쯤의some) 하나가 있다"이다. 프랑스어 부분관사 *de*는 역설적이게도 특정되지 않는 양으로서 하나를 암시한다. 이 용어는, (헤아릴 수 있는) 하나의 개념에, 통상적으로 그것에서 배제된 것, 즉 헤아릴 수 있는 것이 그로부터 나오고 그와 함께 나오는 순수 차이를 **포함하기** 위해 라캉이 고안한 것이다. 이런 순수 차이(혹은 "구 멍," *trou*)가 "그 **하나의** 토대"라고 라캉은 제시한다. 이 토대는 "결여로부 터, 즉 구멍이 있는 장소로부터 지정되는 출입문"으로 생각될 수 있다. "그림을 그리라고 하면, 나는 부대자루 같은 것으로 이 *Yad'lun*의 토대를 기꺼이 그릴 것이다. **하나**는 구멍 하나를 갖고 있는 부대자루라는 형상 안에서가 아니고서는 존재할 수 없다. 이 부대자루로부터 나오거나 혹은 들어가지 않는 **하나**는 없다. 직관적으로 볼 때, 이것은 **하나**의 기원적 토대이다"(Lacan, 2011, 147).

그리고 이 새로운 종류의 **하나(S1)**는 그것의 특이성 속에서 이 토대적 인 "구멍"과 매우 밀접하게 관련되어 있다. 이 구멍의 기능은 차이들(증 상들)의 배치에 함축되어 있지만 아직은 비가시적이며 그 차이들과 함께 반복되는, 틈, 균열에게 의미화의 지지물을 제공하는 것이다. 이는 또한 겉보기에는 추상적인 개념인 *Y a de l'Un* (*Yad'lun*으로 약칭)이 분석 실천 과 관계되는 방식이기도 하다. 라캉은 이런 관계(혹은 아마도 이런 우연 의 일치라고 말해야 할)를 동음이어인 *"y'a d'l'inconscient"*("무의식이 있다") 로 보여준다.[31] 이렇게 하여 프로이트/라캉의 무의식 개념은 곧장 *Yad'lun* 이라는 개념(과 이것이 함축하고 있는 실재)로 연결된다. 무의식은 존재 의 **영역**이 아니다. 그러나 무의식은 "존재한다." 왜냐하면 존재 안에는 균열이 있고, 그로부터 담론적(존재론적) 일관성이 나오기 때문이다. 그 리고 한 새로운 기표의 생산은 이 "시작" 지점에 우리를 놓는다. 그 시작 은 시간 속에서 시작이 아니라, 사태들이 발생하고 있는 구조의 한 지점 으로서 시작이다. 이 새로운 기표는 모든 차이(들)를 만드는 그 차이를 명명할 것이다.

위의 라캉의 인용에서 생산이 강조된다는 점에 주목하는 것이 중요하다. 문제가 되는 것은 분석과정에서 우리가 잃어버린 기표를 **발견**하는데 있는 것이 아니다. 잃어버린 기표는 무의식을 파헤치면 찾아낼 수 있는 그런 것이 아니다. 왜냐하면 문자 그대로 거기에 존재하지 않기 때문에 (그리고 이것이 무의식이 존재하는 **이유**가 되기 때문에) 그러하다 – 무의식은 하나-덜one-less에 의해 함축된 균열**이다**. 이것은 억압된 기표가 아니라 하나의 기표이다. 이 기표의 비-존재가 억압을 가능하게 하는 유일한 것이며, 구조적으로 억압에 선행하는 그런 기표이다. (여기가 프로이트가 "원초적 억압" 가설을 도입한 지점이다.) 이 새로운 기표인 S1은 의미화 질서가 그와 함께 나타나는 구멍을 대체하지 않는다. 이 새로운 기표는 구멍을 막거나 제거하지 않는다. 오히려 이 새로운 기표는 해방적인 무기로 작동할 수 있는 어떤 것으로서 구멍을 (그것의 문자를 생산함으로써) 생산한다. 어떤 의미에서 그러한가?

> 간단히 말하자면, 분석적 담론의 작동은 신경증 모델을 만드는데 있다. 왜 그러한가? 분석적 담론은 일정량의 향유를 신경증에서 훔쳐내기 때문이다. 이런 향유는 어떤 특권도 요구하지 않는다. 모두에게는 향유를 하는 오직 한 가지 방법만 존재하기 때문이다. 모든 재이중화(reduplication)는 향유를 죽인다. 향유가 살아남는 것은 오직 그것의 반복이 텅 비는 한에서, 다시 말해, 반복이 언제나 동일한 것이 되는 한에서이다. 이 공허한 반복을 완료시키는 것이 그 모델의 도입이다. 완료된 반복은 향유를 해소한다. 왜냐하면 그것은 단순화된 반복이기 때문이다. (Lacan, 2011, 151-152)

신경증 모델은 향유를 반복하는 데 성공하고, 따라서 향유를 죽인다. 하지만 이것이 분석의 이상적인 종결이라고 한다면, 분석의 시작은 그야말로 이 향유에 의존하고 있고 향유를 작동시키는 데 있다 – "새로운 기표"를 궁극적으로 생산하는 것은 유일하게 그리고 정확하게 이런 작업이다. 여기서 우리가 물어야 질문이 있다: 처음부터 신경증 "모델"의 구성을 가능하도록 만드는 것은 무엇이며, 새로운 기표의 생산에서 끝나는 것은 무엇인가? 이것은 분명 분석가의 지식, 분석가의 전문성이 아니라, 분석 주체 자신으로부터 나와야 한다. 그리고 실제로 라캉은 그 점을 분명히 밝혔다: 즉, 그 새로운 기표는 "말하는 중에talking 있는 향유의 차원에 주체를 위치시키는 것으로부터 생산되는 것이다"(Lacan, 2011, 165). 물론 이것은 말하기의 또 다른 방식이며, "그 기표의 만발로부터 시작해서" 생산되는, 다기호적 횡설수설과 그것의 모호성으로부터 시작해서 생산되는 것이다(ibid., 151).

그러므로 향유는 향유를 종국에는 죽일 그 기표를 생산하는 바로 그 수단인 것이다: 즉, 이 기표는 자신을 (의미화하는) 향유와 향유가 출현하고 "발생하는" 자리에 있는 구멍/간극 사이에서 스스로 끼어드는 것이다.

이것은 라캉을 들뢰즈와 구분시키는 중요한 개념적 특징이다: 즉, 잉여("방황하고/묶이지 않는 과잉", 향유)는 그 자체로 해방의 실재적 장면 속에 있는 것이 아니라, 종국에 이 "해방"을 현실화하는 것의 생산 수단인 것이다. 궁극적인 구조적 전환은 이런 잉여의 수준에서 일어나는 것이 아니라, 새롭게 생산된 **기표** 덕분에 일어나는 것이다. 다양한 가장들 안에서 혹은 의미화 형성물들 안에서 이 "구멍"을 반복하는 것은, 향유가 나타나는 곳에 자리한 이 "구멍"의 기표인 것이다. 이 새로운 기표는 주체의 개별적이고 우연적인 내력에 의존하지만, 단지 그런 내력의 일부인 것만은 아니다. 새로운 기표는 분석에서 이런 내력의 중언부언, 반복이 [분석과정에서] 작동할 단어로서 생산하는 무엇이다. 무엇에서의 작동이란 말인가? 그것은 우리의 존재를 (안으로) 형성하는/전달하는 의미화 질서와의 관계 속에 있는 어떤 것을 전환하는 것에서의 작동이다. 일찌감치 1957년 논문인 「무의식에서의 문자의 심급」에서 −이 제목은 여기서 우리가 발전시키고 있는 것과 대단히 공명하는데− 라캉은 다음과 같이 적고 있다:

> 자기 존재의 닻을 변경함으로써 자기 역사의 경로를 변화시키는 것은, 아무리 가볍게라도 그 기표와의 관계를 건드림으로써 −이 경우 해석 절차들을 변경함으로써− 가능한 것이다. (라캉, 2006c, 438)

그렇다면 이것은 보다 복잡한 도식이 될 것 같다: 말하자면, 말하기talking에서 누리는 향유의 차원에 주체를 두는 것이 새로운 기표의 생산을 가능하게 하고, 이 새로운 기표의 관점에서, 반복에 연루된 **하나-더**의 핵심에 있는 분리를 낳는 것이 이제 가능해지는 것이다. 이 새로운 기표가 고유한 의미의 사건이자, 그것이 새로운 주체화를 촉발하는 것이다.

이 새로운 기표는 이미 잘 설정되어 있던 만족의 루트를 차단함으로써 충동을 다른 방향으로 돌리는 알고리즘이다. 그것은 충동과 충동의 "만족"이라는 이중적 얼굴 한가운데에 자신을 밀어넣는 것이다. 그 자체 충동은 자신의 유일한 목표의 경로, 즉 단순히 "회로로 돌아가기"를 따를 뿐 무엇이 만족시켜주든지 간에 그에 대해 대단히 무차별적이고 무관심하다(Lacan, 1987, 179). 회로로 돌아가기는 (들뢰즈 식으로 읽자면) 스스로를 반복하는 것이다. 이것이 충동과 관계된 반복(반복 자체를 위한 반복)의 "긍정적인" 힘인 것이다. 즉 실패한 어떤 것이 아니라, 충동의 유일한 "충동"으로서의 반복 자체인 것이다. 충동은 언제나 만족된다. 그러나 바로 그 무심함 때문에, 충동은 항상 **억압의 기호 아래** 향유가 선택할지 모를 경로들과 특별한 대상들을 복잡하게 하는 것이 무엇이든 그것을 또한 돕는다. 충동은 이 방법이든 저 방법이든 개의치 않는다. 충동은 스스로 억압에 대항하여 작동하지 않는다(억압이 소급적으로 반복 위에서 작동한다). 바로 이런 의미에서, 죽음충동은 억압에 철저히 무심한 만큼이나 억압과 공모하는 것이다. 이것은 또한 우리가 "올바른" 선별(니체/들뢰즈의 관점이 함축하고 있는 것이 이것인데)을 하려고 단순히 의지할 수 있는 것이 못 된다는 뜻이기도 하다. 들뢰즈가 주장하는 듯 보이는 것처럼, 홀로 남아 있는 죽음충동은 올바른 (즉, 잘못된) 것들을 쫓아낼 것이라는 어떤 절대적 보장도 없다. 우리는 다른 어떤 것, 혹은 좀 더 많은 것이 필요한데, 그것은 오직 새로운 기표(와 이 기표로 촉발되는 새로운 **주체화**)이다. 이것만이 충동의 핵심에 있는 분리를 낳고 그 분리를 유지할 수 있는 것이다. 힘(원심력이건 다른 것이건)이 아니라 오로지 하나의 문자만이 꼬이고 헝클어진 형식으로만 존재하는 것을 풀 수 있고, 그럼으로써 종국에는 이 형식 자체를 변화시킬 수 있는 것이다.

존재, 사건, 그리고 그것의 결과들: 라캉과 바디우

이것이 또한 정확히 우리가 "라캉의 정치학"이라고 부를 수 있는 것이 들어오는 지점이기도 하다. 혹은 더 정확히 말해 이것이 정치의 공간을 열어젖히는 장소이다. 이 공간은 본질적으로 무의식의 그 간극/균열과 접속되어 있다. 이때 이 무의식은 하나의 특수한 무의식이 아니라 담론적 현실이 그와 더불어 나타나고 분투하는 간극의 개념으로서의 무의식이다. 정치는 그 강한 의미에서 언제나 이 틈새의 재활성화와 연루된다. 최소한 이것이 라캉이 정신분석의 정치학을 생각한 방법이라는 것은 분명하다. 이것이 프로이트 이후 정신분석이 거꾸로 가는 상황과의 논쟁에서 그가 지적하는 지점이기 때문이다.

> 프로이트가 분명하게 내다본 것처럼, 사실상 내가 환기시키고 있는 무의식의 이런 차원은 **망각되었다**. 무의식은 2세대, 3세대 분석가들이 된 적극적인 정형외과의들 때문에 프로이트의 메시지를 거슬러 스스로를 닫아버렸다. 이들은 분석이론을 심리학화함으로써 이 간극을 봉합하는 데 급급했던 것이다.
> (Lacan, 1987, 23)

그러나 분석 치료의 배치 외부에서 이것은 무엇을 함축하는가? 다시 말해, 그것의 더욱 일반적인 정치적 함축들이 무엇인가? 어떤 이는 "새로운 기표"라는 개념을 새로운 종류의 (정치적) 조직화의 문제에 관한 것으로 보기도 한다. 이것도 분명 추구할만한 흥미로운 경로다. 그리고 정신분석 공동체의 조직화가 라캉이 강하게 주장했던 것이 아님을 고려한다

면, 우리는 라캉 "너머"에서 조직화를 추구할 필요가 있다.[32]

또한 이런 문제들에 대해 라캉과 바디우 사이에는 몇 가지 매우 흥미로운 연결들(뿐만 아니라 차이들)이 존재하며, 모두 각각의 고유한 정치적 함축들을 지니고 있다. 이 점들을 간단히 살펴보자. 우선 한 가지, 실재라는 라캉의 개념이 바디우의 **사건** 개념 – 존재 및 존재론과 맺고 있는 관계로 시작하는 – 과 많은 공통점을 지니고 있다는 것은 매우 분명하다. 라캉에게 존재 개념과 **실재** 개념을 분리하는 것이 얼마나 중요한지 우리는 이미 강조했다. 다시 개괄하면, 라캉은 **실재**를 존재의 내적 불가능성/모순의 지점으로 생각하며, 그런 이유로 그는 **실재**를 모든 존재론의 목에 걸린 뼈라고 고수하는 것이다. "존재로서의 존재"에 대해 말하기 위해서는, 존재하지 않는 존재 내의 어떤 것을 절단해야 한다. 다시 말해, 실재는 존재론이 "존재로서의 존재"에 대해 말할 수 있기 위해 잘라내야 하는 그것이다. 그리고 이것은 거의 정확히 바디우가 **사건**을 위치시키는 방식이다. 즉 존재론은 **사건**을 "금지하고", "토대에 대한 [수학적/존재론적] 공리는 사건을 금지함으로써 존재를 한-정한다 de-limit"(Badiou, 2005, 190).; "사건은 존재-로서의-존재가-아닌 것에 속해 있다"(ibid., 189). 나아가 라캉의 **실재**처럼, 바디우에게 사건은 일어난-것이라는 순수한 경험적 본성에 관계하는 것이 아니라, 개념적 **구성**에 속해 있는 것이다(ibid, 178). 이제 "초일자ultra one"라는 개념이 나온다. 이것은 저 개념적 구성에서 핵심적이며, 사건을 사건의 자리와 개념적으로 구분하고 있음을 함축한다. "공백과 사건 사이에 그 자체를 끼움으로써" 말이다(ibid, 182). 이것은 라캉이 그 특이성에 있는 새로운 "새로운 기표"

를 특징지었던 것, 즉 공백/구멍과 그 공백의 장소에서 일어나는 것 사이에 스스로를 끼워 넣는 "단독적 하나one alone"와 거의 정확하게 같은 것이 아닌가? 또한 "하나의 사건이 하나의 상황에서 현시한다고" 홀로 "선언"할 수 있는, "**해석적 개입**"의 중요성도 존재한다(ibid, 181). 이러한 유사성들은 결코 피상적인 것이 아니다. 그것들을 지지하면서 바디우를 라캉에 연결시키는 확고한 (그리고 공유된) 논리가 있다. 그러나 동시에 개시적 **격차**décalage와 같은 어떤 것, 즉 라캉과 바디우 사이의 다음에 오는 차이들을 설명해 줄 용어들의 전환 또한 존재한다.

간단히 말해, 바디우에게 **사건의 금지**는 "존재-로서의-존재에 대한 담론의 법칙의 결과"이다(Badiou, 2005, 190). 그러나 라캉에게 존재-로서의-존재에 대한 담론의 법칙은 그 자체로 그 법칙과 더불어 나타나는 불가능성(간극)의 결과이다. 라캉에게 모든 존재는 담론적이지만, 동시에 담론적인 것은 비-전체라고 말할 수 있을 것이다. 그리고 정확히 이런 이유로 (담론적인) 존재는 자신의 "불가능성"과 분리될 수 없는 것이다. 다른 말로 하자면, 여기서 관건은, 첫째로, 존재와 관계하지만 (오로지) 사건과(만) 관계하는 것은 아닌 불가능성이다.

여기서 라캉의 주장은 사실 바디우의 주장보다 강하다. 즉 라캉의 주장은 단순히 존재-로서의-존재에 대한 **담론이** 필연적으로 어떤 것을 금지한다는 것이 아니다. 그것은 존재 그 자체가 자기 자신의 불가능성과 분리불가능하다는 것이다. 왜냐하면 담론 외부에는 어떤 존재도 없지만, 담론 그 자체가 하나의 간극과 정확히 동연적이기 때문이다. 다시 상기해보자:

담론은 여기에 하나의 간극이 존재한다는 사실에서 시작한다... 그러나 결국,
그 간극이 생산되는 것은 담론이 시작하기 때문이라고 말하는 것을 막지 못할
것이다. 그것은 결과에 대한 완전한 무관심의 문제이다. 분명한 것은 담론이
간극 안에 내포되어 있다는 점이다. (라캉, 2006b, 107)

다른 한편, 바디우의 존재론은 존재-로서의-존재가 오직 순수한 비일관
적 다수라는 테제에 근거한다. 다시 말해, 이 다수는 하나들의 다수가
아니라, 항상 다수의 다수(의 다수의...)이므로, 사건적 지점은 이것이 멈
출 때 "하나"가 될 수 없고, 오직 공백만 될 수 있다. 담론은, "하나로-셈
함count-as-one"과 연루하며, 이런 다수의 현시로서만 드러난다. 바디우에
게, "하나로-셈함"은 모든 사유가능한 상황이나 사물의 조건이다. 즉,
순수한 다수는 비일관적이며, "그 자신 너머의" 순수 "초과"인 반면,
모든 일관적인 사유는 구조, 하나로-셈함, 현시되거나 현시할 수 있는
모든 다수가 일관적인 그런 것들을 가정한다. 이런 점에서, 하나로-셈함
(그리고 그것과 함께하는 "하나"라는 관념)은 순수 다수라는 관념과 완
벽히 양립가능하다. 그러나 그 자신 너머의 초과, 즉 순수 다수로서의
존재의 바로 그 존재는 또한 이미 하나를-위해-셈해지는counted-for-one 차
원, 즉 현시의 차원에서, 하나의 집합 혹은 바디우가 "상황"(이것은 "집
합"의 또 다른 말이다)이라고 부르는 것 내에서 일어난다. 즉, 그것은
기존의 다수의 부분들의 초과나 원소들 외의 것으로 일어나는 것이다.[33]
바디우가 *l'excès errant*, 즉 "방황하는 초과"라고 부르는 이 초과는 그의
존재론의 핵심 개념들 중 하나이다. 왜냐하면 그는 "존재의 실제가 될
방황하는 초과"를 고수하기 때문이다(Badiou 1999, 81).

그리고 이것은 라캉과 바디우 사이의 차이의 핵심을 보여준다. 즉 그 차이는 정확히 이 초과 혹은 잉여의 지위와 관계한다.

바디우에게, 그 자체를 넘어서는, 따라서 재현을 벗어나는 이 셈할 수 없는 다수의 초과는 **존재의 실제**, "대문자 존재의 존재"와 마찬가지이다. 바디우는 "방황하는 초과"를 엄밀히 다수와 동연적인 것으로 본다. 존재-로서의-존재는 (다수의) 비일관적인 다수이며, 이 다수는 그 자체로 자신을 넘어서는 순수 초과이다. 그러므로 이 초과는 다수를 직접적으로 함축하는 것이다. 바디우가 이 다수를 궁극적으로는 "공백"의 다수라고 강조함에도 불구하고 (그리고 원자적 원소의 다수가 아니라고 하지만), 이 공백은 그 말의 강한 의미에서 **부정성**에 이르지 못한다. 그것이 보여주는 것은 존재의 탈기체화desubstantialization이다. 그러므로 우리는 모든 일차적 기체들의 결여에서 다수, 즉 초과의 긍정성으로서의 다수를 가지는 것이 된다 – 그리고 이런 측면에서 바디우는 사실상 놀라우리만치 들뢰즈에 가까워 보인다. 다른 한편, 라캉은 다음과 같이 공식화할 수 있는 다른 주제를 보인다. **"방황하는 초과"는 다수(다수성)의 함축이 아니라, 하나-덜, 마이너스-하나의 함축이다.** 규정하기 힘들고 셈할 수 없는, 그러나 환원불가능한 초과는 이면 – 하나/일자의 이면이 아니라, (셈할 수 있는 하나의) 존재론적 토대로서의 "마이너스-하나"의 이면이다. 초과는 **마이너스-하나**의 구조적 장소에서 존재하며 번창한다. 그리고 여기서 초과는 자신의 환원불가능한 물질적 플러스로서 증식한다.

정확히 이런 이유로, 라캉에게 방황하는 초과는 존재의 **실재**가 될 수 없고, **증상**인 것이다. 적합한 재현을 결여하고 있지만 존재하고 있는 증상과 달리, 존재의 **실재**는 존재하지만 셈할 수 없는 어떤 것이 아니라, 오히려 존재의 수준에서 존재하지 않지만, 우리는 (증상으로부터) 재구조화할 수 있고, 그 자신의 **실재**로서 공식화할 수 있는 어떤 것이다. 라캉에게 존재의 **실재**는 오직 존재의 구성적 교착의 문자일 수만 있는 것이다. 이런 맥락에서, 우리는 바디우가 제시한 정치적으로 매우 중요한 사례에 대한 매력적인 설명에 너무 성급히 굴복해서는 안 될 것이다. 가령, 방황하는 초과의 동시대 정치적 사례인 "불법체류자들sans-papiers" 말이다. 바디우에게 이는 분명히 존재는 하지만 상징적 지위를 지니고 있지 않은, 그래서 마치 그들이 없는 듯이 재현의 상태와 양상의 수준에서 다뤄질 수 있는, 존재의 한 사례이다. 그것은 그 자체 너머에 있는 상태-다수의 재현되지 않는 (셈할 수 없는) 초과인 것이다. 이런 관점에서 라캉과의 차이는, 당연히 라캉에게 불법체류와 같은 어떤 것이 중요한 문제로 간주되지 않는다는 것이 아니다. 그 차이는, 정확히 여기서 문제인 것(그 장소)의 공식화에 있으며, 증상과 **실재** 사이의 구별에 달려 있다. 간단히 말하자면, 증상은 존재의 형성물인 반면, 실재는 이 형성물이 계속 반복하는 존재의 교착(비-존재)인 것이다. 실재는 스스로를 현시하지도, 재현하지도 않는다. 그것이 하는 일이란,－존재의 내재적 교착으로서, 존재의 "마이너스"로서－그것이 존재의 (재)현시의 과정을 주재하고 지시하는 것이다. 이런 의미에서, (방황하는 초과의 형상인) 불법체류자들은 존재의 **실재**가 아니라, 이른바 존재의 **실재**의 "사상자들casualties"이다. 그들은 (주어진 전체의) 근본적인 교착을 물질적으로 구현하고 있는 증상이다. 이 교착은 그 구현체 외부 어딘가에 존재하거나 그것과 독립적으로 존재하는 것이 아니지만, 바로 이 구현체와 동일시되지도 않는다. 그런 이유로, 라캉에게 증상과의 동일시는 가능하더라도, 실재와의 동일시는 불가능하다. 엄밀히 말해, 실재에는 동일시할 것이 없다. 사태들을 개념화하는 이런 방법은 **실재**에 대한 (정치적, 예술적, 혹은 사랑과 관계된) 낭만주의의 가능성에 저항할 뿐만 아니라 그것을 **효과적으로 막는다.** 이런 낭만주의는 실제로 바디우가 반철학적 "봉합"이라고 생각했던 것, 자신을 그것의 조건들 중 하나로 위임해버리는 것이라고 생각한 것의 바로 그 근간에 있는 것일 뿐이다. 실재에 대해서는 아름답거나 숭고하거나 진정한 것은 존재하지 않는다. 어떤 것도 **실재**와 더불어 "드러나지" 않는다. 실재는 "묶이지 않는 초과"의 형식으로 존재하고 그 자신을 반복하는 "체계적 폭력"의 장소이다. 우리가 **실재**를 정식화해야 한다는 명령뿐만 아니라 실재의 개념에 대한 강조는, 라캉이 실재를 찬양하려는 방식이 아니다. 그것들은 (담론적) 구조의 문제들을 발견하고 공식화하는 수단들이다.

『존재와 사건』의 결론에서 바디우가 주장하는 바, 라캉과 자신의 유일하게 중요한 차이는 결국 "공백을 위치짓는 것에 관련한다"(Badiou, 2005, 432). 바디우가 공-집합void-set이라는 고유명을 존재-로서의-존재를 위해 남겨두었다면, 라캉은 그것은 주체를 위해 남겨두고 있는 것이다. (바디우가 본질적으로 데카르트적인 제스처로 읽고 있는) 이 점은 주체를 "언어와의 관계에서 외심화된 의존"에 두는 것이며, 정확히 바디우가 피하려고 하는 지점이기도 하다. 주체를 언어의 효과 (혹은 기표의 효과) 이자, 그럼으로써 "단일한 경험의 망 내에서 확인가능한 것으로서의"

주체 개념에 반대하여 바디우가 주장하려는 것은, "사건이나 개입, 그리고 충실성이라는 유적 경로들로부터 자신의 나타남을 유예하는, 주체의 희박성rarity"이다(ibid.,432).

그러나 여기에 정말로 라캉과 바디우 사이의 핵심적 차이가 자리하고 있는가? 앞선 논의가 함축하듯이, 이 차이는 어떤 것 혹은 다른 것이 공백의 고유명으로 채택하는 것과 관계한다기보다는, 부정성의 지위와 관계하는 것이다. 즉, 바디우에게 존재의 수준에 있는 부정성에 대한 강력한 개념이 없다. 존재는 스스로를 자신을 넘어서는 순수 초과로 배치한다. 다른 한편, 라캉에게, 존재의 순수초과는 이미 마이너스-하나의 결과, 담론과 함께 나타나는 간극의 결과이다. 그러므로 라캉이 주체는 "효과, 즉 기표의 작용에 의한 것으로 가정되는 것"이라고 했을 때, 이것은 단순히 주체가 언어의 효과임을 의미하는 것이 아니다. 그것은 주체가 언어 내에 존재하지 않는 그것의 고유명, 언어 내의 간극에 대한 고유명임을 의미하는 것이다. (무의식의) 주체는 단순히 공-집합의 이름이 아니다. 그것은 담론에 속하는 **간극**의 이름일 뿐만 아니라, 담론 속에 이 간극이 존재하기 **때문에** 일어나는 **효과**의 이름이다. 정확히 이런 의미에서 우리는 라캉에게 있어 주체가 "(기표의 작용에 의해 흔히들 가정되는) 단일한 경험의 연결망에서 확인가능하고, **또한** 오직 이따금씩 출현하며 **희귀**하다고 말할 수 있는 것이다. 후자에 대한 정신분석적 사례들— 갑작스럽고 **놀라운**, 예상치 못한 주체의 출현들— 은 말실수, 꿈, 농담들에서 강렬한 사랑의 조우들에 이르기까지 다양하다. 여기서 출현하는 주체가 어떻게 단순히 언어의 효과가 아니라 언어가 단절되고 실패

하는 효과인가 하는 것을 이해하는 것이 중요하다. 그 때문에 라캉은
다음과 같이 주장하고 있는 것이다 – 그리고 이 점이 중요하다:

> 분석 담론의 실타래를 따라가는 것은 오직 그것의 만곡(camber)을 새로이 부
> 수고, 굴절시키고, 표시하는 방향으로 나아가는 것이다. 이 만곡은– 심지어
> 자력선의 만곡으로도 유지될 수 없는 것으로– 균열(faille)이나 중단을 생산한
> 다. 우리가 언어(라랑그)에 의지할 수 있는 것이라고는 그것을 산산이 부수는
> 일인 것이다. (Lacan 1999, 44)

그러므로 바디우와 라캉 사이의 미세한 (그러나 또한 중대한) 차이는
다음과 같이 정식화될 수 있다: 바디우에게 순수 존재는 비일관적이지만,
그것은 말하자면 모두 완전히 거기에 존재한다. 존재 그 자체는 어떤
불가능성으로도 들끓고 있지 않다. 불가능성은 오직 그것의 (재)현시에
관계할 뿐이며 그 (재)현에서 기원하는 것이다. 그리고 그런 불가능성으
로 인해 **사건**과 그것의 존재론적 불가능성 혹은 금지의 이론으로 나아가
는 것이다. 다른 한편 라캉의 개념화 작업으로부터 결과하는 것은, 그
둘[존재와 불가능성]이 관계하고 있다는 점이다. 하나의 **사건**은 존재에
내속한 불가능성 때문에 가능하다(일어날 수 있다).

이러한 차이는 또한 바디우의 "방황하는 초과" 개념을 정신분석의
"묶이지 않은 잉여", 즉 항상 **잉여**-향유/흥분으로서의 향유와 관계하는
것이 바디우에게 나타나지 않는 이유를 설명해주기도 한다. 가장 예리하
게 프로이트와 라캉을 읽어내고 있는 바디우가, 어떻게 전적으로 비-
혹은 전-분석적 의미로 향유라는 개념을 사용하고 있는지 보면 매우

놀랍다. 그는 이 향유 개념을 진리의 수준이 아니라 개별자의 쾌락주의적 특이체질로 대부분 사용하고 있는 것이다. 다시 말해, 그는 그것을 자극하는 어떤 것으로 간주하지만, 동시에 완전히 부적절한 것으로 본다. 다른 한편, 라캉에게 향유는 오히려 지루할 정도로 단조롭지만, 결코 부적절하지 않다. 즉, 그것은 어떤 것이 담론 내에서 결여하고 있는 바로 그 정확한 지점에서 일어나며, 그것의 반복으로 구조화하며, 담론을 구부린다camber. 이런 이유로, 분석가는 이런 향유가 세션마다 말하도록 두어야하며, 향유의 지루하고 반복적이고 단조로운 작업을 견뎌내야 한다. 이와 함께 분석가는 오직 그런 말을 하는 주체에게만 독특한, 흥분시키거나 자극적인 것으로 보이는 이야기들에 귀를 기울여야 한다. 그러나 분석가는 아주 신중하게 들어야 하는데, 왜냐하면 이따금씩 이러한 말하기가 정확한 장소에 ─ 즉 "새로운 기표"의 구성이 이루어지는 어떤 장소에─ 한 단어를 위치시키기 때문이다...

　이것은 놀라움으로 다가올지도 모르지만, 위와 같은 주장으로 라캉은 사실상 자신의 초기 주장의 몇몇을 반복하고 있는 것이다. 그는 『세미나 11』에서 다음과 같이 주장했다. "욕망은 결여에 대한 존재의 관계이다. 이 결여는 엄밀히 말해 존재의 결여이다. 이것이나 저것의 결여가 아니라, 있음의 결여이며, 그에 따라 존재가 존재하게 된다." 좀 더 나가보면, "만일 존재가 그러하다면, 그것에 대해 말할 여지는 없을 것이다. 존재는 정확히 이 결여의 작용으로서 실존existence이 된다"(Lacan, 1988, 223). 존재가 자신의 "존재의 결여"로부터 나온다는 생각은 이미 여기에 있었다. 그러나 이것들은 초기 숙고들이며, 자신의 후기 세미나에서 라캉은 이러한 숙고들로 단순히 돌아가는 것이 아니라, 이 숙고들을 더 복잡하고 정교화된 개념적 체계 내에서 재확인하고 있다. 이것이 그가 새로운 강조점을 정식화하는 방법인 것이다: "우리가 익숙해져야 하는 것은 탈주하는 존재를 '준-존재para-being'(par-être) — 존재에 '준하는', 존재 옆에— 로 대체하는 것이다"(Lacan, 1990, 44).

"탈주하는 존재"는 라캉이 "존재의 환유"라고 부르곤 했던 것이다. 즉 "존재의 환유"는 기표의 행렬défilé에서 미끄러지고 사라지는 규정하기 힘든 존재, 오직 자신의 결여라는 형태로만 존재하는 (그리고 욕망의 원인이 되는) 존재인 것이다. 다른 한편, "준-존재par-être"라는 관념은 존재의 환유를 다른 관점에서, 즉 정확히 반복의 관점에서 바라본 결과이다.

라캉의 후기 작업에서, 존재 그 자체는 본질적으로 ("간극"의) 불가능성의 (교대하는) 반복, 존재하지 않는 것의 반복이라고 말할 수 있다. 존재는 기표의 통제에서 탈주하고 빠져나가는 것이 아니라, 오히려 존재의 중심에서 그 "불가능한" 중단discontinuity을 계속 반복하는 것이다. (어쩌면 프로이트와 그의 은유들을 참조하면, 존재는 존재의 바로 그 중심에 있는 비-존재의 우회적 반복이라고도 말할 수 있다.)

이것이 바로 라캉의 이른바 "준-존재론"(때로는 "parontology"라고도 말했던)에 관한 것이다. 즉 존재는 자기 자신의 불가능성에게는 부수적이(고 그러므로 "준-존재"이)며, (바디우에서처럼) 사건의 불가능성에게 부수적인 것이 아니다. 그러니까 (전치되는 반복을 통해) 존재를 발생시키는 불가능성은 사건에서 문제가 되는(혹은 사건에 의해 "동원되는") 바로 그 동일한 불가능성이다. 다시 말해, 사건은 존재의 불가능성(존재-

4장 객체—탈지향 존재론

로서 존재하기의 불가능성)의 바로 그 지점과 관계한다. 존재가 사태들이 일어나는 것이 **가능한** 영역인 이유는, 정확히 계속 반복되는 이 불가능성 때문인 것이다. 즉, 그것은 **사건들을 위한** 잠재성을 지니고 있는 것이다. 또한 이는 사건에 의한 존재의 중단이, 절대적으로 "다른 곳"에서 나온다고 말하는 바디우와 비교되는 중요한 차이이다.

그렇다면 사건에 대한 라캉의 정의는 무엇인가? 그가 『세미나 20』에서 말했듯이, 사건은 어떤 것이 "쓰이지 않기를 중단stops not being written" 할 때 일어난다. 그러나 어떻게 그러한가? 그것은 불가능성을 가능하게 만들 때가 아니라, **필연과 불가능의 이접**disjunction을 수행할 때 그러하다. 존재의 보통의 과정(반복)이 실상 불가능을 필연과 연접conjunction시키는 것이라면 (그것이 "쓰이지 않기를 중단하지 않는"다면), 사건은 그것이 쓰이지 않기를 중단할 때 나타날 것이다. 그러므로 사건과 더불어 발생하는 것은 (존재의 중립성이라기보다는) 존재의 우연성에 있는 존재를 긍정하는 이접인 것이다. 라캉은 사랑의 사건과 관련하여, 혹은 사랑의 조우와 관련하여 이 정의를 들여오고 있다. 사랑의 조우는 "성적 관계가 쓰이지 않기를 중단함"을 결과로서 지닌다. 존재는 이미 사라진 것이 아니라, 내가 사랑하는 "당신"과 동시에 발생한다. "그게 당신이군요!" "내게 항상 결여된 존재가 당신이군요!"

그러나 이 점을 지적한 후, 라캉은 다음과 같이 비관적인 결론을 내린다: 비-관계의 (시간적) 중지suspension 너머에서, 사랑의 조우는 자신의 우연성에 있는 이런 중지를 유지할 수단이 없고, 그러므로 그것은 자신의 필연성을 행사하려고 시도하는 것이다. "오직 '쓰이지 않기를 중단하기'라는 기반 위에서 연명하는 모든 사랑은, 이 부정을 다른 부정, 즉 '쓰이기를 중단하지 않기doesn't stop being written', 멈추지 않기로 변경시키는 경향이 있다'(Lacan, 1999, 145). 이때 이것은 우연으로부터 "사랑의 드라마뿐만 아니라 운명도 구성하는" 필연으로의 이동인 것이다. "드라마"가 여기서 중요한 단어라는 점, 그리고 사랑의 희극, 희극으로서의 사랑이 다른 논리를 수반한다는 점이 — 내가 다른 데서 발전시켰던 — 나의 (불)겸손한 주장이다. 그러나 만일 써야 한다면, 사랑의 희극은 비극이나 사랑의 드라마보다도 훨씬 더 까다로운 장르가 될 것이다. (그리고 아마도 동일한 것을 정치적 사건들에 대해서, 즉 어떤 혁명적인 "드라마에 대한 취향"이 문제의 그것이라는 점에 대해서 말할 수도 있겠다.)

위의 인용에서 보듯 라캉의 비관적인 결론은 물론 바디우가 이 지점, 즉 "사건 이후에 무슨 일이 일어나는가?"라는 문제의 지점에서 도입하고 있는 충실성 (즉 단순히 연인에 대해서가 아니라 사랑의 조우라는 사건에 대한 충실성) 개념과 무관하지 않다. 단순히 사건 자체는 아닌 이 충실성은 종국에는 변화를 만들어 낼 수 있는 것이다.

이 지점에서 라캉의 신중함은 그의 일반적인 "비관주의", 혹은 심지어 그의 정치적 관점에 뿌리내리고 있는 어떤 것에 기인하는 것일 수 있다. 그러나 라캉 이론의 현실적인 해방의 함축은 결코 이러한 정치적 입장들로 제한되지 않는다. 이런 이유로 나는 다음을 제언하고 싶다.

만일 우리가 여기에서 "새로운 기표" 개념을, 가령 이 경우 사랑의 조우 위에 어떤 것을 만들 수 있는 것으로 재도입한다면? (그것의) 존재의 우연성을 감추지 않고서도?

사랑(의 조우)은 단순히 모든 것이 꼭 맞는 장소에 들어간다[필연적이대]는 것이 아니다. 사랑의 조우는 서로 다른 두 병증 사이의 우연한 만남에 관한 것도, "서로에게 작동하는" 것을 조우하기에 충분히 운이 좋은 두 개별자들에 관한 것도 아니다. 그보다 사랑은 **그것을 작동하게 하는 것**이다. 사랑은 우리에게 어떤 것을 한다. 그것은 욕망의 원인이 연인에게 굴복하고 연인과 동시발생하도록 **한다**. 그리고 이것의 정동이 **놀라움**surprise이다 – 단순히 열병이 아닌 오직 이 놀라움, 이것이 사랑 고유의 기호이다. 그것은 사랑에 대한 주체의, 주관적 형상의 기호인 것이다. 그것은 "그게 너였어!"라고 단순히 말하는 것이 아니라, "너가 그것이라니 정말 놀라워!", 혹은 사랑이 작동하는 방식에 대한 더 단순한 공식인 **"너가 너라니 정말 놀라워!"**라고 말하는 것이다.

더 구체적으로 발전시키려면, 잠시 끌레망 로세Clément Rosset가 『열정의 체제/식이요법Le Régime des passions』에서 사랑에 관해 쓴 것을 살펴보는 것이 도움이 된다. 두 가지 의미가 있는 프랑스어 régime으로 유희하면서 – (통치)의 체제와 식이요법이라는 의미, – 로세는 열정 개념을 비판하고 있다. 그는 열정을 비현실적인 (탈실현된, 비존재적인 혹은 도달 불가능한) 대상에 대한 병적인 갈망으로 보고 있다. 그러므로 열정적 사랑은, "진정한 사랑"과 대조적으로, 언제나 그 사랑이 실제로는 소유할 수 없는 (그리고 그저 그것을 가지려고 갖은 애를 쓰는) 대상들을 겨냥하고 있다. 그것은 비현실적 대상과의 관계인 것이다. (라신느의 『페드라』에서처럼, 설사 그 대상 뒤에 구체적인 사람이 있다고 하더라도, 그/녀는 실제 사람으로는 적절치 않다.) 이것은 어떤 대상으로의 접근과 그 대상에 대한 향유가 무한히 지연되는, 그런 대상에 대한 사랑이다. 로세에 의하면, 이러한 호색적amorous 열정(더 정확하게는 욕망의 열정이라 부를 수 있을)은 사랑의 반대이다. 왜냐하면 그것은 마치 마비시키고 금지하는 것에 몰두하는 전쟁기계와 같기 때문이다. 그러므로 페드라는 "어떤 대상을 선택하여 그 대상에 대한 향유를 스스로에게 금지하고 (그녀는 **그를 향유하지 않기 위해** 선택했다고까지 말할 수 있을 것이다), 그러고선 그녀의 고통에서 마조히즘적 향유를 끌어낸다"(Rosset, 2001, 16). 이는 "열정의 식이요법"의 이면이기 때문이다. 즉 그것은 열정의 대상에 대한 향유가 아니라 열정적인 식이요법 자체에 있는 향유와 연루한다. (그런 이유로 로세는 생시몽의 "열정 없이는 위대한 일도 일어나지 않는다"라는 유명한 정식을 거부한다. 그리고 이 말을 "열정 없이는 어떤 시시한 일도 일어나지 않는다"로 대체한다.) 로세는 유사한 구조를 (즉 모호하고 비현실적인 대상에 대한 갈망과 매혹을) 탐욕 속에서, 그리고 수집가의 열정 속에서 찾는다: 이런 열정들의 실제 대상은 그리 중요하지 않다. 수전노는 결코 자신의 자산(혹은 자산의 가치)을 향유하지 않는다: "수전노는 돈 그 자체가 아니라, 자신의 지폐들과 수영을 하는 비현실성의 아우라에 매혹되는 것이다"(ibid., 17). 그러므로 로세에게 열정을 정의하는 것은 어떤 것의 수색이라기보다는, 두 가지 근본적인 조건 – 애매하거나 비규정적이어야 하고 동시에 유용성 바깥에 있는 것(즉 잡히지도 않고 쓸모도 없는 것) – 으로 규정되는 대상에 대한 탐색이다. 그리고 이것이 더욱 그러할수록, 열정은 병적인 자기-영속의 논리에서 더욱 심해진다. 이것이 정확히 로세가 열정의 논리를 자신의 철학적 작업의 중심 주제, 즉 "실재와 그것의 더블"과 연결시키고 있는 지점이다. 간단히 말해, 열정은 더블이라는 환상이 갖고 있는, 실재에 대한 지각과 부재에 대한 매혹에 영향을 미치는 것을 표지한다. 이 부재는 (결코) 우리를 만족시키지 못하는 어떤 실재의 욕망할만하지 않은 현존 때문에, 다시 말해 실재를 망가뜨리며 비현실적인 것을 선택함으로써 유발되는 것이다. 여기서 덧붙이자면, "혁명적 열정"은 사실상 정확히 이런 방식으로 기능한다: 다른 세계를 끈기있게 건설하려고 하기보다는 "혁명" 자체를 향한 열정으로서 기능하는 것이다.

그러나 로세가 이론화한 더블— 단지 실재의 환영적 재이중화— 과 열정에는 너무 성급했던 지점이 있다. 실제 대상과 (그것의 지연에 있는) 도착적 향유 사이의 대립에 있어서, 실제 사랑은 단순히 (완전히 그것과 일치하는) "실제 대상"의 편에 있는 것이 아니다. 나아가 우리는 모든 실제 사랑에는 일정 정도 탈현실화와 거리두기가 존재한다고, 그리고 이것이 구체적이고 "실제하는" 사람과의 조우 및 관계의 바로 그 근간을 구성한다고 말해야 한다. 역설적으로, 이것은 로세도 스스로 매우 명민하게 관찰한 바이다. 자신의 이론에 대한 이런 검토의 즉각적 결과들을 받아들이지는 않았지만 말이다:

> 실제의 사랑은 사랑받는 사람의 현실성을 요구한다. 게다가 사랑받는 대상이 우연의 일치 덕에 존재하는 대상이 될 때의 그 우연이란, 정말 기묘하게도 연인들에게는 경이로움이라는 끊임없이 이야기되는 주제가 된다... 즉 중요한 것은 "당신이 여기 있군요"가 아니라, "당신이 당신**이군요**"라는 사실이 된다. (Rosset, 2001, 28)

이것이 정확히 우리가 앞의 논의에서 도달했던 정식이다. 실제 사랑은 필연적으로 사랑받는 (욕망되는) 대상과 존재하는 대상이 일치한다는 것에 경이로워한다. 그리고 이런 경이가 사랑 고유의 정동이다.

로세의 주장에서 이것이 함축하는 바, 실제 사랑에서 또한 발생하는, 그리고 그럼으로써 최소한의 차이 혹은 분열을 전제하게 되는, 놀라운 일치의 질서 같은 것이 존재한다는 점이다. 이 분열은 오로지 환영적 왜곡(그가 주장하듯, 실제의 복제)과 더불어서만 나타나는 것이 아니다. 그리고 사실상 여기에서의 경이는 프로이트가 『농담과 무의식의 관계』에서 인용한 농담들 중 하나만큼이나 희극적이다. "그는 고양이 가죽에 눈이 있어야 할 바로 그 자리에 두 개의 구멍이 뚫려 있는 것에 놀라워했다"(Freud 1976, 97; 한글판 120쪽).

로세가 주장하듯, 실제 연인이 오직 그녀 자신과의 **일치**가 되기 위해서는, 최소한의 차이와 연루하는 어떤 분열이 또한 필요하다. 정확히 이러한 최소차이 때문에, '나는 타자이다*(Je est un autre)*'(랭보)가 아니라, **'tu est toi'** "당신은 당신(자신)이다"라고 말할 수 있는 것이다. 그리고 이것이 실제적 사랑의 바로 그 조건(이자 형식)이다. 그것은 실제적 사랑이 사랑받는 사람의 현실성을 요구한다는 것뿐만 아니라, 일차적으로는, 그것의 비-일치의 이면으로서의 **동일한 것의 이런 일치[당신은 당신이다]**에 대한 것이다. 이는 그것의 강한 의미에서 욕정의 조우가 그것을 가시적으로 만드는 것이다. 분열과 일치는 동시에 나타난다. 혹은, 분열은 일치로서 나타난다. 그것들은 엄밀히 말해 하나이자 동일한 것이다.

"실제 사랑"이란 숭고한 사랑, 즉 사랑 대상의 추상적 차원 때문에 우리가 완전히 푹 빠져 "맹목이 되는" 그런 사랑이 아니라는 점에서는 로세에게 동의할 수 있다. 그런 숭고한 사랑에서는 구체적인 현존(과 그것의 다소 웃기고 진부한 측면)을 결코 보지 못하고 볼 수도 없다. 이런 종류의 "숭고한 사랑"은 실상 타자에 대한 근본적인 접근불가능성을 필요로 하고 또 발생시킨다. (보통 이 타자는 영원한 사전준비의 형식이자, 접근불가능한 선택의 대상의 형식을 취한다. 혹은 그 타자는 접근불가능한 것에 적절한 거리를 재도입하고 그럼으로써 각각의 "사용" 이후 대상을 "재승화"할 수 있게 만드는 간헐적인 관계의 형태로만 나타난다.) 그렇다고 실제 사랑이, 그 대상의 실제 현존이 동질적이고 (방해받지 않고) 연속적인 "그 자체 그대로"라고 사랑 대상을 여긴다는 것도 아니다. 사랑 대상이 존재하는 대상과 "동시발생하는/일치하는" 순간만이 바로 연인들이 사랑에 빠지는 순간이며, 이 일치가 연인들의 현실성의 연속성에 단절을 표시하는 순간인 것이다. 이런 역설적인─혹은 실로 **희극적인**─일치는 정확히 사랑하는 연인들을 현실에 있는 그들의 현존의 연속성으로부터 갈라놓는 것이며, 그것은 마치 처음인 양 **거기에 그들을 (다시) 자리잡게 한다.**

마르크스 형제의 <오페라의 밤>은 이를 가장 직접적으로 보여주고 있다. 한동안 다른 여자와 함께 저녁을 먹던 그루초Driftwood가 클레이풀 여사(그녀는 계속 그를 기다리고 있었다)의 테이블로 오면서 다음 대화가 시작된다:

드리프트우드(그루초): 저 여자요? 내가 저 여자와 왜 앉아있었는지 아시나요?

클레이풀 여사(마가렛 뒤몽): 모르죠.

드리프트우드: 그건 저 여자가 당신을 생각나게 하기 때문이죠.

클레이풀 여사: 정말요?

드리프트우드: 물론이죠. 그래서 지금은 내가 당신과 함께 앉아있는 것이고요. 왜냐면 당신은 당신을 생각나게 하거든요. 당신의 눈동자, 목과 입술, 모든 것이 당신을 생각나게 해요. 당신만 제외하고요. 이걸 어떻게 설명하시겠어요?

희극적 주체들은 사랑에 대한 진정한 공식을 가장 잘 생산할 수밖에 없다. 생각해보면, 불가능한 질문("왜 나를 사랑해요?")에 대해 "그건 당신이 당신을 생각나게 하기 때문이죠"라고 답하는 것보다 더 좋은 대답이 있을까?

이제 우리는 이 모든 것을 앞선 논의와 어떻게 연결할 수 있을까? "새로운 기표" 개념을 이해하는 한 가지 방법은 그것을 명명할 수 있는 능력을 지닌 기표로 보는 것, 그럼으로써 나의 연인이 나로 하여금 그를 상기시키도록 하는 최소한의 차이(우연성)를 유지하는 기표로 보는 것이다. 다시 말해, 그 기표를 라캉이 지적한 부정의 전환, 즉 "쓰이지 않음을 중단함"에서 "쓰이는 것을 중단하지 않음"으로 넘어가는 전환이 되지 않게 막는 것으로 보는 것이다. 이런 전환에서 발생하는 것은 불가능성이 사라지는 일, 단순히 [우연성이] 필연성으로 대체되는 일일 것이다. 그러나 불가능성의 사라짐은 해결이 아니라 억압이나 폐제이며, 그럼으로써 "사건적인" 해결을 처음부터 가능하게 했던 바로 그 간극을 닫아버리는 것일 것이다. 사랑에서 불가능한 것이 일어나며, 우리가 그 일어난 것과 계속 작업해야하는 지점은 바로 거기서 부터이다. 이제부터 불가능한 것이 단순히 가능한 것으로 대체된다고, 필연적인 것으로 대체된다고 (되어야 한다고) 가정하는 것 대신에 말이다.

이미 꽤 길게 구체적인 사례들을 살펴봤으니, 이제 여기서 한발 더 나아가 욕정amorous의 상황에 있는 "새로운 기표"의 구체적인 사례들을 제시해보자. 그것들은 이 **새로운** 기표에 대한 숭고한 기대들과 비교해 오히려 진부해서 놀라울 것이다. 그래도 이런 위험을 감수해보자. 명명하는 능력을 지닌, 그래서 연인이 나에게 그 자신을 계속 떠올리게 만드는 최소 차이(우연성)를 유지하는 사례는 어떤 것이 될까? "불가능성"의 간극을 그 장면에서 사라지게 (그래서 실재로 되돌아가게) 만드는 것으로부터 보호하는 어떤 기표의 사례 말이다. 어쩌면 어떤 애칭nickname이 연인관계에서 작동하는 방식이 그 가능한 사례라고 말할 수는 없을까? 내가 이것으로 우리가 애칭 목록에서 고를 수 있는 그런 "귀여운 이름" 같은 것을 의미하려는 것은 당연히 아니다. 나는 연인관계에 있는 어떤 것을 실제로 명명하는 이름 같은 것을 말하는 것이다. 이 이름은 구체적인 연애 관계에서 사랑 대상과 존재하는 대상을 (이)접합(dis)juction하는 기표를 제공할 것이다. 이 이름은 사건의 불안정한 **지점**에서 구성을 위한 **공간**을 발생시키고 유지하는 데 작동할 것이다. 그런 (별스러운) 이름들은 (분명 사랑의 모든 애칭들이 이런 방식으로 작동하지도 않고, 또한 같은 일을 수행하는, 애칭이 아닌 다른 것도 있을 수 있다) 희극적 재기 sparkle를 지니고 있으며, 이 재기는 **운명**으로서의 사랑의 파토스를 방해하며 끝까지 갈 것이다.

이름들, 단어들 – 이것들로 충분하지 않을까?

우리는 ("불가능성"에 있는) 성으로 시작해서, 그것의 사건적 차원에 있는 사랑으로 끝맺었다. 만일 어떤 종류의 의미작용의 발명에 있을 자신의 동맹을 찾지 못한다면 우리를 그리 멀리 데리고 가지는 못할 수도 있는 그런 사랑 말이다. 여기에서 나는 멈추고 싶다. 물론 여기서 더 발전시킬 수 있는 더욱 일반적인 결론들이 있다. 그러나 나는 그저 하나 더 짧게 말하는 것으로 마칠 것이다. 우리는 자주 우리 시대의 폐해의 원천을 ("그저") 말들, 사변의 가속화하는 흐름에 있다고 생각한다. 즉, 그런 원천이 진짜 사물, 진정한 삶, 진정한 경험, 진정한 감정들과의 관련이 결핍된 데에 있다고 생각하는 것이다. 그러나 문제는 아마 다른 것일지도 모르겠다. 우리는 (우리가 결코 "가진 적 없는") 실재를 상실한 적이 없으며, 우리는 진짜 결과들을 가질 수 있는 **명명하는 능력**을 잃고 있는 것이다. 왜냐하면 그것은 필연과 (불가능한) **실재** 사이에 있는 (이) 접합이라는 정확한 지점을 "가격하기" 때문이다. 말들의 홍수 속에서, 우리에게는 지금 작동하는 말들이 부족하다. (그런 말들은 언어학이 수행적이라고 부르는 것이 아니라, 존재의 경제에 영향을 줄 수 있는 말들이다. 왜냐하면 그 말들은 이 경제가 작동하는 데서 오니까.) **실재**로의 (가령 "진정한 경험"으로의) 회귀는 이데올로기 전쟁의 부분이다. 이 전쟁은, (더 많은 말이 아니라) 정확한 말로 실재의 어떤 것을 접촉할 수 있는 유일한 방법으로부터 우리를 멀어지게 할 뿐이다. 정확한 말은 옳은 말과 다르다. 그리고 그것은 분명 누군가가 "옳다"(혹은 그르다)에 관한 것도 아니다. 그런 말은 단순히 지금 무슨 일이 일어나고 있는지에 대한 사실적 진리를 전달하는 말도 아니다. 마찬가지로 "효율"에 관한 것도 아니다. 정확한 말이란, 처음으로 우리의 현실에 대한 어떤 것을 명명하는 말들에 관한 것, 그럼으로써 이 어떤 것을 세계와 사유의 대상으로 만드는 말들에 관한 것이다. 그것 이전에 현실을 설명하는 말이나 기술description이 있을 수도 있다. 그리고 항상 그래왔다. 그러나 우리에게 완전히 다른 방법으로 현실에 접근할 수 있도록 하는 어떤 말도 있다. 그것은 현실에 대해 바르게 기술하는 것이 아니라, 새로운 현실을 도입하는 것이다. 마르크스가 "지금까지의 모든 사회 역사가 계급투쟁의 역사"라고 했을 때, 이것은 다른 방식의 기술보다 더욱 적확한 사회 역사 기술이 아니다. 계급투쟁이라는 개념은, 지금까지 보이지 않은 사회 현실의 차원을 폭로하고 그것에 대해 사유할 도구를 제공한 사례, 즉 "새로운 기표"의 사례이다. 그것이 그럴 수 있는 이유는, 사회 정의의 불가능성이 필연성으로부터 풀려나고 이 불가능성을 반복하게 하는 지점을 명명하기 때문이다.

결론

아담의 배꼽에서 꿈의 배꼽으로

섹슈얼리티라는 정신분석적 개념의 철학적 함축을 탐색했으니, 이제 다음과 같은 가장 대담한 함축으로 결론을 내리고자 한다. 즉, (무의식과 연결되어 있는) 섹슈얼리티는 존재론과 인식론 사이의 단락short circuit 지점이다. 지식의 형태로서의 무의식이 섹슈얼리티에 연루되고 섹슈얼리티에 의해 전염되는 그 불가능성과 관계하는 것은 바로 의미작용의 구조에서 사라진 ("떨어져 나간") 것 때문이다.

존재론적 차원과 인식론적 차원 사이의 독특한 단락이 존재한다는 이론은 물론 매우 강한 "철학적" 주장이다. 그러나 프로이트 자신이 섹슈얼리티와 지식 사이의 연결에 대해 설명할 때 그런 종류의 어떤 것을 암시했었다. 말하자면, 만일 섹슈얼리티가 지식의 충동이라면, 그것은 단순히 우리가 성에 대해 궁금해 하거나 지식에 대한 열정으로 성의 결여를 승화시키기 때문이 아니다. 왜냐하면 여기서 문제가 되는 결여는 성의 가능한 결여가 아니라, **성의 중심에 있는 결여** 때문이다. 혹은 더 정확히 말하자면 그 결여가 바로 그 존재의 구조적 불완전성으로서 성과 관련하기 때문이다.

프로이트의 주요 이론들 중 하나는 지식에 대한 탐구(욕망)가 시작하는 영역으로서의 섹슈얼리티에 관한 것이다. 지식에 대한 열정의 이런 프로이트적 계보학은 그 자체로 복잡하고 흥미롭지만, 그것의 기본틀은 다음이라고 할 수 있다:[1] 지식에 대한 기원적 충동은 존재하지 않는다. 그것은 실존적 난국의 지점들에서 떠오를 뿐이다: 예를 들면, 아이가 동생을 갖게 된다는 사실(혹은 가능성)로 위협을 느낄 때와 같이 말이다. 섹슈얼리티는 우리 자신이나 타자들의 **존재**에 대한 모든 물음들에서 확실한 플레이어가 되는 것이다. 섹슈얼리티는 존재의 물음과 함께 무대에 오르지만("우리는 어떻게 존재하게 되는 것일까?), 부정성으로서, 즉 모든 가능한 긍정적인 답들의 불만족스러운 성격으로 무대에 오른다. 그것이 분명히 존재의 되기에 연루되어 있긴 하지만, 그럼에도 불구하고 섹슈얼리티는 (존재로서의) 존재에 대해 설명할 때 어떤 지지할 수 있는 지점도, 어떤 정박 지점도 제공하지 않는다. 더구나 호기심으로 들끓는 아이들에게, 섹슈얼리티는 종종 이야기들이나 신화들, 당황과 회피, 심지어 가끔은 혐오와 처벌과 같은 것과 밀접하게 관련한다.

우리가 이런 것들이 사소한 가족 스토리나 가족 구조에 대한 이야기라며 또 한숨짓기 전에, 진짜 질문은 오직 이 지점에서 시작한다는 것을 인정하는 것이 중요할 것이다. 그것은 이런 "가족 구조들"이 섹슈얼리티의 **실재**를 설명할 수 있다는 말이 아니라, 섹슈얼리티 안에 있는 어떤 것이 가족 구조들을 추동하는 간극을 설명할 수 있다는, 혹은 가리키고 있다는 말이다. (어른들이) 섹슈얼리티에 당황하거나 그것을 덮으려고 하는 것을 자명한 것으로 생각하거나, 말하자면 섹슈얼리티에 대한 "전

왓 이즈 섹스?

통적" 문화적 금지로 설명되어선 안 된다. 다른 방식을 생각해야 한다. 내가 주장하고 있는 것처럼, 섹슈얼리티에 있는 당황의 원인은 단순히 거기서 보여지는 어떤 것이 아니라, 오히려 반대로 거기에 없지만 지식의 질서의 부분이라고 할 수 있는 어떤 것이다. 아이들에게 들려주는 성에 관한 동화들은 사실적 설명을 가리고 왜곡하기 위한 것이 아니라, 어떠한 사실적인 설명도 존재하지 않는다는 사실을 가리기 위한 것이다. 심지어 가장 철저한 과학적 설명도 성적인 것으로서의 성적인 것을 설명할 기표를 가지고 있지 않다. 그러므로 이런 결여에서 중요한 것은 (그 자체 완전한 존재자로서의) 성적인 것에 **대한** 지식의 모자란 부분이 아니다. 중요한 것은 (충동적) 섹슈얼리티와 지식들이 근본적인 부정성 주위로 구성된다는 것, 그리고 그 근본적인 부정성이 무의식의 지점에서 그것들을 결합한다는 것이다. 무의식은 섹슈얼리티와 지식의 부정성 안에 있는 그 둘 사이의 내재적 연결에 대한 개념이다.

그러므로 이 모든 것에서 끌어낼 수 있는 결론은 다음과 같다. 섹슈얼리티를 사회적 문화적 혹은 종교적으로 덮어두려고 할 때마다, 그것이 결코 거기에 있는 것(가령 성적 기관들)을 덮으려고 할 뿐만 아니라, **또한** (그리고 아마도 일차적으로) 거기에 없는 어떤 것을 덮으려고 한다는 것을 우리는 확신할 수 있다. 그것은 또한 시초부터 **형이상학적 질서**에 있는 근본적인 양의성을 감추려고 하는 것이다. 다시 말해, 우리가 성적인 것을 성적인 것으로서 사유하려고 하면 할수록 (즉, 우리가 검열과 장식 없이 오직 "그것이 무엇인지"에 대해서만 그것을 사유하려고 하면 할수록), 우리는 순수하고 심오한 형이상학의 요소들 속에서 우리

결론: 아담의 배꼽에서 꿈의 배꼽으로

자신을 더 빨리 발견하게 될 것이다. 이것이 성에 대해 말할 수 있는 **"중립적인"** 방법이 존재하지 않는 이유이다 ―우리가 아무것도 숨기지 않고 사실만 말한다 해도, 어떤 다른 것이 계속 추가되거나 사라질 것이다...

이에 대한 생생하고 직접적인 설명은, 아담과 이브를 그렸던 예전 예술가들이 직면한 문제에서 발견될 수 있다. 그들의 문제는 우리가 앞에서 실재론에 대해 논의했던 문제들과 관련한다. 문제는 다음과 같다: 인류 최초의 커플에게 배꼽을 그려 넣을 것인가, 배꼽을 그려 넣으면 안 되는가? 아담은 생기와 흙으로 만들어졌다. 이브는 아담의 갈비뼈로 만들어졌다. 그들은 여성에게서 태어나지 않았으니, 그들에게 어찌 배꼽이 있으랴? 그러나 그들은 배꼽 없이는 이상해 보였다. 그들은 최초의 인간이었고 그들은 (다른) 인간들처럼 보여야 했다. 그러나 인간인 그들이 신의 형상으로 창조되었다면, 신 또한 배꼽이 있어야 한다. 이 모든 것들은 새로운 개념적 난국들을 만든다... (이것은 고스가 화석의 지질학적 연대와 창세기의 신의 창조를 화해시키려고 했을 때 직면했던 딜레마를 보여준다. 그의 답은, 신이 아담을 창조했을 때, 그는 또한 배꼽도 창조했다는 것, 다시 말해 그의 "선조성"도 창조했다는 것이었다..) 그러니 예술가들이 직면한 문제는 꽤 실제적이다. 그리고 그들은 종종 무화과 나뭇잎을 좀 더 크게 그려 넣어서 그 문제를 회피했다. 그들은 성기만 가린 것이 아니라 아랫배도 가린 것이다.

무화과 나뭇잎을 이렇게 크게 그려 넣어서 성기 그 이상을 가리려고 한 것은, 내가 여기서 주장하고 있는 것에 대한 완벽한 삽화가 아닐까? 다시 말해, "성적인 것"을 덮으면 우리는 항상 또한 ― 그리고 아마도 일차적으로?- 다른 것도 덮을 수 있는 것이다. 거기에는 없지만 심오한 형이상학의 문제들과 모호성들을 떠오르게 하는 어떤 것 말이다. 그리고 출산과 (우리의) 기원에 대한 신화와 환상들의 주된 장소가 정확히 바로 이 부가적 지점이라는 것은 이제 놀랍지 않다. 아담의 배꼽을 둘러싼 다양한 신학 이론들이- "Pre-Umbilist," "Mid-Umbilist," "Post-Umbilist" 이론들*- 이에 대해 멋들어진 해석을 하고 있다.

나뭇잎을 크게 그려 넣는 것은 단순히 성적인 것을 가리는 것이 아니라 존재의 상실 – 성분화(와 성적 재생산)에 연루된 존재의 상실 – 로 생긴 상처의 선택된 형상으로서의 배꼽을 가리는 것이다. 섹슈얼리티가 존재적ontic 수준에서만 존재하는 것이라면, 그리고 고유한 존재론적 위엄을 지니고 있는 것이 아니라면, 그 이유는 섹슈얼리티가 존재론적 수준에서 아무것도 상응하는 것이 없어서가 아니라, 그것이 이 존재론적 수준 내부의 간극에 상응하기 때문이다.

배꼽에 대해 다시 말하자면, 우리가 프로이트(의 『꿈의 해석』)에서

---

* 신학자들과 철학자들을 사로잡은 아담의 배꼽 문제에 대한 세 가지 입장을 말한다. Pre-Umbilist들은 아담의 배꼽이 그의 창조와 함께 만들어졌다고 주장한다. 그러나 신의 형상으로 만들어졌어야 할 아담에게 (여성으로부터의 출산을 가리키는) 배꼽이 있다는 것은 설명하기 어려웠으며, 특히 배꼽에 부착되어 있을 탯줄(여성과 아이의 끈이자 출산의 또 다른 징표) 또한 신이 미리 예비하고 있다고 가정해야 하는 등 여러 문제들이 제기되었다. Mid-Umbilist들은 아담의 배꼽은 이브의 창조와 이브가 유혹에 빠져 사과를 한입 베어 물었을 사이에 만들어졌다고 주장한다. 아담의 배꼽은 아담의 갈비뼈로 이브가 창조되었을 때 그 갈비뼈가 나온 자리가 배꼽이 되었다고 주장하며, 오히려 이브는 배꼽이 없는 '불완전한 인간, 비인간'으로 상상된다. 마지막으로 Post-Umbilist들은 아담과 이브가 타락하여 에덴동산에서 쫓겨났을 때 배꼽이 생겼다고 주장한다. 그들의 배꼽은 사실상 비자연적인 것이고 그들의 타락 이후 첫째 아이에게 생긴 배꼽이 최초의 '자연적' 배꼽이라고 주장한다. 그러나 여전히 이 경우에도 왜 비자연적(초자연적) 배꼽이 아담과 이브에게 주어져야 했을까 하는 문제는 해결되지 않고, 이것은 다시 Pre-Umbilist의 문제, 즉 도대체 하나님에게 탯줄이 있는가? 있다면 어디에 있는가? 등이 여전히 해결불가능한 문제로 남아있게 된다.

유명하고도 기이한 표현인 "꿈의 배꼽der Nabel des Traums"을 발견할 수 있다는 것도 우연의 일치가 아니다. 이 꿈의 배꼽은 우리가 알 수 있는 것과 관련된 것이 아닌, 분석적 해석에서 제시될 수 있는 지식의 바로 그 망에 있는 구멍과 관련된 것이다.

> 철저히 해석한 꿈에서도 때로 어떤 부분은 모호하게 남겨져야 하는 것들이 있다. 여기가 꿈-사고가 뒤엉킨 곳인데 이것은 풀릴 수도 없고, 꿈 내용에 대한 우리의 지식에 아무것도 보태주는 것이 없음을 해석 작업에서 우리가 깨닫게 되기 때문이다. 이것은 꿈의 배꼽이며, 꿈이 알려지지 않은 곳으로 내려가 닿을 수 있는 곳이다. (Freud 1988, 671)

나는 이 "알려지지 않은"이라는 용어를 "우리에게 알려지지 않은" 어떤 것을 가리키는 것이 아니라, 존재 안의 간극에 일치하는 지식 안의 간극이라는 더 강한 의미로 읽어야 한다고 주장하고 싶다. 우리는 알지 못한다. 왜냐하면 알 것은 무이기 때문이다. 그러나 이 "무"는 존재에 내속해 있고, 자신의 환원불가능한 균열을 구성하고 있다. 그것은 기이한 ("부정적인") 인식론적 상처로 기입되어 있으며, 지식의 기이한 형식으로 기입되어 있다. 바로 무의식이다.

왓 이즈 섹스?

1장 여기서 점점 이상해진다

1 다음을 참고. Shalev and Yerushalmi, 2009.

2 이 문제들에 대해 더 많은 논의는 다음을 참고. Alenka Zupančič, 2008, 20-23.

3 예를 들면 다음을 참고. Laplanche, 1999, 258.

4 아우구스티누스의 결혼론 De nuptiis et concupiscentia(On Marriage and Concupiscence), 7장을 참조.

5 사례들에 관해서는 다음을 참조. Alacoque, 1995.

6 인상적인 이런 이미지들의 컬렉션은 인터넷에서 성 아가사나 성 루치아를 검색하기만 해도 충분하다.

7 "기독교 교리는 신의 육화에 대해 말하면서 열정은 사람이 다른 사람의 주이상스를 구성하는 데서 겪는다고 추정한다"(Lacan 1999, 113).

8 동물들도 때때로 성적 (교미) 제의의 부분인 것 같은 매우 "이상한" 것들을 하기도 하지만, 그들은 그에 대해 "이상한" 어떤 것이라고 보지 않는다. 그것이 그들에게 조금도 불편한 것 같지 않다.

9 지젝은 "성관계는 없다"가 "성적 비-관계가 있다"로 바뀌야 한다고 주장하면서 이 지점을 논한다(Žižek, 2012, 796).

2장 저 밖에는 훨씬 더 이상한 것이...

1 이에 대한 철저한 비평은 다음을 참조. Dolar, 2007, 14-38.

2 이것이야말로 성에 접근하는, 성에 대해 말하는 단 하나의 길은 성을 논리의 문제(혹은 존재-논리적 문제)로 간주해야 하는 이유인 것이다. 이런 방법으로 우리는 아마도 어떤 종류의 실재적인 것에 도달할 수 있을 것 같다. 다른 한편, 만일 우리가 그것을 몸의 문제로, 몸의 감각들로 접근한다면, 우리는 상상계(혹은 형이상학)에서 끝나게 마련이다.

3 비-관계에 관한 지젝의 강력한 논의를 보라. Žižek, 2012, 794-802.

4 "포스트-휴먼"에 대한 최근의 관념 또한 "인간"으로부터의 본질적인 해방으로서의 해방을 상상하는 이러한 전통에 어느 정도 속해있다.

5 다음을 참고. Lacan, 1987, 194-196.

6 "구체적인 구성적 부정성"이라는 정식화는 더욱 설명이 필요하다. 일반적인 이론적 견지에서, 우리는 이런 배치를 다음과 같이 말해야 한다: 즉 그것은 하나의 근본적인 비-관계가 있고, 부정적인 방식으로 비-관계에 의해 규정되는 다양한 관계들의 다수성이 있다는 것이 아니다. 오히려 그것은, 모든 관계가 또한 그런 관계를 규정하는 불가능성의 구체적 지점을 상정한다는 것이다. 그것은 그것을 규정할 것을 규정한다. 이런 의미에서 우리는 모든 사회적 관계들이 담론의 보편적 규정으로서의 비-관계의 구체화이며, 비-관계는 이런 구체적인 (비-)관계들의 외부 어디에도 존재하지 않는다고 말할 수 있다. 이것은 또한 비-관계가 담론의 궁극적인 (존재론적) 기초가 아니라, 담론의 표면—비-관계가 오직 담론을 통해서만 스스로 존재하고 스스로를 증명하는—임을 의미한다. 다르게 말하자면, 그것은 어떤 구체적인 관계로도 해소되지 않을 근본적인 비-관계가 존재하(고 여전히 존재한다)는 것이 아니다. 오히려 그것은 모든 구체적 관계가 사실상 비-관계를 해소하지만, 오직 관계 자신과 함께, 관계 자신의 부정성과, 자신의 부정적 조건/불가능성을 상정함으로써만 ("발명함으로써만") 해소할 수 있다는 것이다. 비-관계는 "고집스럽고" "꿈짝도 하지 않는" 어떤 것이 아니다. 그것은 반복되는 것—(라캉의 표현을 빌리자면) "쓰이지 않기를 중단하지 않는" 어떤 것이다. 그것은 모든 쓰기에 저항하는 어떤 것, 사실상 어떤 쓰기도 쓸 수 없는 어떤 것이 아니다. 그것은 쓰기에게 내재되어 있고 그 것과 함께 자신을 계속 반복한다.

3장 물질화되는 모순

1 더 많은 논의는 다음을 참조. Lacan, 1987, 151.

2 여기서 칸트의 이런 제스처가 단순히 존재론을 뒤로 하고 문을 닫고 나가버렸는지, 혹은 새롭고 아주 다른 종류의 존재론의 기반을 닦았는지에 대해서는 논의하지 않겠다.

3 가령 다음을 참조. Butler, 1990.

4 "일반인들에게는 너무나 명확한 것으로 보이는 '남성적' '여성적'이라는 개념들의 의미가 과학에서 일어나는 가장 혼란스러운 것들 중 하나라는 것을 이해하는 것이 중요하다."

5 Zupančič, 2008, 59-60.

6   이것은 물론 지젝의 헤겔 및 라캉 독해에서도 중요한 지점들 중 하나이다. 다음을 참조. Žižek, 2012.

7   이에 대한 더 많은 설명은 다음을 참조. Dolar, 2010.

8   몇몇만 말하자면 다음을 참조. Copjec(1994), Žižek(2012), Le Gaufey (2006), Chiesa(2016).

9   라캉은 대문자 여성이란 아버지의 이름들 중 하나라고 주장하고 있다.

10 이는 물론 페티시즘에서도 중요한 것이다.

11 믈라덴 돌라르(Mladen Dolar)는 이를 간단명료하게 요약했다. 성적 차이는 둘의 문제를 제기한다. 왜냐하면 그것은 이항적 대립으로 환원되거나 이진법의 숫자 2로도 설명될 수 있는 것이 아니기 때문이다. 그것은 의미화하는 차이가 아니며, 구조의 요소들을 규정한다. 그것은 대립적 특징들이나 차이보다 선존재하는 주어진 존재자들의 관계로 설명되어선 안 된다….(중략)…우리가 찾고 있는 이 둘은 동일하거나 다른 하나들 중 이항적인 둘이 아니다. 이 둘은 하나와 타자로서 둘이다. 이렇게도 말할 수 있겠다. 몸은 셀 수 있으나 성들은 셀 수 없다. 성은 몸을 세는 것에 한계를 보여주며, 몸들을 공통의 것 하에 모으기보다는 내부로부터 몸들을 자른다(Dolar, 2010, 88).

12 두 종류의 차이, 즉 관계적 차이와 비-관계적 차이 사이의 차이는 라캉이 더 세밀하게, 집합론과 관련하여 후기 세미나들에서 발전시키고 있는 것이다. 이는 4장에서 논의될 것이다.

13 믈라덴 돌라르가 이를 더 자세히 발전시킨 바 있다(Dolar, 2010).

14 그녀의 대표작인 L'effet sophistique으로 시작하고 있다.

15 바디우는 이 비유를 "둘의 장면"에서 다시 언급하고 있다(Badiou, 2003, 43).

16 Badiou and Cassin, 2010, 109.

17 라캉은 자신이 유명론자나 관념론자가 아니라 "실재론자"라고 반복적으로 말한다.

18 2016년 2월 류블랴나에서 했던 강의.

19 Mladen Dolar, "Two Shades of Gray," lecture delivered at the Beckett Conference, Freie Universität Berlin, February 1, 2016. (강조는 추가됨)

4장 객체-탈지향 존재론

1 이 때문에 이런 종류의 유물론은 물질을 재-영성화하는 것일 따름이라고 지적한 지젝이 옳다고 할 수 있다. 가령 제인 베넷의 "생기적 물질" 같은 경우가 그에 해당한다(Žižek, 2010, 303). 물론 그러나 여기서 내가 말라부를 피상적으로 참조했기 때문에 그녀가 보여준 매우 값진 논의 지점들뿐만 아니라 그녀의 논증 전체에 대해서 공정한 것은 아니라고 할 수 있다.

2 다음을 참조. Chiesa, 2010, 159-177.

3 "오히려 나는 유명론자가 아니라는 것이 분명합니다. 제 말은, 나의 출발 지점은 이름이 이와 같이 실제 위에 붙어있는 어떤 것이 아니라는 것입니다. 우리는 선택해야 해요. 우리가 유명론자라면, 우리가 변증법적 유물론을 완전히 포기해야 한다면, 간단히 말해, 내가 말하는 것과 같은 담론에서 발생할 수 있는 관념론의 위험만을 오직 엄격하게 말하는 유명론적 전통이 매우 분명히 불가능하게 된다는 것입니다. 이것은 중세의 실재론자, 보편자들의 실재론이라는 의미에서의 실재론자에 관한 것이 아닙니다. 문제가 되는 것은 우리의 담론, 우리의 과학담론이 실제적인 것을 발견하는 것은 오직 외관의 기능[작용]에 의지함 내에서 라는 사실을 구별하는 것입니다'(Lacan, 2006b, 28).

4 이런 점에서 그의 주장은, 상관주의 철학이 정확하게는 우리가 물자체에 대해 어떤 것도 알 수 없다고 주장하기 때문에 우리로 하여금 물자체에 대해 말하는 심지어 가장 비합리적인 반계몽주의의 넌센스까지도 최소한 가능해진다는 것을 인정하도록 한다는 것이다.

5 Zupančič, 2008.

6 우리는 사실상 이런 생각을 니체에게서 볼 수 있다. 그가 말하길, "죽음은 삶의 반대라고 말하는 것을 조심하자. 살아있는 것은 단지 죽은 것의 한 종류, 아주 드문 종류일 뿐이니"(Nietzsche, 1974, 168). 우리는 유사한 생각을 프로이트에게서도 (그의 추가적인 비틀기와 함께) 볼 수 있다. 결론부에서 다시 이 문제로 돌아갈 것이다.

7 Chiesa, 2016.

8 나로 하여금 프로이트의 죽음충동과 피로 사이의 이 연결을 만들도록 한 것은, 2015, 2016년에 조운 콥젝이 진행한 "피로"에 관한 펨브로크 세미나(브라운 대학)에서 초대되어 발표했을 즈음이다.

9 "그때까지 무생물체였던 것에서 생겨난 긴장은 자신을 없애려 분투했다. 이런 방법으로 최초의 본능(Trieb)이 생겨나게 되었다. 바로 무생물적 상태로 돌아가려는 본능 말이다."

10 Frued, 2001b, 53. 융은 프로이트의 리비도 관념을 채택했고, 약간의 수정을 거쳐서 그것에 완전히 다른 의미를 부여했다. 융으로 인해 리비도는 그 기원이 오직 성적이기만 한 것은 아닌 "생명적 에너지"에 대한 정신적 표현이 된다. 이런 관점에서 리비도는 정신적 에너지의 일반 명사이며, 오직 특정 부분에서만 성적이다. 프로이트는 즉각적으로 이런 융의 논의가 "우리가 지금까지 정신분석적 관찰에서 얻은 바를" 희생토록 하는지를 알았던 것이다.

11 생식 세포는 독립적으로 존재할 수 있다. "알맞은 조건에서 생식 세포들은 발달하기 시작한다. 즉 그들 자신의 존재가 빚을 지고 있는 수행을 반복하기 시작하는 것이다. 그리고 마지막에 한 번 더 그들의 기체/물질의 어떤 부분은 자신의 발달을 끝까지 밀고 나가지만, 다른 부분은 새로 남은 생식 세포로서 발달과정의 처음으로 다시 돌아온다'(Freud, 2001b, 40).

12 정확히 이런 의미에서 라캉은 본능들을 바로 이런 경로에 대한 "지식"인 "실재에 있는 지식"과 동일시한다.

13 「자아와 이드」에서 프로이트는 초자아를 "죽음본능의 순수한 문화"로 규정했다.

14 아이의 성적 유혹(과 그와 관련한 가능한 "외상")에 대한 프로이트 이론의 맥락에서, 장 라플랑슈는 이런 종류의 양자택일이 틀렸거나 너무 단순하다고 설득력있게 논의했다. 프로이트는 처음에 어른에 의한 아이의 성적 유혹을 실제적인, 말하자면 아이 과거의 사실적/경험적인 사건으로 두었다. 그래서 이것은 억압되는 것이고 다양한 증상이나 신경증적 장애의 근거나 **원인**이 될 수 있는 것이다. 후에, 프로이트는 유혹의 환상 이론을 위해 이 이론을 버렸다. 개괄적으로 말하자면, 유혹은 경험적 현실에서 일어나는 사건이 아니라, 나중에 우리의 성적 자각의 시기에 구성되는 환상이다. 그리고 그것은 오직 주체의 정신적 현실에만 존재한다. 물질적 현실과 정신적 현실(환상) 사이의 구분이라는 도구로 접근하면, 성적 유혹의 문제는, 모든 것이 물질적/실질적 유혹이라는 주장으로 이끌거나 (우리가 얼마나 정확하게 실질적 유혹을 규정할 수 있는가? 아이의 입술이나 엉덩이를 만지는 것이 유혹이 될 수 있는가?), 아니면 유혹은 완전히 환상적이며 "유혹을 느끼는" 자의 정신적 현실에 의해 매개된다는 결론으로 이끌 수 있는 것이다. 질박한 유물론과 심리적 관념론 사이의 이런 모순에 대한 라플랑슈의 답은, 그가 고유한 **물질적** 원인을 인식하고 있으나 그 원인이 아이와 어른 사이의 상호작용에서 경험적으로 일어났던 것으로 환원(혹은 그것으로부터 연역)될 수 없는 원인임을 인식하고 있다는 의미에서 심오하게 유물론적이다. 다시 말해, 라플랑슈에 따르면, 무의식의 차후의 구성물에 대한

진정한 도화선은 질박한 물질적 현실에 있는 것도 아니고 환상이라는 관념적 현실에 있는 것도 아니다. 그것은 서로 다른 두 현실[물질적 현실과 관념적 현실]을 가로지르는 제3의 현실의 바로 그 물질성이며, 라플랑슈는 이것을 수수께끼 같은 메시지의 물질적 현실이라고 부르고 있다. 이에 대해서는 Laplanche, 1999 참조.

15 다시 말하지만, 우리는 라플랑슈의 이론에서 유사한 해결을 발견한다. 그의 이론에 따르면, "정신적 현실"은 우리에 의해 만들어지는 것이 아니라, 본질적으로 침입하는 것이다. 즉 그것은 외부로부터 우리에게 들어오고 우리에 침입한다. 외부에서 그것은 이미 (타자의 무의식으로서) 구성되어 있다(Laplanche, 1999).

16 들뢰즈는 프로이트의 Todestrieb에 대한 현재의 프랑스어 번역을 따라서 "죽음본능"이라는 용어를 사용한다.

17 그래서 예를 들면 들뢰즈는 다음과 같이 말하는데, 심지어 우리가 동일한 것의 반복(가령 강박신경증에서의 제의와 같은)으로 나타나는 어떤 것을 다루는 경우에도, 우리는 반복되고 있는 요소 속에서−즉 동일한 것의 반복 속에서− 더 심층적인 반복의 가면을 인식해야 한다(Deleuze, 1994, 17; 국역본: 질 들뢰즈, 2004, 61쪽).

18 그리고 들뢰즈는 사실상 이러한 전도를 프로이트의 "원억압" 가설에 귀속시킨다.

19 "왜냐하면 프로이트가 '고유한 의미에서' 대리표상들과 관계하는 억압 너머를 보여줄 때,− 원억압을 가정할 수밖에 없는 필연성은 우선 가장 중요하게 순수 현시(presentations)와 관계하며, 충동들이 필연적으로 체험되는 방식과 관계한다− 우리는 그가 반복의 긍정적/실증적인 내적 원칙에 최대한 근접해 왔다고 생각한다. 이것은 후에 그에게 죽음본능이라는 형태로 결정적으로 나타난다. 그리고 그것을 통해서 설명되는 것이 아니라, 고유한 의미에서 억압에서의 대리표상의 방해물을 설명해야 하는 것이 이것이다"(Deleuze, 1994, 18; 국역본: 질 들뢰즈, 2004, 62쪽)

20 Deleuze, 1990, 331에서 인용; 국역본: 질 들뢰즈, 2009, 500쪽.

21 Ibid., 321(강조는 추가됨); 국역본: 위의 책, 501쪽.

22 Ibid., 322; 국역본: 위의 책 501쪽.

23 Ibid., 325; 국역본: 위의 책, 505쪽.

24 (죽음충동과 관련한) 라말라에 대한 자신의 "신화"를 논의하면서, 라캉은 다음과 같이 쓰고 있다. "불멸의 생, 혹은 억압할 수 없는 생, 어떤 기관도 필요 없는 생, 단순화되고 파괴불가능한 생이라고 말할 수 있는

것이, 바로 순수 생 본능으로서의 리비도이다. 그것이 정확하게, 성적 재생산[유성생식]의 순환에 종속된다는 사실 덕에 살아있는 존재로부터 감해지는 것이다. 그리고 대상 a로 열거될 수 있는 모든 형태들은 바로 이것의 대리들이자 등가물인 것이다. 대상 a는 단순히 그것의 대리들, 그것의 형상들이다. 젖가슴 – 포유류 조직의 요소적 특성만큼 양의적인, 가령 태반처럼 – 은 분명히 개별자가 태어나면서 상실하는 자기 자신의 부분을 대리하며, 이것은 가장 심층적인 상실된 대상을 상징화하는 데 이용된다. 나는 다른 모든 대상들에 대해서도 동일하게 말할 수 있다"(Lacan, 1987, 198; 국역본: 자크 라깡, 『정신분석의 네 가지 근본 개념』, 자크-알랭 밀레 편, 맹정현, 이수련 옮김, 새물결, 2008, 300쪽).

25 이런 의미에서 푸코가 "억압 가설"에 대해 말한 것은 꽤 옳다. (그리고 그는 사실상 여기서의 라캉의 주장을 반복하고 있는 것이다): 근대 사회에서 섹슈얼리티는 억압된 것이 **결코 아니다**. 우리가 목도해 온 것은, – 섹슈얼리티와 관련하여 – "담론으로의 엄청난 선동", "도착성의 주입" 섹슈얼리티를 조준하여 조명해서, 그것을 어디에서나 보고 심지어 그것을 강요하는 제스처이다. 푸코의 설명에서 빠져있는 것은 꽤 단순하다. 바로 프로이트적 의미에서의 무의식과 "억압(Verdrängung)" 개념이다. 이 개념은 푸코의 『성의 역사』 전체 저작에서 한 번도 언급되지 않았다. 라캉적 관점에서, 섹슈얼리티에 대한 담론적 증식(과 그것의 착취)은 오직 섹슈얼리티가 그 자체의 "시초적 부정성"으로서의 무의식과 맺는 구조적 관계에 의해서만 가능해진다. 더욱 많은 논의는 다음을 보라: Zupančič, 2016.

26 그들이 종종 들뢰즈 철학의 복잡성에 가까이 가지 못하고 있음이 강조되어야 하겠지만.

27 이 글은 지젝으로부터 인용한 것이다(Žižek, 2012, 32). 내가 그에게 동의할 수밖에 없는 지젝의 주장을 여기서 반복하지는 않을 것이다. 여기서는 내 목적을 위해 이 부분을 인용한다.

28 예를 들면, 이것은 우리가 레비 브라이언트(Levi Bryant)의 매우 복잡한 저작인 『객체들의 민주주의』에서 발견할 수 있는 기본적 생각이다.

29 이런 의미에서, 헤겔은 탁월한 철학적 유물론자이다. 믈라덴 돌라르가 지적하듯, 진리를 무-모순의 원칙과 나란히 두던 오랜 (아리스토텔레스적) 전통에 정면으로 대립하면서 헤겔은 자신의 "교수자격취득 논문들"의 처음의 것(1801년 8월에 자신의 박사학위 디펜스의 근거로 사용된)으로 매우 다른 길을 걷는다. 그는 다음과 같이 말했다.
"Contradictio est regula veri, non contradictio falsi" – 모순은 진리의 규칙이요, 무모순은 오류의 규칙이라(Dolar, 1990, 20).

30 슬라보예 지젝이 몇몇 경우에서 이 주장을 발전시킨 바 있다.

31 라캉이 자신의 『세미나 21(Les non-dupes errent)』(May 21, 1974)에서 그와 같이 말하고 있다.

32 예를 들면, 이것은 가브리엘 뒤피남바(Gabriel Tupinambá)가 이 주제를 다루며 주장했던 것이다. 그에 대해서는 다음을 보라: Tupinambá, 2015.

33 만일 우리가 다섯 원소들을 가지고 있다면, 이 원소들의 가능한 결합은 ─다시 말해, "부분[집합]들"의 수는─단연코 원소들의 수를 초과한다 (더 정확하게는, 이 [부분들의] 숫자는 2의 5제곱에 이른다).

결론

1 다음을 보라: Freud, 1977b.

참고문헌

Alacoque, Margaret Mary. 1995. *The Autobiography of Saint Margaret Mary*. Charlotte: TAN Books.

Althusser, Louis. 1993. "Sur Marx et Freud." In *Écrits sur la psychanalyse*. Paris: STOCK/IMEC.

Aristotle. 1999. *The Metaphysics*. Harmondsworth, UK: Penguin.

Badiou, Alain. 1999. *Manifesto for Philosophy*. Albany: SUNY Press.

_____ 2003. "The Scene of Two." *Lacanian Ink* 21.

_____ 2005. *Being and Event*. London: Continuum.

_____ 2009. *Logics of the Worlds*. London: Continuum.

Badiou, Alain, and Barbara Cassin. 2010. *Il n'y a pas de rapport sexuel*. Paris: Fayard.

Brassier, Ray. 2007. *Nihil Unbound*. New York: Palgrave Macmillan.

Bryant, Levi R. 2011. *The Democracy of Objects*. Ann Arbor: Open Humanities Press.

Butler, Judith. 1990. *Gender Trouble: Feminism and the Subversion of Identity*. London: Routledge.

Cassin, Barbara. 1995. *L'effet sophistique*. Paris: Gallimard.

Chiesa, Lorenzo. 2010. "Hyperstructuralism's Necessity of Contingency." In *S: Journal of the Jan van Eyck Circle for Lacanian Ideology Critique 3*.

_____ 2016. *The Not-Two: Logic and God in Lacan*. Cambridge, MA: MIT Press.

Copjec, Joan. 1994. *Read My Desire: Lacan against the Historicists*. Cambridge, MA: MIT Press.

_____ 2012. "The Sexual Compact." *Angelaki* 17 (2).

Deleuze, Gilles. 1990. *The Logic of Sense*. London: Athlone Press.

_____ 1994. *Difference and Repetition*. New York: Columbia University Press.

Dolar, Mladen. 1990. *Fenomenologija duha* I. Ljubljana: Društvo za teoretsko psihoanalizo.

_____ 2006. *A Voice and Nothing More.* Cambridge, MA: MIT. Press.

_____ 2007. "Freud und das Politische." *Texte. Psychoanalyse, Ästhetik, Kulturkritik* (Vienna), 2007, no. 4.

_____ 2010. "One Splits into Two." *Die Figur der Zwei/The Figure of Two. Das Magazin des Instituts für Theorie,* no. 14/15.

Freud, Sigmund. 1976. *Jokes and Their Relation to the Unconscious.* Pelican Freud Library 6. Harmondsworth, UK: Penguin.

_____ 1977a. Three Essays on the Theory of Sexuality. In *On Sexuality. Pelican Freud Library 7.* Harmondsworth, UK: Penguin.

_____ 1977b. On the Sexual Theories of Children. In *On Sexuality. Pelican Freud Library 7.* Harmondsworth, UK: Penguin.

_____ 1988. *The Interpretation of Dreams.* Harmondsworth, UK: Penguin.

_____ 2001a. "Repression." In *The Standard Edition of the Complete Psychological Works of Sigmund Freud.* Vol. 14. London: Vintage Books.

_____ 2001b. Beyond the Pleasure Principle. In *The Standard Edition of the Complete Psychological Works of Sigmund Freud.* vol. 18. London: Vintage Books.

_____ 2001c. 'Wild' Psycho-Analysis. In *The Standard Edition of the Complete Psychological Works of Sigmund Freud.* vol. 11. London: Vintage Books.

Gould, Stephen Jay. 1985. "Adam's Navel." In *The Flamingo's Smile: Reflections in Natural History.* Harmondsworth, UK: Penguin.

Hardin, Garrett. 1982. *Naked Emperors: Essays of a Taboo-Stalker.* Los Altos, CA: William Kaufmann.

Hegel, G. W. F. 1977. *Phenomenology of Spirit.* Trans. A. V. Miller. Oxford: Oxford University Press.

Lacan, Jacques. 1973. "L'étourdit." *Scilicet 4.*

_____ 1976. "Conférences et entretiens dans des universités nord américaines." *Scilicet 6 - 7.*

_____ 1987. *The Four Fundamental Concepts of Psychoanalysis.* Harmonds-worth, UK: Penguin.

_____ 1988. *The Seminar of Jacques Lacan. Book II: The Ego in Freud's Theory and in the Technique of Psychoanalysis*. New York: W. W. Norton.

_____ 1990. *Television: A Challenge to the Psychoanalytic Establishment*. New York: W. W. Norton.

_____ 1999. Encore. *The Seminar of Jacques Lacan, Book XX*. New York: W. W. Norton.

_____ 2006a. *Le Séminaire, livre XVI. D'un autre à l'Autre*. Paris: Seuil.

_____ 2006b. *Le Séminaire, livre XVIII. D'un discours qui ne serait pas du semblant*. Paris: Seuil.

_____ 2006c. *Écrits*. New York: W. W. Norton.

_____ 2007. *The Other Side of Psychoanalysis*. New York: W. W. Norton.

_____ 2011. *Le Séminaire, livre XIX.··· ou pire*. Paris: Seuil.

Laplanche, Jean. 1999. "La psychoanalyse comme anti- herméneutique." In *Entre séduction et inspiration*. Paris: Presses Universitaires de France.

_____ 2002. "Sexuality and Attachment in Metapsychology." In *Infantile Sexuality and Attachment*, ed. Daniel Widlöcher. New York: Other Press.

Le Gaufey, Guy. 2006. *Le Pastout de Lacan: Consistence logique, conséquences cliniques*. Paris: EPEL.

Malabou, Catherine. 2007. *Les nouveaux blessés*. Paris: Bayard.

Marx, Karl. 1990. *Capital. Vol. 1*. Harmondsworth, UK: Penguin.

Meillassoux, Quentin. 2008. *After Finitude*. London: Continuum.

Miller, Jacques-Alain. 1996. "On Perversion." In *Reading Seminars I and II*, ed. Bruce Fink et al. Albany: State University of New York Press.

_____ 2000. "Paradigms of Jouissance." *Lacanian Ink 17*.

Milner, Jean-Claude. 2008. *Le Périple structural*. Lagrasse: Verdier.

Nietzsche, Friedrich. 1974. *The Gay Science*. Trans. Walter Kaufmann. New York: Vintage Books.

Platonov, Andrei. 2013. "The Anti-Sexus." *Cabinet Magazine*, no. 51.

Riviere, Joan. 1929. "Womanliness as Masquerade." *International Journal of Psychoanalysis* 10.

Rosset, Clément. 2001. *Le Régime des passions*. Paris: Minuit.

Schuster, Aaron. 2013. "Sex and Anti-Sex." *Cabinet Magazine*, no. 51.

_____ 2016. *The Trouble with Pleasure: Deleuze and Psychoanalysis.* Cambridge, MA: MIT Press.

Shalev, Ofra, and Hanoch Yerushalmi. 2009. "Status of Sexuality in Contemporary Psychoanalytic Psychotherapy as Reported by Therapists." *Psychoanalytic Psychology* 26.

Smith, Adam. 2005. *An Inquiry into the Nature and Causes of the Wealth of Nations.* Mechanicsville, VA: Electric Book Co.

Tupinambá, Gabriel. 2015. "Vers un Signifiant Nouveau: Our Task after Lacan." In *Repeating Žižek,* ed. Agon Hamza. Durham: Duke University Press.

Zamanian, Kaveh. 2011. "Attachment Theory as Defense: What Happened to Infantile Sexuality?" *Psychoanalytic Psychology* 28 (1).

Žižek, Slavoj. 1989. *The Sublime Object of Ideology.* London: Verso.

_____ 1999. *The Ticklish Subject.* London: Verso.

_____ 2004. *Organs without Bodies.* London: Routledge.

_____ 2008. *In Defense of Lost Causes.* London: Verso.

_____ 2010. *Living in the End of Times.* London: Verso.

_____ 2012. *Less than Nothing.* London: Verso.

Zupančič, Alenka. 2008. *Why Psychoanalysis: Three Interventions. Uppsala* NSU Press.

_____ 2016. "Biopolitics, Sexuality and the Unconscious." *Paragraph* 29 (1).

옮긴이의 글

고백하건대, 성과 페미니즘에 대해 수년간 진지하게 공부했음에도 불구하고 한 번도 제대로 대답하지 못한 질문이 있다: "그런데 도대체 성이란 무엇인가?" 성적 주체, 성적 욕망, 여성성, 성적 의미, 성적 실천, 성화된 육체, 성과 권력, 성과 폭력... 수다한 주제들을 읽고, 쓰고, 말하면서도 성 자체가 무엇인지에 대해서는 정확하게 대답할 수 없었을 뿐만 아니라 정치하게 생각해보지도 않았다. 모든 본질과 실체를 거부하는 포스트 이론의 자장 하에서 성을 본질적으로 사고한다는 것 자체가 일종의 이론적 금기였기 때문일까? 혹은, 여하간에 역사적으로 그것의 의미는 계속 변할 터인데 그 본질을 따져 묻는 것에서 어떤 유용함도 찾을 수 없었기 때문일까? 심지어 지금처럼 페미니즘의 안에서건 밖에서건 생물학적/의학적/진화론적 본질주의로 성이 쉽게 이끌려 들어가는 상황에서 성을 존재론적으로 논한다는 것은 언뜻 위험해 보였다. 옮긴이를 비롯한 많은 페미니스트들은 여성/남성이라는 항에 붙어있는 존재론적/규범적 술어들을 폐기하기를 희망해왔기 때문이다.

그런데 존재론이 어떤 특수한 대상에 대한 것이라기보다는 바로 그 특수한 대상을 가능하게 하는 원리를 검토하는 활동이라는 점에서, 존재론과 본질주의를 동일시하는 것은 부당한 일이 될 것이다. 그리고 이 책의 저자인 주판치치가 공략하는 지점이 이곳이다. 주판치치는 이 책에서 성에 대해 다루고 있는 무수한 이론들과 그것이 근거하고 있는 원리들을 밝히고, 묻고, 비판적으로 조망한다. 그러나 이 책의 진정한 핵심은 동시대 '성이론들'의 비판에 있지 않다. 그녀는 성을 존재론적으로 논하는 것을 넘어서, **존재론의 바로 그 핵심에 성이 있음**을 주장한다. 그리고 이런 주장을 통해 정신분석과 철학을 (다시) 만나게 한다. 그러면서 동시대 철학이 제쳐두었던, 어쩌면 고답적으로 보이는 철학적 개념들, 말하자면 주체, 대상, 재현, 진리, 실재 등의 개념들을 정신분석을 통해 다시 읽고 다시 쓰는 작업을 행한다. 그런 면에서 이 책은 분명 철학책이다.

그런데 왜 정신분석인가? 사실, 이 질문은 다른 방식으로 물어야 할 것인데, 이런 성의 존재론을 정신분석이 아닌 다른 철학이 진지하게 물고 늘어지며 다룬 적이 있던가? 페미니스트들이 프로이트-라캉의 정신분석과 불화하면서도 끊임없이 그들을 참조하지 않을 수 없는 이유가 여기에 있다. 사실상 어떤 철학도 여성성 및 **성 그 자체**에 대해 끈질기게 질문하지 않았다. 욕망을 분석하면서도 거기에서 분화하는 성차를 논의하는 데 실패하고, 권력의 역학을 논하면서도 성을 역사주의적인 의미의 담지체 그 이상으로 사유하는 데 실패했다. (성에 대한 도덕주의적 논쟁이나 낭만주의의 탈을 쓴 여성혐오적 지껄임들은 제외하자.) 심지어 이제는 성에 대해 이야기하기보다는 '젠더'라는 전가의 보도를 얻게 되면서, 성 논쟁에서 성을 제거해버렸다. 이런 상황에서 페미니즘이 여성성과 성에 대해 더 이상 무엇을 말할 수 있을까? 성이 그렇게 쉽게 제거될 수 있는 것인가?

프로이트의 시대에 가장 꽃피운 과학 분야들 중 하나가 생물학이자 신경학임을 기억해보면, 그가 당대 누구보다도 성과 섹슈얼리티가 신체의 특정 성기관과 별 관련이 없다고 강력하게 주장했던 점은 아이러니하다. 그럼에도 불구하고 프로이트의 시대뿐만 아니라 오늘날의 많은 페미니스트들도 프로이트를 생물학적 본질주의자로 자주 오해하며 정신분석을 철 지난 유물 정도로 취급하곤 한다. 그 이유는 그의 텍스트 곳곳에 퍼져있는 남성 성기관의 '상징'들에 대한 '과도한' 집착 때문일 것이다(그 점에서는 라캉도 면제되지 않는다). 그러나 상징의 과도함들 이면에 있는, 말하자면 아주 포괄적인 철학적 의미에서 무無, non-being, nothing와 다름없을 그것이 바로 그 과도함의 근거임을 망각해서는 안 된다. 또한 이 지점에서 정신분석에서의 성은 또 다른 페미니즘의 지배적 담론인 '성의 본질적으로 다형도착적인 특질에 대한 찬양과도 구분되어야 한다. 특히 프로이트-라캉의 정신분석에 우호적인 페미니스트들, 혹은 이분법적 성구분의 해체를 주장하는 페미니스트들이 주장하듯, 근본적으로 다형도착적이고 신체적 욕망으로 들끓는 인상으로서의 성은 주판치치에 따르면 성에 대한 최종심급이 아니다. 무엇보다도 성은 다형도착적인 성들을 가능하게 하는 바로 그 **최종심급의 결여**로 우리를 가차없이 데려가기 때문이다. 동일한 선상에서 정신분석이 성차를 이야기하는 방법 또한 그 근본에서부터 우리의 상상력을 뒤집는다. 즉, 본래 다형도착적인 섹슈얼리티가 어떤 기입(구조이건, 타자이건 간에)에 의해 안정화되고 조직화되어 나타난 것이 여성과 남성이라는 (인위적인) 성구분이 아니라, 그 근본에서부터 어떤 구분할만한 것이 아무것도 없기 **때문에** 여성과 남성이라는 성구분이 나타난다는 것이다.

프로이트와 라캉을 따라 주판치치가 하려는 작업은 성의 근거를 심문하는 데서 시작해서 성이 곧 주체의 존재론의 중핵임을 밝히는 것으로 끝난다(그로써 프로이트-라캉과 동일한 결론에 도달한다). 성은 어디엔가 담론 밖에서 발견되기를 기다리는 담론 외부의 실재도 아니지만, 역사적으로 혹은 사회구조적으로 설명하는 것으로 갈음할 수 있는 것도 아니다. 그것은 우리가 사유할 때마다 걸려 넘어지게 만드는 지점을 정확히 가리키는 표시자이자, 구체적인 주체의 '보편성'을 가능하게 함으로써 형이상학으로 가는 길을 열어주는 지표index이다....

이런 수수께끼 같은 (문제가 아니라) 결론들을 세심하게 따라가는 것은 고되지만, 어느 순간 치게 되어 있는 내 무릎을 보는 것이 이 책을 읽는 것의 묘미이다. 이 책이 유용하다면, 그것은 우리가 성에 대해 다시 이야기할 동기를 제공하는 데 있다고 하겠다. 그것도 근본적이고 철학적인 방식으로. 또한 옮긴이로서 바라건대, 이 책이 오늘날 마주한 페미니즘의 문제더미들에 대해 '정확한' 질문을 던질 수 있기를. 그런 의미에서, 해제를 대신하여 이 책을 통해 답을 얻게 될지도 모를 질문들을 정리해보는 것으로 후기의 나머지를 채우겠다.

왓 이즈 섹스?

1. 다양한 젠더/성들에 대한 주장과 두 개의 성에 대한 주장은 양립불가능한가? 동시대 페미니즘 이론, 퀴어 이론과 젠더 이론에 정신분석이 미친 영향들이 상당하지만, 그와 동시에 그 동일한 라캉이 후기에 가서도 성 구분 공식이나 "성적 관계는 없다"는 주장을 끈질기게 고수했다는 점은 어떻게 이해해야 할 것인가?

2. 성/젠더뿐만 아니라 인종, 계급, 장애 등이 정체성의 중요한 구성요소로 기능하고 있음은 분명하다. 그렇다면 우리는 이 다양한 차이들 중 하나로서 성차를 사유해야 하는가? 혹은, 성차는 다른 차이들과는 다른, 보다 근본적인 차이인가?

3. 성과 섹슈얼리티는 물질적인 것인가, 담론적인 것인가? 이 둘 만이 가능한 선택지인가? 아니면, 그 사이 어디엔가 존재하는 것인가, 둘 중 어느 곳에도 존재하지 않는가?

어느 하나 만만한 질문들이 아니지만, 오늘날의 페미니즘이 맞닥뜨리고 긴급하게 답해야 할 질문들이기도 하다. 주판치치는 이러한 문제들을 집요하게 파고들면서, 페미니즘이 '인권'의 문제가 아니라 '정치'의 문제라는 점을 강조한다.

마지막으로, 이 책이 겨냥하고 있는 바가 페미니즘만이 아니라는 사실을 지적해야겠다. 이 책은 처음부터 존재론에 관한 것이며, 더 정확히는 최근에 부상하는 실재론과 존재론들의 복귀를 비판적으로 읽는 시도에서 출발한다(사실 이 책 분량의 절반 이상이 동시대 '유행'하는 존재론들과의 대결이다). 주판치치는 부상하는 존재론들(사변적 실재론, 객체-지향 존재론, 신유물론 등)이 '담론에 오염되지 않은 것'으로서의 실재, 물질, 객체들을 철학적 개념으로 다시 들여온다는 측면에서 환영하면서도, 이 이론들이 중심적으로 논의하는 대상들이 (라캉적 의미에서) 다소 상상적일 뿐만 아니라, 존재론적인 성의 정치적이고 역설적인 측면을 오히려 사상시킴으로써 탈정치화를 낳을 수 있다는 우려를 함께 표한다. 여하간에 독자로서는 주판치치를 통해 최근 쏟아지는 존재론들에 대한 대강의 그림을 그릴 수 있고, 또 그것들이 성을 어떤 방식으로 논의하(지 않)는 지도 함께 확인할 수 있을 것이다.

2018년 4월에 읽기 시작한 이 책을 이제야 불완전하게나마 마무리할 수 있게 되어 기쁘면서도, 같이 읽었던 선생님들의 도움과 기대에 미치지 못한 것이 아닌가 하는 의심을 지울 수가 없다. 사실 옮긴이가 한 일이라고는, 지금은 떠나온 혜화동 다락방에서 정신없는 여자들과 함께 번역하며 읽었던 이 책을 결국 마무리한 것에 지나지 않는다. 그것이 무려 4년이 걸렸던 것은 모두 옮긴이의 부족함 때문이다. 애초에 함께 번역하며 읽었던 여자들과 공역으로 내려 했으나, 그들은 이제 막 학자의 길을 걷기로 한 옮긴이에게 더 큰 기회(?)를 주기로 했고, 옮긴이의 약간의 나르시시즘과 번역의 고달픔에 대한 무지 덕분에 덜컥 그 기회를 받아 안았다. 그 사이 연구소는 합정동으로 이사했지만, 다락방의 정신없는 여자들은 그대로이다. 학자로서는 대선배인 그들이 스스럼없이 옮긴이를 함께 연구하는 동료로 받아들여 준 것은, 옮긴이와 같은 까마득한 후배에게는 행운이 아닐 수 없다. 임옥희, 노영숙, 신주진 선생님, 그리고 여성문화이론연구소 정신분석 세미나팀에게 다시 한 번 감사와 사랑의 말을 전한다.

2021년 6월
김남이